明寧獻王朱權宗族史料匯輯

姚品文、萬國強
合編

臺灣 學生書局 印行

序

　　人類社會中的各個民族，都是由無數不同血統的生命交融繁衍構成的群體，家族的傳承與民族的生存狀態以及社會發展必然有著種種關聯。這些關聯，可以讓後人從某些角度認知這個民族的歷史。當然，由於生存狀態和社會關聯的種種不同，其認知價值有多少之別。尤其是有關的文字記錄非常有限，留下的也大多隨著時間的流逝而湮沒。

　　難得的是我們現在面對的這個家族——寧王朱權及其族裔，卻留下了不少有價值的史料。這當然與其社會地位——皇室帝冑有關。但歷史上的皇家族裔並不少，留下如此豐富史料文獻的也並不多見。

　　寧獻王朱權及其族裔有哪些方面值得關注呢？

　　首先便是歷史的觀察和體驗。中華民族由封建帝制主宰了近三千年。長期以來，皇室內部的權力爭奪不斷，便是一種歷史現象。明朝開國皇帝朱元璋二十多個皇子，他在世時多已封藩。洪武三十一年朱元璋去世，皇權爭奪立即開始。建文削藩，朱棣發動了針對其侄兒建文皇帝的「靖難」戰爭。朱權被其四兄挾持，參與了四年的「靖難之役」。四年後當上皇帝的朱棣將朱權改封到了南昌，這時朱權反叛的潛在可能就成為了皇室的首要疑慮和防範意識。從永樂到正統，朱權在這種壓力下生活了四十餘年。

所以無論是朱權自己的文字，或是相關的歷史記載，都直接或者間接留下歷史印記。

事情並不止於疑慮和防範，而是成為了重大的史實。六十年後的正德年間，朱權四世孫、四世寧王朱宸濠就精心策劃並終於發動了針對武宗朝廷的武裝叛亂——後稱「宸濠之亂」。叛亂和平叛戰爭的慘烈讓我們看到了封建帝制對民族的危害，給這個皇室家族帶來的打擊同樣極其慘烈，也讓我們從另一個角度認識了封建社會。宸濠一支合族被誅，寧王藩爵被革除。八個支系中參與了此變者大都被誅殺，有的逃亡他鄉，未參與叛亂而倖存者也受到株連，長期在壓抑與被歧視下生存。其慘痛已經沉積在了整個家族的歷史記憶中。順治十四年開始由建安王系主持修撰寧藩譜牒《盱眙朱氏八支宗譜》，主修者建安簡定六世孫朱議鞱在其撰寫的序言中對宸濠之亂以後的寧藩生存狀態有這樣的描述：

> 傳至五世濠謀不軌，而諸王或從或抗，涇渭迴別。厥後爵宗三千、二王、六管、八府攸分。但未經兵燹咸有玉冊。及經兵燹，玉牒蕩然，以故後生小兒輩竟不能明其所自出，別其所自分。問其姓，則曰：朱皇帝之後。問其父，則或知或否。問其祖，則杳然如千百世之遙矣。又安望其能致於三代之上，識其誰為我祖之祖乎！

親情感受和血緣認同帶給人的是幸福感，當它受到破壞帶來的則是痛苦和不幸，人們也會由此追根溯源，我想這就是我們從朱權及其族裔的史料中可以得到的。

然而這還只是一個方面。另一方面，面對著生死存亡和命運

的巨變，這支族裔是怎樣對待和渡過的？這是我們從中得到的歷
史認知的另一面。從大量史料和他們自己留下的一些文化遺存
看，這個曾經痛苦的家族最終沒有被壓倒從而頹廢潦倒乃至銷聲
匿跡，反而促進了他們的精神自強和文化創造力。

　　這種精神自強最為可觀和最有價值的便是文化創造。據統
計，從漢代以來近兩千年南昌有著作傳世者千餘人，而從十四世
紀末到到十七世紀初二百餘年間，寧獻王及其族裔有著作傳世者
便有七、八十人。錢謙益《列朝詩集小傳》收明宗室詩人十人，
其中五人為寧藩。尤其是始祖朱權有著作一百一十餘種，涉及十
餘門類。其中《神奇秘譜》之於琴樂，《太和正音譜》之於戲曲
與散曲，《天皇至道太清玉冊》之於道教等，都屬該領域的經
典。至明末清初，文學史上著名的「易堂九子」之一林時益，就
是朱權後裔朱議霶。獻王後裔中書畫家也不少，尤其是他的八世
孫朱耷──八大山人的書畫成就及其開創的獨特畫風，更是在中
華美術史上熠熠生輝，享譽世界。這在歷代宗藩中都屬罕有。

　　其次是政績功業。從明初宗藩就不能參加科舉和任職官府。
這本是朱元璋給予宗藩的一種特權。但到明後期，這種特權造成
了不良後果：大量藩裔成為潦倒的無業遊民，生存困難，對社會
也有危害。直到明末天啟年間才有所改變，宗族也可以參與科舉
並在官府任職。在不長的時期內，江西、南昌等各地方選舉志
中，可以看到寧藩後裔中有不少舉人進士。任職地方官員的朱氏
後裔中還出現過許多能員良吏。如錢海岳《南明史》中載有朱統
鎮者，以進士任樂至知縣。適遇年歲饑荒，統鎮拯救災民無數。
又「修城治舟，習水戰，寇不敢犯。」還有以舉人出任雲南石屏
州通判的朱統鎪，在任時建堤壩，修水利造福一方，當地百姓建

祠以為紀念。明清易代之際，張獻忠、李自成叛亂，明軍將士及民間義師紛湧，其中也有不少寧王族裔參與了武裝戰鬥。如瑞昌王系的朱統鑽，崇禎間進士，任江夏知縣，他大力修繕江夏城牆、渡口、橋樑，操練軍隊以抵禦流寇進攻。清軍入關南侵時，宜春王系的舉人朱統錩起兵於江西，在多地與清兵作戰。朱統鏅、朱議淞、朱議㳘等，陣亡於抵抗的隊伍中。有的在敵人面前大氣凜然，慷慨赴死，如瑞昌王系的朱統鈑、朱議汸、朱議瀝等。近人編著的《南明史》中載有許多這類動人的事例。

從上述這些記載中，我們看到的不僅是一個家族一個時期內的生存狀態，更是看到了一種自強的精神。

一個龐大的家族，成員也不免良莠不齊。記載中也有個別品格低劣者，如朱統鑱為馬士英、阮大鋮利用，參與陷害賢良姜曰廣、劉宗周等，為人所不齒。

隨著時間的推移，這個宗族的凝聚力在不斷恢復和增加，順治十四年（1657）開始修撰《盱眙八支宗譜》，至今還在繼續。不時有散在全國各地的寧王後裔前來南昌探訪並認祖上譜。遠在吉林省寧古塔的一支朱姓家族，得知自己可能是寧王朱權後人，經過多年探究和查訪，得知他們是清初由南昌輾轉到吉林的朱議瀚的後人，祖先正是寧獻王朱權，於是遠道來南昌認祖歸宗。新建縣西山腳下的朱權墓一直由他的後裔看守照料。現在已被定為國家一級文物。而廣大的社會對朱權的景仰也在增加，不斷有研究朱權的著作面世。還經常有來自國內外的朱權景仰者和研究者來到朱權墓前弔唁和紀念。

不過總的說來，無論是從社會上，還是從文化學術界看，對朱權，對寧藩家族的認知還是不夠的。原因很複雜，其中最重

要，而又往往被忽略的一個原因就是「宸濠之亂」的負面影響。朱權的著作在明代就被大量毀棄，版本失傳。一百一十餘種至今只剩下三十一種。如清中葉輯《四庫全書》收曲譜名《御定曲譜》，竟不知其原作就是朱權的《太和正音譜》，更不必說到他的後裔的文化成就。許多人知道八大山人，而知道他是寧王朱權裔孫者也不多。

　　作為南昌人，我們在學習中國歷史和文化的過程中接觸過朱權及其後裔的一些史料和著作，在一直關注和研究江西文化傳承的毛靜先生的支持下，決定將多年來的積累加以整理，並再作一些盡可能的發掘，編輯成書供更多的關注者參考。由於史料散佚缺失嚴重，加上我們的學識和能力有限，至今難稱完善，現在奉獻出來，是希望得到大家的關注，並予以指正和補充。

姚品文　萬國強
二〇一九年七月於南昌

凡　例

　　一　本書蒐輯今尚存世的明初以來與明寧獻王朱權宗族相關的史料。時代止於清初。

　　二　本書分三大部分。第一部分收與朱權宗族整體相關的史料，第二部分收有史料存世的人物傳記（無論繁簡）。只有姓名存世者不收。人物傳記分親王（四代寧王）和郡王兩個層次。其中始祖朱權地位重要事蹟突出，史料也較多，故佔據較多篇幅。郡王按朱氏家族的八支分列。支屬不明者單列。八支以下按「磐奠覲宸拱，多謀統議中，總添支庶闊，作哲向親衷」共二十輩次排序，以下不再分支系。

　　三　朱權宗族成員中有成就的文人和學者眾多，成就卓著，故單列〈寧藩族裔著作簡目〉一卷，收清初以前作者，含著作目錄及版本。繪畫作品收已經結集者，不收單幅作品名。

　　四　史料內容相近而互有補充價值者兼收。文字相同或出入不大的，選擇時代在前者。內容相近有較多出入、乃至矛盾者並收，不予辨析校正，必要時注文說明。少數錯誤明顯者予以改正，皆不出校記。

　　五　明皇室後裔取名自元璋以下末字偏旁皆金、木、水、火、土。隨著子孫後代的不斷增加，人數越來越多，為避免重名，多用僻字。許多字今簡體字庫沒有，本書只能用繁體。有的

字並屬當時臆造，有些繁體字庫也沒有，本書也只能重造。

　　六　有些字在原版本中屬於明顯錯誤，如輩字中的「磐」，已經在《明史》中載明，而許多文獻版本中作「盤」，則直接予以改正。不出校。

明寧獻王朱權宗族史料匯輯

目　次

卷　首

壹　《皇明祖訓錄》（節錄）

皇明祖訓序

　　朕觀自古國家建立法制，皆在始受命之君。當時法已定，人已守，是以恩威加於海內，民用平康。蓋其創業之初，備嘗艱苦，閱人既多，歷事亦熟。比之生長深宮之主，未諳世故；及僻處山林之士，自矜己長者，甚相遠矣。朕幼而孤貧，長值兵亂；年二十四委身行伍，為人調用者三年。繼而收攬英俊，習練兵之方，謀與群雄並驅。勞心焦思，慮患防微，近二十載，乃能翦除強敵，統一海宇。人之情偽，亦頗知之。故以所見所行，與群臣定為國法，革元朝姑息之政，治舊俗污染之徒。且群雄之強盛詭詐，至難服也，而朕已服之。民經世亂，欲度兵荒，務習奸猾，至難齊也，而朕已齊之。蓋自平武昌以來，即議定著律令，損益更改，不計遍數。經今十年，始得成就。頒而行之，民漸知禁。至於開導後人，復為《祖訓錄》一編，立為家法。大書揭於西廡，朝夕觀覽，以求至當。首尾六年，凡七謄稿，至今方定，豈非難哉！蓋俗儒多是古非今，奸吏常舞文弄法。自非博採眾長，即與果斷，則被其眩惑，莫能有所成也。今令翰林編輯成書，禮

部刊印，以傳永久。凡我子孫，欽承朕命，無作聰明，亂我已成之法，一字不可改易。非但不負朕垂法之意，而天地、祖宗亦將孚佑於無窮矣。嗚呼！其敬戒之哉！

洪武六年五月六日

祖訓首章

一、朕自起兵至今四十餘年，親理天下庶務，人情善惡、真偽，無不涉歷。其中奸頑刁詐之徒，情犯深重，灼然無疑者，特令法外加刑，意在使人知所警懼，不敢輕易犯法。然此特權時處置，頓挫奸頑，非守成之君所用常法。以後子孫做皇帝時，止守律與大誥，並不許用黥刺、腓、劓、閹割之刑。云何？蓋嗣君宮內生長，人情善惡，未能周知，恐一時所施不當，誤傷善良。臣下敢有奏用此刑者，文武群臣即時劾奏，將犯人凌遲，全家處死。

一、自古三公論道，六卿分職，並不曾設立丞相。自秦始置丞相，不旋踵而亡。漢、唐、宋因之，雖有賢相，然其間所用者多有小人，專權亂政。今我朝罷丞相，設五府、六部、都察院、通政司、大理寺等衙門，分理天下庶務，彼此頡頏，不敢相壓，事皆朝廷總之，所以穩當。以後子孫做皇帝時，並不許立丞相。臣下敢有奏請設立者，文武群臣即時劾奏，將犯人凌遲，全家處死。

一、皇親國戚有犯，在嗣君自決。除謀逆不赦外，其餘所犯，輕者與在京諸親會議，重者與在外諸王及在京諸親會議，皆取自上裁。其所犯之家，止許法司舉奏，並不許擅自拿問。今將合議親戚之家指定名目，開列於後：皇后家，皇妃家，東宮妃

家，王妃家，郡王妃家，駙馬家，儀賓家，魏國公家，曹國公家，信國公家，西平侯家，武定侯家。

一、四方諸夷，皆限山隔海，僻在一隅，得其地不足以供給，得其民不足以使令。若其自不揣量，來擾我邊，則彼為不祥。彼既不為中國患，而我興兵輕伐，亦不祥也。吾恐後世子孫，倚中國富強，貪一時戰功，無故興兵，致傷人命，切記不可。但胡戎與西北邊境，互相密邇，累世戰爭，必選將練兵，時謹備之。

今將不征諸夷國名，開列於後：

東北：朝鮮國，即高麗。其李仁人，及子李成桂今名旦者，自洪武六年至洪武二十八年，首尾凡弒王氏四王，姑待之。

正東偏北：日本國，雖朝實詐，暗通奸臣胡惟庸謀為不軌，故絕之。

正南偏東：大琉球國，朝貢不時，王子及陪臣之子，皆入太學讀書，禮待甚厚。小琉球國，不通往來，不曾朝貢。

西南：安南國，三年一貢。真蠟國朝貢如常，其國濱海。暹羅國，朝貢如常，其國濱海。占城國，自占城以下諸國來朝貢時，內帶行商，多行譎詐，故沮之。自洪武八年沮至洪武十二年，方乃得止。其國濱海。蘇門答剌，其國濱海。西洋國，其國濱海。爪窪國，其國居海中。湓亨國，其國居海中。白花國，其國居海中。三弗齊國，其國居海中。浡泥國，其國居海中。

凡古帝王以天下為憂者，唯創業之君，中興之主，及守成賢君能之。其尋常之君，將以天下為樂，則國亡自此始。何也？帝王得國之初，天必授於有德者。若守成之君常存敬畏，以祖宗憂天下為心，則能永受天之眷顧；若生怠慢，禍必加焉。可不畏

哉！

　　凡每歲自春至秋，此數月尤當深憂，憂常在心，則民安國固。蓋所憂者，惟望風雨以時，田禾豐稔，使民得遂其生。如風雨不時，則民不聊生，盜賊竊發，豪傑或乘隙而起，國勢危矣。

　　凡天下承平，四方有水旱等災，當驗國之所積，於被災去處，優免稅糧。若豐稔之歲，雖無災傷，又當驗國所積，稍有附餘，擇地瘦民貧處，亦優免之。不為常例，然憂免在心，臨期便決，勿使小人先知，要名於外。

　　凡帝王居安，常懷警備。日夜時刻不敢怠慢則身不被所窺，國必不失。若恃安忘備，則奸人得計，身國不可保矣。其日夜警備常如對陣，號令精明，日則觀人語動，夜則巡禁嚴密，奸人不得而入。雖親信如骨肉，朝夕相見，猶當警備於心，寧有備而無用。如欲回避左右，與親信人密謀國事，其常隨內官及帶刀人員止可離十丈地，不可太遠。如元朝英宗遇夜被害，只為左右內使回避太遠，后妃亦不在寢處，故有此禍。可不深為戒備？

　　凡警備常用器械、衣甲，不離左右；更選良馬數匹，調教能行速走者，常於宮門餵養。及四城門，令內使帶鞍轡各置一匹，在其所在，一體上古帝王諸侯防禦也。

　　凡夜當警省，常聽城中動靜。或出殿庭，仰觀風雲星象何如，不出則候市聲何如。

　　凡帝王居宮，要早起睡遲，酒要少飲，飯要依時進，午後不許太飽。在外行路則不拘。

　　凡人之奸良，固為難識。惟授之以職，使臨事試之，勤比較而謹察之，奸良見矣。若知其良而不能用，知其奸而不能去，則誤國自此始。歷代多因姑息，以致奸人惑侮。當未知之初，一概

委用，既識其奸，退亦何難？慎勿姑息。

凡聽訟要明。不明則刑罰不中，罪加良善，久則天必怒焉。或有大獄，必當面訊，庶免構陷鍛煉之弊。

凡賞功要當，不當則人心不服，久則禍必生焉。

凡自古親王居國，其樂甚於天子。何以見之？冠服、宮室、車馬、儀仗亞於天子，而自奉豐厚，政務亦簡。若能謹守藩輔之禮，不作非為，樂莫大焉。至如天子，總攬萬機，晚眠早起，勞心焦思，唯憂天下之難治。此親王所以樂於天子也。

凡古王侯，妄窺大位者，無不自取滅亡，或連及朝廷俱廢。蓋王與天子，本是至親，或因自不守分，或因奸人異謀，自家不和，外人窺覦，英雄乘此得志，所以傾朝廷而累身己也。若朝廷之失，固有此禍；若王之失，亦有此禍。當各守祖宗成法，勿失親親之義。

凡王所守者祖法。如朝廷之命合於道理，則惟命是聽；不合道理，見〈法律篇〉第十二條。

持守

凡吾平日持身之道，無優伶近狎之失，無酣歌夜飲之歡；正宮無自縱之權，妃嬪無寵恣之專幸。朕以乾清宮為正寢，后妃宮院各有其所，每夕進御有序。或有浮詞之婦，察其言非，即加詰責，故宮無妒忌之女。至若朝堂決政，眾論稱善，即與施行。一官之語，未可以為必然。或燕閑之際，一人之言，尤加審察，故朝無偏聽之弊。權謀與決，專出於己，察情觀變，慮患防微，如履淵冰，心膽為之不寧。晚朝畢而入，清晨星存而出，除有疾外，平康之時，不敢怠惰。此所以畏天人，而國家所由興也。

嚴祭祀

凡祀天地，祭社稷，享宗廟，精誠則感格，怠慢則禍生。故祭祀之時，皆當極其精誠，不可少有怠慢。其風、雲、雷、雨師、山、川等神，亦必敬慎自祭，勿遣官代祀。

凡祀天地，正祭前五日午後沐浴、更衣處於齋宮，次日早傳制，戒諭百官，又次日告仁祖廟，致齋三日行事。

凡享宗廟、祭社稷，正祭前四日，午後沐浴更衣，處於齋宮。次日為始，致齋三日行事。

凡祭太歲、風、雲、雷、雨師、嶽鎮、海瀆、山、川、城隍等神，正祭前三日午後沐浴、更衣處於齋宮。次日為始，致齋二日行事。春於大祀壇內從祭，秋擇日於本壇從祭。

凡傳制遣官代祀歷代帝王並旗纛、孔子等廟，前一日沐浴更衣，處於齋宮，次日遣官。

帝王，春於大祀壇內從祭，秋於祭山川前一日遣官本廟致祭。

旗纛，秋於祭山川日遣官本壇致祭。

孔子，春秋仲月上丁日，遣官致祭。

凡祭五祀、戶、灶、門、井，於四孟月遣內官致祭。中霤，於季夏土旺戊日，亦遣內官致祭。

謹出入

凡動止有占，乃臨時之變，必在己精審，術士不預焉。且如將出何方，所被馬忽有疾，或當時飲食、衣服、旗幟、甲仗有變；或匙箸失、杯盤傾，所用違意；或烈風、迅雷，逆前而來；

或飛鳥、走獸異態而至，此神之報也，國之福也。若已出在外，則詳查左右，慎防而回，未出即止。然天象人不能為，餘皆人可致之物，恐奸者乘此偽為，以無為有，以有為無，竄礙出入，宜加詳審。設若不信而往，是違天取禍也。朕嘗臨危幾凶者數矣，前之警報皆驗，是以動止必詳人事，審服用，仰觀天道，俯察地理，皆無變異而後運用，所以獲安。

慎國政

凡廣耳目，不偏聽，所以防壅蔽而通下情也。今後大小官員，並百工伎藝之人，應有可言之事，許直至御前聞奏。其言當理，即付所司施行，諸衙門毋得阻滯，違者即同奸論。如元朝命相詔有云：諸衙門敢有隔越中書奏請者，以違制論。故內外百司有所奏請，悉由中書，遂至遷延沉溺，使下情不能上達，而國至於亡也。

凡官員士庶人等，敢有上書陳言大臣才德政事者，務要鞫問情由明白，處斬。如果大臣知情者同罪，不知者不坐。如漢王莽為相，操弄威福，平帝以新野田二萬五千六百頃益封莽，莽佯不受，吏民上書頌莽功德者，前後四十八萬七千五百七十二人。遂致威權歸莽，傾移漢祚。可不戒哉！

禮儀

凡王國宮城外，立宗廟、社稷等壇。宗廟，立於王宮門左，與朝廷太廟位置同。社稷，立於王宮門右，與朝廷太社位置同。風、雲、雷、雨、山、川神壇，立於社稷壇西。旗纛廟，立於風、雲、雷、雨、山、川壇西，司旗者致祭。

凡祭五祀，用豕一，祝、帛、香、燭、酒、果。司戶之神，於宮門左設香案，正月初四日，門官致祭。司灶之神，於廚舍設香案，四月初一日，典膳官致祭。中霤之神，於宮前丹墀內近東設香案，六月土旺戊日，承奉司官致祭。司門之神，於承運門稍東設香案，七月初一日，門官致祭。司井之神，於井邊設香案，十月初一日，典膳官致祭。

凡正旦遣使進賀表箋，王具冕服，文武官具朝服。滌寶用寶訖，置表於龍亭，王率文武官就位。王於殿前臺上，文武官於臺下，行十二拜禮畢。王送表出宮城門，止離五丈地，文官送出國門，武官從王還宮。

凡遇天子壽日，王於殿前臺上設香案，具冕服，率文武官具朝服，行祝天地禮。若遇正旦拜天地後，即詣祖廟行禮畢，升正殿，出使官便服行四拜禮，文武官具服行八拜禮。

凡帝王生日，先於宗廟具禮致祭，然後敘家人禮，百官慶賀，禮畢筵宴。

凡遇詔赦至王國，武官隨王侍衛，不出郊外，文官具朝服出郊奉迎，安奉詔赦於龍亭，乘馬前導，王具冕服於王城門外五丈餘地，奉迎至王宮，置龍亭於正殿中。王於殿前臺上，先行五拜禮畢，升殿侍立於龍亭東側，武官護衛，文官於臺下自行十二拜禮，跪聽開讀。

凡朝臣奉使至王府，或因使經過見王，並行四拜禮。雖三公、大將軍，亦必四拜，王坐受之。若使臣道路本經王國，故意迂回躲避，不行朝王者，斬。

凡王府文武官，並以清晨至王府門候見。其王所居城內布政司、都指揮司，並衛、府、州、縣雜職官，皆於朔望日至王府門

候見。若有事召見者，不在此限。

凡進賀表箋，皇太子、親王於天子前自稱曰：長子某，第幾子某，王某；稱天子曰：父皇陛下；稱皇后曰：母后殿下。若孫則自稱曰：長孫某封某，第幾孫某封某；稱天子曰：祖父皇帝陛下，稱皇后曰：祖母皇后殿下。若天子之弟，則自稱曰：第幾弟某封某；稱天子曰：大兄皇帝陛下，稱皇后曰：尊嫂皇后殿下。若天子之侄則自稱曰：第幾侄某封某，稱天子曰伯父皇帝陛下、叔父皇帝陛下；稱皇后曰：伯母皇后殿下、叔母皇后殿下。若封王者，其分居伯叔及伯叔祖之尊，則自稱曰：某封臣某；稱天子曰皇帝陛下，稱皇后曰皇后殿下。若從孫、再從孫、三從孫，自稱曰：從孫某封某，再從孫某封某，三從孫某封某；稱皇帝曰：伯祖皇帝陛下、叔祖皇帝陛下，稱皇后曰伯祖母皇后殿下、叔祖母皇后殿下。

凡親王每歲朝覲，不許一時同至，務要一王來朝，還國無虞，信報別王，方許來朝。諸王不拘歲月，自長至幼，以嫡先至，嫡者朝畢，方及庶者，亦分長幼而至，周而復始，毋得失序。

凡諸王居邊者，無警則依期來朝，有警則從便，不拘朝期。

凡天子與親王，雖有長幼之分，在朝廷必講君臣之禮。蓋天子之位，即祖宗之位，宜以祖宗所執大圭，於上鏤字，題曰：奉天法祖，世世相傳。凡遇親王來朝，雖長於天子者，天子執相傳之圭以受禮，蓋見此圭，如見祖考也。

凡諸王來朝，祭祀辦與未辦，先常服見天子，三叩頭不拜。奉先殿見畢，不拘何殿、樓、閣、門下，天子執大圭，王具冕服，敘君臣禮，行五拜三叩頭。見畢，諸王係尊長，天子係侄

孫，引王至何便殿。王坐東面西，天子衣常服，敍家人禮，行四拜不叩頭；王坐受。然雖行家人禮，君臣之分，不可不謹。天子居正中南面坐，以待尊長。次見東宮，行四拜禮。如王係尊長，東宮答拜。

凡親王係天子伯叔之類，年逾五十則不朝，世子代之，孫侄之輩，年逾六十則不朝，世子代之。

凡親王來朝，若遇大宴會，諸王不入筵宴中。若欲筵宴，於便殿去處精潔茶飯，敍家人禮以待之。群臣大會宴中，王並不入席。所以慎防也。

凡東宮、親王位下，各擬名二十字。日後生子及孫，即以上聞，付宗人府。所立雙名，每一世取一字以為上字；其下一字，臨時隨意選擇，以為雙名，編入玉牒。至二十世後，照例續添，永為定式。

東宮位下	允文遵祖訓	欽武大君勝	順道宜逢吉	師良善用晟
秦王位下	尚志公誠秉	惟懷敬誼存	輔嗣資廉直	匡時永信惇
晉王位下	濟美鍾奇表	知新慎敏求	審心咸景慕	述學繼前修
燕王位下	高瞻祁見佑	厚載翊常由	慈和怡伯仲	簡靖迪先猷
周王位下	有子同安睦	勤朝在肅恭	紹倫敷惠澤	昭恪廣登庸
楚王位下	孟季均榮顯	英華蘊盛容	宏才升博衍	茂士立全功
齊王位下	賢能長可慶	睿知實堪宗	養性期淵雅	寅思復會通
魯王位下	肇泰陽當健	觀頤壽以弘	振舉希兼達	康莊遇本寧
蜀王位下	悅友申賓讓	承宣奉至平	懋進深滋益	端居務穆清
湘王位下	久鎮開方岳	揚威謹禮儀	剛毅循超卓	權衡素自持
代王位下	遜仕成聰俊	充廷鼐鼎彝	傳貽連秀郁	炳耀壯洪基
肅王位下	贍祿貢真弼	縉紳識烈忠	曦暉躋富運	凱諫處恒隆

遼王位下	貴豪恩寵致	憲術儼尊儒	雲仍祺保合	操翰麗龍興
慶王位下	秩邃寘台鼎	倪伸帥倬奇	適完因巨衍	驚眷發需毗
寧王位下	磐奠覲宸拱	多謀統議中	總添支庶閥	作哲向親衷
岷王位下	徽音膺彥譽	定幹企禋雍	崇理原諮訪	寬鎔喜賁從
谷王位下	賦質僖雄敞	叢興闡福昌	篤諧恂懌豫	擴霽昱禎祥
韓王位下	沖範徵偕旭	融謨朗環逵	亶詔愉顯愷	令緒價蕃維
沈王位下	佶幼詮勳胤	恬珵效迥瑝	湜源諲晢暐	圭璧澈澄昂
安王位下	斐序斌廷賞	凝覃潯祉襄	恢嚴顙輯矩	縝密廓程綱
唐王位下	瓊芝彌宇宙	碩器聿琳琚	啟齡蒙頌體	嘉曆協銘圖
郢王位下	偉聞參望爽	箴誨洎皋夔	麒麟餘積兆	奎穎曄璇璣
伊王位下	顒勉諟訏典	褒珂采鳳琛	應疇頒胄選	昆玉冠泉金
	忞初斯建節	勴好必貞銓	執準符鈞正	詢旼汝勵虞
	薦諝演還暢	先施遂省稽	諏歡爰造就	適藝冀堨篪
	慧堅忻願確	鑒潔綽佽孜	習獻增盈謐	臨饒軼績為
靖江王位下	贊佐相規約	經邦任履亨	若依純一行	遠得襲芳名

法律

　凡皇太子，或出遠方，或離京城近處，若有小大過失，並不差人傳旨問罪，止是喚回面聽君父省諭。若有口傳言語，或齎持符命、或朝廷公文前來問罪者，須要將來人拿下，磨問情由，預先備御，火速差親信人直至御前，面聽君上宣諭，是非明白，使還回報，依聽發放。其諸王及王之子孫並同。

　凡親王及嗣子，或出遠方，或守其國，或在京城，朝廷凡有宣召，或差儀賓、或駙馬、或內官，齎持御寶文書並金符前去，方許啟程詣闕。

　　凡王國文官，朝廷精選赴王國任用；武官已有世襲定制。如或文武官員犯法，王能依律剖判者聽；法司毋得吹毛求疵，改王決治。其文武官，有能守正規諫，助王保全其國者，毋得輕易凌辱，朝廷聞之，亦以禮待。

　　凡王所居國，城及境內市井鄉村軍民人等，敢有侮慢王者，王即拿赴京來，審問情由明白，然後治罪。若軍民人等，本不曾侮慢，其王左右人，虛張聲勢，於王處誣陷善良者，罪坐本人。

　　凡親王有過，重者，遣皇親或內官宣召，如三次不至，再遣流官，同內官召之至京。天子親諭以所作之非，果有實跡，以在京諸皇親及內官陪留十日。其十日之間，五見天子，然後發放。雖有大罪，亦不加刑。重則降為庶人，輕則當因來朝面諭其非，或遣官諭以禍福，使之自新。若大臣行奸，不令王見天子，私下傳致其罪，而遇不幸者，到此之時，天子必是昏君。其長史司並護衛，移文五軍都督府，索取奸臣。都督府捕奸臣奏斬之，族滅其家。

　　凡風憲官，以王小過奏聞，離間親親者，斬。風聞王有大故，而無實跡可驗，輒以上聞者，其罪亦同。

　　凡諸王京師房舍，或頗華麗，或地居好處，奸臣恃權，欲巧侵善奪者，天子斬之，徙其家屬於邊。

　　凡臣民有罪，必明正其罪，並不許以藥鴆之。

　　凡王遣使至朝廷，不須經由各衙門，直詣御前。敢有阻當者，即是奸臣。其王使至午門，直門軍官、火者，火速奏聞。若不奏聞，即係奸臣同黨。

　　凡王國內，除額設諸職事外，並不許延攬交結奔競佞巧、知謀之士，亦不許接受上書陳言者。如有此等之人，王雖容之，朝

廷必正之以法。然不可使王驚疑。或有知謀之士，獻於朝廷，勿
留。

凡庶民敢有訐王之細務，以逞奸頑者斬，徙其家屬於邊。

凡朝廷使者至王國，或在王前，或在王左右部屬處，言語非
理，故觸王怒者，決非天子之意，必是朝中奸臣使之離間親親。
王當十分含怒，不可輕殺。當拘禁在國，鞫問真情，遣人密報天
子。天子當詢其實，奸臣及使俱斬之。

凡朝廷新天子正位，諸王遣使奉表稱賀，謹守邊藩，三年不
朝。許令王府官、掌兵官各一員入朝。如朝廷循守祖宗成規，委
任正臣，內無奸惡，三年之後，親王仍依次來朝。如朝無正臣，
內有奸惡，則親王訓兵待命，天子密詔諸王統領鎮兵討平之。既
平之後，收兵於營，王朝天子而還。如王不至，而遣將討平，其
將亦收兵於營。將帶數人入朝天子，在京不過五日而還，其功賞
績後頒降。

凡朝廷無皇子，必兄終弟及，須立嫡母所生者，庶母所生，
雖長不得立。若奸臣棄嫡立庶，庶者必當守分勿動，遣信報嫡之
當立者，務以嫡臨君位。朝廷即斬奸臣，其三年朝觀，並如前
式。

凡王國內，時常點檢軍中，不許隱匿逃亡。如或有之，止坐
兩鄰、窩主，及有司官，並該管頭目，毋得問王。王亦毋得隱匿
遮護。或奸臣故縱逃亡於部內，欲誣王者，將奸臣斬之，徙其家
屬於邊。

內令

凡自后妃以下，一應大小婦女，及各位下使數人等，凡衣食

金銀錢帛，並諸項物件，尚宮先行奏知，然後發遣內官監官。監官覆奏，方許赴庫關支。尚宮若不奏知，朦朧發遣，內官亦不覆奏輒擅關支，皆處以死。

凡私寫文帖於外，寫者、接者皆斬。知情者同罪，不知者不坐。

凡庵、觀、寺、院，燒香降香，禳告星斗，已有禁律。違者及領香送物者，皆處以死。

凡皇后，止許內治宮中諸等婦女，宮門外一應事務，毋得干預。

凡宮中遇有疾病，不許喚醫人入內，止是說證取藥。

凡宮闈當謹內外，后妃不許群臣謁見。命婦於中宮千秋節並冬至、正旦、每月朔望來朝，其隆寒、盛暑、雨、雪，免朝。

凡天子及親王后妃、宮人等，必須選擇良家子女，以禮聘娶，不拘處所。勿受大臣進送，恐有奸計。但是娼妓，不許狎近。

內官

凡內府飲食常用之物，官府上下行移，不免取辦於民，多致文繁生弊，故設酒醋麵、織染等局於內。既設之後，忽觀《周禮》酒人、漿人、醯人、染人之職，亦用奄人，乃知自古設此等官，其來已久，取其不勞民而便於用也。其他如各監、司、局及各庫，皆設內官執掌，其事甚易辦集。上項職名，設置既定，要在遵守，不可輕改。

凡各衙門內官，各監官職名：太監正四品，左少監從四品，左監丞正五品，右少監從四品，右監丞正五品，典簿正六品。

神宮監　掌灑掃。

尚寶監　掌御寶、敕符、將軍印信。

孝陵神宮監　掌灑掃並栽種一應果木蔬菜等事。

尚膳監　掌供養及御膳，並宮內食用之物；及催督光祿寺造辦宮內一應筵宴茶飯。

尚衣監　掌御用冠冕、袍服、履舄、靴襪等事。

司設監　掌御用車輦、床、被褥、帳幔等事。

內官監　掌成造婚禮妝奩、冠舄、傘扇、衾褥、帳幔、儀仗等項並內官內使帖黃，一應造作。並宮內器用、首飾、食米、土庫、架閣文書、鹽倉冰窖。

司禮監　掌冠婚喪祭一應禮儀。制帛及御前勘合、賞賜、筆墨、裱褙書畫，管長隨當差內使人等出門馬牌等事，並催督光祿司造辦一應筵宴。

……

職制

凡封爵，皇太子授以金冊、金寶。妃止授金冊，不用寶。親王授以金冊、金寶。妃止授金冊，不用寶。公主授以金冊，婿皆稱駙馬都尉，賜誥命。

皇太子嫡長子為皇太孫，次嫡子並庶子年十歲皆封郡王，授以鍍金銀冊、銀印。女皆封郡主，賜誥命。

親王嫡長子年及十歲，朝廷授以金冊、金寶，立為王世子。如或以庶奪嫡，輕則降為庶人，重則流竄遠方。如王年三十，正妃未有嫡子，其庶子止為郡王。待王與正妃年五十無嫡，始立庶長子為王世子。

　　親王次嫡子及庶子，年至十歲，皆封郡王。授以鍍金銀冊、銀印。子孫未封者皆稱王子、王孫，言語皆稱裔旨。

　　皇姑曰大長公主。皇姊妹曰長公主。皇女曰公主。自公主以上俱授金冊。親王女曰郡主。自郡主以下俱授誥命。郡王女曰縣主。郡王孫女曰郡君。郡王曾孫女曰縣君。郡王玄孫女曰鄉君。

　　靖江王府合比正支郡王，遞減一等稱呼。女封縣君。

　　凡王世子承襲王封，朝廷遣人行冊命之禮，授以金冊，傳用金寶。

　　凡王世子並郡王娶妃，及郡王授封，並郡王嫡長襲封者，當先上聞朝廷，遣人止行冊命之禮。

　　凡郡王子孫有文武材能堪任用者，宗人府具以名聞，朝廷考驗，換授官職，其升轉如常選法。如或有犯，宗人府取問明白，據實聞奏。輕則量罪降等，重則黜為庶人，但明賞罰，不加刑責。

　　凡郡王子孫，授以官職：子授鎮國將軍。孫授輔國將軍。曾孫授奉國將軍。玄孫授鎮國中尉。五世孫授輔國中尉。六世孫以下，世授奉國中尉。

　　凡立宗人府，以親王長者主領府事，以次官員，皆用勳舊大臣，專領玉牒譜系，辨其親疏，敦睦皇族。凡宗室有所陳請，即為上聞，聽天子命。

　　凡親王文武官，除長史及守鎮指揮，並護衛指揮，初俱係朝廷所遣，至護衛指揮及千百戶子孫世襲。王先與令旨准襲，然後差人齎誥赴京續誥、續黃，毋得阻當留難。其府縣官，皆係朝廷除授，不在王府選用。

　　凡王府武官千戶、百戶等，從王於所部軍職內選用，開具各

人實跡，王親署奏本，不由各衙門，差人直詣御前聞奏，頒降誥敕，仍照京官例給俸。

凡王左右及境內所用官屬，朝廷或欲起取，不問有無罪責，王即發遣，毋得阻當。

凡王府官，長史司：左長史一員，正五品。右長史一員，正五品。典簿一員，正九品。審理所：審理正一員，正六品，審理副一員，正七品。典膳所：典膳正一員，正八品，典膳副一員，從八品。奉祠所：奉祠正一員，正八品，奉祠副一員，從八品，典樂一員，正九品。典寶所：典寶正一員，正八品，典寶副一員，從八品。紀善所：紀善二員，正八品。良醫所：良醫正一員，正八品，良醫副一員，從八品。典儀所：典儀正一員，正九品，典儀副一員，從九品。引禮舍人三員，未入流。工正所：工正一員，正八品，工副一員，從八品。伴讀四員，從九品。教授從九品。庫：大使一員，未入流，副使一員，未入流。

凡指揮使司，本司官並屬官，隨軍多少設置不拘數目。品秩、俸祿並同在京衛分。指揮使、同知、僉事。經歷司：經歷，知事。衛鎮撫司：鎮撫。千戶所：正千戶、副千戶。所鎮撫：鎮撫。百戶所：百戶。儀衛司：儀衛正，正五品，儀衛副從五品，典仗六員，正六品。

兵衛

凡王府侍衛，指揮三員，千戶六員，百戶六員，正旗軍六百七十二名，守禦王城四門，每三日一次輪直宿衛。其指揮、千百戶、旗軍，務要三護衛均撥。

凡親王入朝，以王子監國。

　　凡親王入朝，其隨侍文武官員，馬步旗軍，不拘數目。若王恐供給繁重，斟酌從行者，聽其軍士、儀衛、旗幟、甲仗，務要鮮明整肅，以壯臣民之觀。

　　凡朝廷調兵，須有御寶文書與王，並有御寶文書與守鎮官。守鎮官既得御寶文書，又得王令旨，方許發兵；無王令旨，不得發兵。如朝廷止有御寶文書與守鎮官，而無御寶文書與王者，守鎮官急啟王知，王遣使馳赴京師，直至御前聞奏。如有巧言阻當者，即是奸人，斬之毋惑。

　　凡王國有守鎮兵，有護衛兵。其守鎮兵有常選指揮掌之。其護衛兵從王調遣。如本國是險要之地，遇有警急，其守鎮兵、護衛兵並從王調遣。

　　凡守鎮兵，不許王擅施私恩；其護衛兵或有賞勞，聽從王便。

　　凡王出獵演武，只在十月為始，至三月終止。

　　凡親王府各給船馬符驗六道，以供王遣使奏報所用。

　　凡王教練軍士，一月十次，或七八次、五六次。若臨事有警，或王有閒暇，則遍數不拘。

　　親王儀仗：令旗一對，清道二對，憶弩一張，白澤旗一對，戟一十對，矟一十對，弓箭二十副，刀盾一十對，絳引幡一對，摑鼓二面，金鉦二面，金皷旗二面，花匡皷二十四面，畫角一十二枚，板一串，笛二管，鑼二面，節一把，夾矟一對，告止幡一對，傳教幡一對，信幡一對，戲竹一對，笛四管，頭管四管，杖皷一十二面，板一串，大鼓一面，響節四對，紅銷金傘一把，紅繡傘一把，曲蓋二把，方傘四把，戟氅一對，戈氅一對，儀鍠一對，及义一對，儀刀四對，班劍一對，梧杖一對，立瓜一對，臥

瓜一對，骨朵一對，鐙杖一對，斧一對，幢一把，麾一把，誕馬八匹，馬杌一個，鞍籠一個，交椅一把，腳踏一個，水罐一個，水盆一個，香爐一個，香盒一個，拂子二把，扇六對，唾壺一，唾盂一。

營繕

凡諸王宮室，並依已定格式起蓋，不許犯分。燕因元之舊有。若王子、王孫繁盛，小院宮室，任從起蓋。秦王府（西安），晉王府（太原），燕王府（北平），周王府（開封），楚王府（武昌），齊王府（青州），魯王府（兗州），蜀王府（成都），湘王府（荊州），代王府（大同），肅王府（甘肅），遼王府（廣寧），慶王府（寧夏），寧王府（大寧），岷王府（雲南），谷王府（宣府），韓王府，沈王府，安王府，唐王府，郢王府，伊王府。

凡諸王宮室，並不許有離宮、別殿及臺榭遊玩去處。雖是朝廷嗣君掌管天下事務者，其離宮、別殿、臺榭遊玩去處，更不許造。

供用

凡親王每歲來朝，自備飲膳。其隨從官員軍士盤費，馬匹草料，俱各自備，毋得干預有司，恐惹事端。

凡親王每歲合得糧儲，皆在十月終一次盡數支撥。其本府文武官吏俸祿及軍士糧儲，皆係按月支給，每月不過初五。其甲仗按缺撥付，所在有司照依原定數目，不須每次奏聞。敢有破調稽遲者，斬。

　　凡親王錢糧，就於王所封國內府分，照依所定則例期限放支，毋得移文當該衙門，亦不得頻奏。若朝廷別有賞賜，不在已定則例之限。

　　凡親王、郡王、王子、王孫及公主、郡主等，每歲支撥。

　　親王，唐制：歲該穀四千八百石，絹四千八百匹，綿四百五十斤。宋制：領節度使，歲該穀二千四百石，錢四千八百貫，絹二百匹，綾一百匹，羅十匹，綿五百兩。今定米一萬石。

　　郡王，唐制：歲該米七百石，田六十頃。宋制：領觀察使，歲該粟一千二百石，錢二千四百貫，絹二十匹，綿五十兩。今定米二千石。鎮國將軍，唐制：歲該米六百石，田五十頃。宋制：郡王子以下，量才授官，照其官品高下給祿。今定米一千石。輔國將軍，唐制：歲該米五百石，田四十頃。今定米八百石。奉國將軍，唐制：歲該米四百石，田二十五頃。今定米六百石。鎮國中尉，唐制：歲該米三百石，田十四頃。今定米四百石。輔國中尉，唐制：歲該米二百石，田八頃。今定米三百石。奉國中尉，唐制：歲該米一百石。今定米二百石。公主及駙馬，食祿米二千石。郡主及儀賓，食祿米八百石。縣主及儀賓，食祿米六百石。郡君及儀賓，食祿米四百石。縣君及儀賓，食祿米三百石。鄉君及儀賓食祿米二百石。

　　凡皇太子次嫡子並庶子，既封郡王之後，必俟出閣，每歲撥賜，與親王子已封郡王者同。女俟及嫁，每歲撥賜，與親王女已嫁者同。

　　凡郡王嫡長子襲封郡王者，其歲賜比初封郡王減半支給。

　　　　　　　　　　　　　　　　（《洪武御制全書》本）

貳　《明史·諸王世表》

　　太祖二十六子，懿文太子外，皇子楠未封。成祖以洪武三年封燕王。後尊為帝系。不得仍列之藩封世次。其得封者二十三王，曰秦潛王樉，曰晉恭王棡，曰周定王橚，曰楚昭王楨，曰齊王榑，曰潭王梓，曰趙王杞，曰魯荒王檀，曰蜀獻王椿，曰湘獻王柏，曰代簡王桂，曰肅莊王楧，曰遼簡王植，曰慶靖王㮵，曰寧獻王權，曰岷莊王楩，曰谷王橞，曰韓憲王松，曰沈簡王模，曰安惠王楹，曰唐定王桱，曰郢靖王棟，曰伊厲王𣊻，而靖江王以南昌嫡孫受封郡王附載於後。

（卷一百）

卷一 寧藩宗族史料

壹 寧藩宗屬世次

一 《明史·諸王世表》

洪武中，太祖以子孫蕃眾，命名慮有重複，乃於東宮、親王世系各擬二十字，字為一世。子孫初生，宗人府依世次立雙名。以上一字為據，其下一字則取五行偏旁者，以火、土、金、水、木為序。

寧府曰：磐奠覲宸拱。多謀統議中。總添支庶闊。作哲向親衷。

（卷一百）

二 《續文獻通考·寧國宗屬》

一世 太祖庶十七子權。

二世 權子磐烒、磐煇（他處作煇、燁）、磐姚、磐炷、磐煤。

三世 磐烒子奠培、奠墠、奠壘、奠堵、奠壒。

　　　磐煇子奠埨。

　　　磐姚子奠坫。

四世 奠培子覲鈞、覲錐、覲鍊（他處作鍊，另有鎮國將軍名覲

鍊）。

奠墠子覲鍚。

奠壘子覲鑑。

奠堵子覲鎬。

奠壏子覲鍒（他處作鏢）。

奠坫子覲鐏。

五世　覲鈞子宸濠。

覲鍊子宸瀟。

覲鍚子宸瀙、宸渠。

覲鑑子宸湔。

覲鎬子宸浮、宸潤、宸浦、宸澧、宸淬。

覲鍒子宸汭。

覲鐏子宸澮。

六世　宸瀟子拱椳。

宸瀙子拱栟。

宸渠子拱柄、拱橋。

宸湔子拱欘。

宸潤子拱梴。

宸淬子拱概。

宸汭子拱櫝。

宸澮子拱樤。

拱橰（祖父未詳）。

七世　拱椳子多燗、多熅、多燉、多□、多熿、多煊、多炘。

（原注：皆拱柄之子姪，無可分考）。

拱欘子多烴。

拱概子多□。

拱樍子多焜。

拱樛子多熷。

多燵（父未詳）。

多□輔國將軍（系未詳）。

多煌　奉國將軍。弋陽王奠壏五世孫（祖父未詳）。

多炡　奉國將軍（系未詳）。

八世　多爀子　謀壟。

多煉子　謀顗。

多爣子　謀瑋，鎮國中尉。

多炡子　謀墵。謀晉（系未詳）。

九世　謀壟子統鐶。

（卷二百五）

三　《續文獻通考・寧國傳授世次》

寧王權，太祖庶十七子。洪武二十四年四月封，二十六年就藩大寧。建文元年八月召寧王歸京師，不至。削護衛。永樂元年移封南昌府。

臣等謹按：王圻《續通考》：權以封國大寧，故稱寧王。成祖時乞改南，王欲得蘇州、杭州，成祖皆不許。後因不得已，乞封南昌，從之。洪熙初又言江西非其封國，請改封，仁宗不從。

傳：

磐烒，封世子，未襲卒。以子奠培襲爵追封。

奠培，正統十四年襲，弘治四年薨。

覲鈞，治五年，以上高王襲。十年薨。

宸濠，治十二年，以上高王襲。正德十四年六月反逆伏
誅，國除。

…………

臨川王磐燁，權庶二子。宣德元年封。天順五年罪降庶人。
鳳陽居住。成化二十一年卒。嘉靖三十五年追復王。

傳：

奠埨，磐燁嫡一子。正德七年封長子，天順五年罪降庶
人。嘉靖二十五年追封王。子孫不襲，國除。

臣等謹按：追復、追封宜在一年表中。追復則云三十五年，
追封則云二十五年，當有一誤。

宜春王磐姚，權庶三子。宣德三年封，弘治五年薨。

傳：

奠坫，弘治八年襲，九年薨。

覲鐏，封長子。未襲卒。以子宸澮襲爵追封。

宸澮，弘治十一年襲，十三年薨。

拱㮇，正德二年襲，十五年從宸濠反，死，國除。

新昌王磐炷，權庶四子。宣德五年封，無子國除。

信豐王磐模，權庶五子。宣德七年封，無子國除。

瑞昌王奠埠，磐烌庶二子。景泰二年加封，成化十三年薨。

傳：

覲鍚，成化十四年襲，弘治元年薨。

宸瀱，鎮國將軍。未襲，卒，追封王。

拱栟，弘治十二年襲，正德十五年坐宸濠反，死，國除。

樂安王奠壘，磐烌庶三子。景泰二年加封，弘治元年薨。

傳：

覲鑑，鎮國將軍。未襲，卒。以子宸湉襲爵追封。

宸湉，弘治四年襲，嘉靖二十一年薨。

拱欏，嘉靖二十四年襲，三十八年薨。

多㶚，嘉靖四十年襲，萬曆間薨。

謀顈，天啟二年襲封。

石城王奠堵，磐烒庶四子，景泰二年加封，成化二十二年薨。

傳：

覲鎬，鎮國將軍，未襲，卒。以子宸浮襲爵。追封。

宸浮，弘治二年襲，十二年革爵，嘉靖二十四年奏復冠帶，無子國除。

弋陽王奠壏，磐烒庶五子，景泰二年加封。天順五年薨。

傳：

覲鍒，成化二年襲，弘治十年薨。

宸汭（他處作沜），弘治十七年襲，正德九年薨。

拱橨，嘉靖二年襲，三十年薨。

多焜，嘉靖三十三年襲，萬曆五年薨。無子國除。

鍾陵王覲錐，奠培庶三子。成化九年封。弘治十八年罪降庶人，送鳳陽，國除。

建安王覲鍊，奠培庶四子。成化十七年封，嘉靖十七年薨。

傳：

宸潚，嘉靖二十一年襲，三十三年薨。

拱橺，嘉靖三十六年襲，隆慶四年薨。

多㷲，萬曆元年襲，二十九年薨。

謀壨，萬曆三十一年襲，薨年闕。

統鐶，萬曆四十五年封長子，既而襲封。

（卷二百八）

【注】「宸濠」下引〈寧王傳〉述宸濠叛逆事。按事已見前第一卷〈明史諸王傳寧獻王權傳〉，此略。

四 《續文獻通考・帝系考》

一世太祖庶十七子權，二世權子磐烒、磐燁、磐烑、磐炷、磐熐。

三世磐烒子奠培、奠壇、奠壘、奠堵、奠壏。磐燁子奠掄。磐烑子奠坫。

四世奠培子覲鈞、覲錐、覲錬。

奠壇子覲鐊。

奠壘子覲鐳。

奠堵子覲鎬。

奠壏子覲鍒。

奠坫子覲鐏。

五世覲鈞子宸濠。覲錬子宸潚。覲鐊子宸瀖、宸渠。覲鐳子宸湔。

覲鎬子宸浮、宸潣、宸浦、宸澧、宸涬。

覲鍒子宸汭。

覲鐏子宸澮。

六世宸潚子拱棂。

宸瀖子拱栟。

宸渠子拱枘、拱榣。

宸湔子拱欏。

宸潣子拱梃。

宸涬子拱概。

宸汭子拱樍。

宸澮子拱樤。

拱樛

七世拱棍子多㷿、多熅、多燉、多□、多熿、多熣、多炘，皆拱枘之子侄無可分考。

拱欏子多煉，拱概子多□，拱樍子多焜，拱樛子多熘。多燵（父未詳）。

多□輔國將軍（系未詳）。

多煌奉國將軍。弋陽王奠壏四世孫（祖父未詳）。

多炡奉國將軍（系未詳）。

八世多㷿子謀壟。

多煉子謀顗。

多爞子謀𡍩，鎮國中尉。

多炡子謀㙈、謀𪟝（系未詳）。

九世謀壟子統鐶。

（卷二百五）

五　《明實錄・郡主儀賓》

宣德二年封寧獻王女：

長女永新郡主，配金鄉衛舍人高鶴齡。

二女玉山郡主，配都督舍人方景輝。

三女清江郡主，配西寧衛指揮陳冬弟逸。

四女奉新郡主，配贛州同知王宗旭子爽。

五女金溪郡主，配右軍都督韓觀弟輔。

六女泰和郡主，配鄱陽縣民汪彥誠子湛然。

七女彭澤郡主，配龍驤衛指揮王剛侄質。

八女廬陵郡主，配贛州衛指揮田晟弟昱。

九女新喻郡主，配贛州府照磨胡羽子光霽。

十女新城郡主，配留守中尉指揮李峻子巘。

十一女為浮梁郡主，配龍江右衛舍人俞致淵。

十三女南豐郡主，配江西都指揮張祥子雯。

正統三年封：

寧王第十四女為永豐郡主，適孟暾。

正統十年封郡主、縣主：

靖安郡主儀賓葛昕。

高安縣主儀賓郭琦。

瑞金縣主儀賓程燾。

【注】據《明實錄》，朱權十四女，皆封郡主。其中九人宣德二
年二月同時封：第十二十四女名未詳。孫女十二人，封縣
主四人，至去世，曾孫十人。

景泰二年封：

寧惠王長女為樂平郡主，配嚴傑。

寧惠王第五女為德興郡主，配戴瑛。

景泰四年賜：

德興郡主並儀賓戴瑛誥命、冠服、鞍馬等物。

景泰五年封：

臨川王磐烴第二女為新淦縣主，配張晉。

磐烴第三女為萍鄉縣主，配張效。

天順六年封：

宜春王庶長女為萬安縣主，配高泰。

宜春王庶第二女為寧都縣主，配陳儀。

弘治二年賜：

石城王府連江縣主並儀賓袁瓚。

弘治三年賜：

富川郡君並儀賓彭彩。

同安縣主儀賓李琳。

弘治四年賜：

瑞昌王府同安郡主並儀賓李琳。

弘治六年賜：

綿谷郡君並儀賓盛宣。

弘治九年賜：

西昌縣主並儀賓。

弘治十七年賜：

瑞昌恭僖王孫女吉水郡君夫吳元壽。

永淳縣君並儀賓陳善能。

永福縣君並儀賓王伯淳。

閡鄉縣君並儀賓皮榮。

通安郡主並儀賓王謹。

鎮海郡主並儀賓熊瓊。

六　《弇州續稿‧郡主儀賓》

〈瑞昌王府三輔國將軍龍沙公暨元配張夫人合葬志銘〉

瑞昌王裔輔國將軍拱樹四女：

長高郭縣君，適胡山。

次欽江縣君，適黃識。

次南懷縣君，適聞一誠。

次怡亭縣君，適熊良遂。

（卷一百十一）

七 《盱眙朱氏八支宗譜》

〈朱氏宗派序〉

　　人生天壤，身非出自空桑，皆有木本水源之恩，故閭閻編氓莫不修譜系以綿其世族，矧屬在帝王之苗裔乎！自我太祖高皇帝開國肇基，大封宗藩，而江西省中盡寧藩之子若孫焉。傳至五世濠謀不軌，而諸王或從或抗，涇渭迴別。厥後爵宗三千、二王、六管、八府攸分。但未經兵燹，咸有玉冊。及經兵燹，玉牒蕩然，以故後生小兒輩竟不能明其所自出，別其所自分。問其姓，則曰：朱皇帝之後。問其父，則或知或否。問其祖，則杳然，如千百世之遙矣，又安望其能致於三代之上，識其誰為我祖之祖乎！輒用是滋懼焉。然「磐奠觀宸拱，多謀統議中，總添支庶闊，作哲向親衷」，以此分派，亦甚易知。即各藩、各房亦能自序其次。惟我斗隅祖一支，雲礽甚繁。變革以來，謀輩幾盡，統輩亦屬寥寥，餘有議輩，為人俱以錢穀治生為急，罔念我祖。是以去祖未遠，而即淆其本源，訛其諱號，失其墳墓，竟使後人將一本之祖等之黃、農、虞之沒，伊誰之咎哉？所傷者，文獻已無可考，諮訪雖遍而終不知。西山雙嶺蜈蚣山之簡定王是吾所祧之祖也，幸於順治丁酉歲向輙姑爺熊公於岸懇求再三，勞其為我究述原始，不湮斗隅之偉。既孟夏乃即其見聞之真，為我贊成宗派，俾我曹始得有祖，此其恩豈淺鮮哉！後世若有光前者出，從而大修明焉，固必考信於茲也。其在今日，凡我斗隅子孫，苟無

忘我祖，將感戴乎究述者之大賜，而亦心轄之心焉，是吾之所厚
望也。

　夫謹序

　昔

大清順治十四年丁酉仲夏月　　　　　　　　　　　　　穀旦

建安簡定六世孫議轄履端氏熏沐拜撰

〈朱氏源流序〉

　蓋聞人本乎祖，愛始於親。則譜之修也所以聯親，而報本者
屬在後嗣，豈敢忘其事哉。

　溯自我族朱氏，系出金陵句容縣通德鄉朱家巷。上世以來，
務本力穡。太祖遷盱眙，獻祖封江西，生五子。長磐烒公，襲封
寧王，諡惠。次磐燁公，封臨川，諡康僖。三磐烑公，封宜春，
諡安簡。四磐炷公，封新昌，諡安僖。幼磐熯公，封信豐，諡悼
惠。安僖、悼惠二公俱乏嗣無傳。惠王生五子，長奠培公，襲封
寧王，諡靖。次奠埠公，封瑞昌，諡恭僖。三奠壘公，封樂安，
諡昭定。四奠堵公，封石城，諡恭靖。幼奠壒公，封弋陽，諡榮
莊。靖王生二子，長覲鈞，襲封寧王，諡康。次覲錐公，襲封鍾
陵。幼覲鍊公，封建安，諡簡定。

　此江西朱氏八支祖也。後之世爵繁多，難以備載。生子及孫
俱詳卷內。在昔皆居豫章城中，衣冠文物稱極盛也。甲申以後，
散處四方，未序昭穆。雖有老譜可稽，在明季皆是生丁未詳，歿
葬迄今百有餘年，未集大成。嘉慶五年，石城方五叔纂修瑞、石
兩房支譜，建安支譜同修，其餘五房未修。辛未歲，族長總爐公
等命錦纂修草譜，以繼大成。詎知八支子孫眾多，難以匯舉。且

世遠年湮，生歿無據，居處莫知。今所知者，彥公、元公、紫公三支子孫。彥公諱謀觀，元公諱議洹，紫公諱議蕄。彥、紫二公於清順治五年徙居新建忠孝鄉二十一都四圖杜家橋。元公遷新建九都四圖萬家巷。本房宜春有居省而遷異域者皆不可考，其餘別支亦未編入，故老譜自統輩而止，議字以下第各親其親、各子其子耳。今家乘既成，昭穆不紊，雖非大成，而有三支子孫繼其後，豈不謂譜牒之重輝哉。凡我同宗長歌行葦之章，永殄角弓之釁。俾脈絡流通，恍如一體。咸知愛親敬長之義，不忘水源木本之恩耳。是為序。

清道光五年旃蒙作噩夏月

貳　藩爵

一　《禮部志稿》

王封祿秩

太祖高皇帝封國：

封子二十二人：齊王，谷王，寧王，遼王，伊王。以罪削封：潭王，湘王，安王。郢王無子國除。今見存十四府。又封姪一府。而遼、寧、伊三府郡王以尚存。

（卷七十三）

各府分封郡王

寧府。始封系高皇帝第十六子，之國大寧。永樂元年移國江西南昌府。正德十四年削爵國除。今存郡王：

樂安王、建安王、弋陽王、石城王、臨川王、宜春王、新昌

王、信豐王、瑞昌王、鍾陵王。

（卷七十三）

加封爵秩

（一）

弘治七年正月，樂安王奏，見蒙賜襲祖爵，又蒙將故父鎮國將軍覲鐳追封為樂安溫隱王。今母夫人黃氏見在，乞比例加封。該本部議得黃氏例該加封為樂安王妃。但樂安溫隱王止係追封爵號，其妃難以遣官行禮合無。請勅該府知會。其冠服本府自備，其餘子女所封名號原從鎮國將軍，所生亦難進封。以後各王府悉照此例，庶免紊亂煩擾等因復題。奉孝宗皇帝聖旨：是。欽此。

（卷七十四）

（二）

弘治十四年閏七月……宜春王宸澮襲封王爵，其弟輔國將軍宸渶等各奏准加封鎮國將軍。

（同上）

請復先爵

嘉靖十五年八月。該江西布政司諮呈勘報臨川王孫拱樻奏訴前事。查得玉牒底冊，磐燁係寧獻王第二子，生子奠堎授封長子。奠堎生覲鐸，覲鐸生宸□，宸□生栱樻。其革爵緣由，因磐燁訐奏寧靖王奠培不法事情，被奠培買串訪事校尉，捏奏磐燁與四尼姑通姦，其子奠堎不能諫阻，於天順五年十二月初四日革爵。磐燁送鳳陽，奠堎送西山祖陵燒香。覲鐸年幼隨父居住。奠堎革爵之日扣算。覲鐸彼年已十四歲，乃係伊父奠堎未經革爵之前所生。及查天順《實錄》內開上因，說校尉訪事者亦多枉人。

且如臨川王與尼姑通姦，及鎮撫司指揮門達問之實無此情。又聞
行事者法司依其所行不敢申辯，雖知其枉，付之歎息。惟門達能
辯之等因，所據覲鐸、宸□、拱槌各爵俱應查複等因，到部為
照。拱槌高祖已故革爵。臨川王磐燁先於天順年間為因通姦尼
姑，以奠埨不能諫阻，俱革爵降為庶人。奠埨先於正統十二年五
月十九日生覲鐸，後奠埨革爵，隨帶覲鐸居住。及後覲鐸於成化
十四年十二月初二日生宸□，宸□於弘治十年九月十八日生拱
槌，其覲鐸、宸□先年俱為庶人已故。今該布政司諮呈勘報拱
槌、伊祖覲鐸委係伊祖，奠埨為長子，未革爵前所生是**實**。雖查
與光澤王所奏革爵前事例相同，但事干年遠難以襲封王爵，合照
依近日譽林事體，止照郡王長子之曾孫事例封為鎮國中尉等因。
奉聖旨：拱槌准封鎮國中尉。欽此。

（卷七十四）

請封本爵

（一）

　　嘉靖十八年二月。革爵石城王宸浮奏乞冠帶榮身。該本部看
得石城王今降庶人。宸浮先因轉娶妓女有違祖訓，及與兄宸潤訐
奏，已經奉有欽依將宸浮、宸潤、俱降為庶人。但查宸浮自革爵
之後已經三十餘年，中間累遇恩宥。其所犯止因轉娶妓女，與伊
兄宸潤私隙訐奏，原無重情。及宸潤歿後既得追封祭葬，以故宸
浮累次具奏前來。又經本部查，該彼處巡按御史司官勘，稱宸浮
因忤逆濠久罹困厄，情有可矜等因，理合題請合照量賜冠榮身，
以後朦朧奏復原爵等因。奉聖旨：是。宸浮准給冠帶。欽此。

（同上）

（二）

嘉靖二十四年四月內，該冠帶石城王宸浮奏：乞查照岷王彥汰等事例賜復原封爵祿。該本部覆題：奉聖旨，宸浮既因逆濠困陷貧老無贍，准給祿米三分之一。欽此。

（同上）

二　《明實錄・太祖實錄》

洪武二十四年夏四月辛未　冊封皇子，㮵為慶王，權為寧王，梗為岷王，橞為谷王，松為韓王，模為沈王，楹為安王，桱為唐王，棟為郢王，㰘為伊王。

三　《弇山堂別集》

宗室之盛

寧。江西南昌府。親王奪。在省樂安等王三位，鎮、輔、奉國將軍二百七十六位。中尉二百六十五位。郡縣主君三百二十四位。庶人四十四名。

（卷一）

享國長久

親王享國之久者：吉簡王見浚七十一年，代簡王桂六十九年，魯靖王肇輝六十四年，德莊王見潾、晉莊王鍾鉉俱六十一年，岷莊王梗六十年，沈莊王幼㙾五十八年，寧獻王權五十八年，周定王橚五十七年，襄憲王瞻墡、壽定王佑楎、淮康王祁銓俱五十五年，益端王佑檳五十三年，衡恭王佑楎五十二年。

（同上）

叁　選舉

一　《江西通志》

天啟元年辛酉鄉試

　　朱統鉳　新建人

天啟四年甲子鄉試

　　朱統鑛　新建人

天啟七年丁卯鄉試

　　朱統鎦　新建人

　　朱統錀　新建人

崇禎元年戊辰劉若宰榜

　　朱統鉳　新建人　祭酒

崇禎三年庚午鄉試

　　朱統□　新建人

崇禎六年癸酉鄉試

　　朱統□　新建人

崇禎七年甲戌劉理順榜

　　朱統銋　新建人　行人

崇禎九年丙子鄉試

　　朱統鈺　南昌人

崇禎十年丁丑劉同升榜

　　朱統鑽　新建人，江夏知縣

崇禎十二年己卯鄉試

　　朱統釵　新建人

崇禎十三年庚辰魏藻德榜

　　朱統鉦　新建人　休寧知縣

崇禎十三年庚辰賜史惇等特用出身

　　朱統鏅　新建人　普寧知縣

崇禎十五年壬午鄉試

　　朱統銅　南昌人

　　朱議霖　新建人

崇禎十六年癸未楊廷鑒榜

　　朱統□　南昌人

　　朱議汴　南昌人

（卷五十五）

二　（同治）《新建縣誌・科第》

天啟元年辛酉鄉試

　　朱統鉎

天啟四年甲子鄉試

　　朱統鑌（注：省志作統鑛。）

天啟七年丁卯鄉試

　　朱統錂

　　朱統鎾

崇禎元年戊辰榜

　　朱統鉝（字章華，南國子監祭酒）

崇禎三年庚午榜

　　朱統鎁

崇禎六年癸酉榜

朱統鏒

崇禎七年甲戌榜

朱寶符（統銍）

崇禎九年丙子鄉試

朱統鉟（亦作南昌人，字四岳，行人）

崇禎十年丁丑榜

朱統鑛（字太僕，江夏知縣）

崇禎十二年己卯鄉試

朱統鈫

崇禎十三年庚辰榜

朱統鉟（字無外，禮科給事中）

崇禎十五年壬午鄉試

朱統鏑（《江西通志》作南昌人）

崇禎十六年癸未榜

朱統鏑（字德中，廣東監察御史）

（卷五十五）

三　《江南通志》

崇禎十年丁丑科劉同升榜

朱統鐔

（卷一百四）

朱統鑛　盱眙人

（卷一百二十三）

崇禎三年庚午鄉試

朱議汴

朱統□

朱議□

崇禎十六年癸未楊廷鑒榜

朱議汴　南昌人

四　（同治）《南昌縣誌》

崇禎元年戊辰劉若宰榜

朱統鈰　庶常曆官

崇禎十三年庚辰魏藻德榜

朱統鉦

崇禎十六年癸未楊廷鑒榜

朱議汴

朱統鏑

恩賜

朱議鎏

【注】云：崇禎壬午。

（卷十）

崇禎三年庚午鄉試

朱議汴　癸未進士

崇禎九年丙子鄉試

朱統鉦　庚辰進士

崇禎十五年壬午鄉試

朱議霂

按：魏禧〈朱中尉傳〉載有其弟名議淰，未知即此議淰否。

（卷十一）

五　《南明史》

統鑛、統鎚、統鐩，皆寧王裔，天啟四年舉於鄉。

統鐜，寧王裔，崇禎三年舉於鄉。

統鈠，寧王裔，崇禎六年舉於鄉。

統釵，寧王裔，崇禎十二年舉於鄉。

議淰，寧王裔，崇禎十五年舉於鄉。

（卷二十七）

六　《靜志居詩話》　（清）朱彝尊

明初舊典，宗室子不與內外銓除。後因御史李日宣等所請，援祖訓換授之法，言皇族宜通仕籍。得旨允行。秦王孫子斗詩云：「爵人本至公，立法無頗偏。大訓手自定，百度何森然。郡王有孫子，所司驗才賢。換授准任用，升轉遵常銓。諒哉二柱史，抗章排拘攣。先帝展科目，今皇命試官。椅桐委斷壑，被以朱絲弦。蟠虯在外廢，策以珊瑚鞭。」蓋紀其事也。天啟辛酉，晉藩慶成溫穆王表桐之曾孫慎鋈始舉辛酉鄉試，明年壬戌，賜同進士出身。至崇禎戊辰，寧藩瑞昌王孫統鉰，由進士改庶吉士。自後甲戌則蜀藩奉鉮，寧藩統鉒。鉒，謀墇子也。丁丑，則寧藩統鑛、統鏢，庚辰則周藩朝堃、在鉚、寧藩統鈺，癸未，則代藩鼎㳺廷婿，寧藩統鏑、議汴，皆以宗支取甲科。

肆 藩府理事

一 《明實錄》

洪武二十五年十一月辛丑 賜遼王、寧王二護衛軍士綿布，有妻子者人四匹，無者半之。凡八千餘人，布二萬八千九百餘匹。

永樂二年秋七月甲寅 寧世子磐烒來朝。

永樂二年秋七月戊午 寧世子磐烒辭歸，賜之鈔幣，並賜其從官指揮屠經等鈔有差。

永樂四年二月甲戌 寧世子磐烒辭歸，宴如初至，賜賚甚厚，其從官賜鈔有差。

永樂五年夏四月庚戌 代世子遜煓、寧世子磐烒還國，各賜鈔幣等物，賜其從官如例。

永樂二十二年九月乙酉 賜漢王高煦、趙王高燧各黃金五百兩，白金五千兩，錦百匹，紵絲二百匹，羅二百匹，紗二百匹，胡椒五千斤，蘇木五千斤，鈔五百貫，良馬百匹。賜周王核黃金百兩，白金千兩，紵絲四十表裡，錦十匹、羅二十匹、紗二十匹、鈔一萬錠。慶王㮵、寧王權、代王桂、沈王模各白金千兩、鈔一萬錠、紵絲四十表裡、錦十匹、羅二十匹、紗二十匹……

永樂二十二年十一月丙申 特賜寧王權黃金百兩，白金三百兩，文錦十，彩幣表裡各二十，西洋布十。

洪熙元年秋七月庚辰 賜諸王黃白金、文綺、錦、紗羅、布、鈔有差……於是，周、慶、代、寧、沈、漢、趙七王各白金五百兩，文綺二十表裡，錦五匹，紗羅各二十匹，兜羅錦五匹，

西洋布十匹，鈔三萬貫。

　　宣德元年六月丙寅　造寧府臨川王鍍金銀印。

　　宣德元年秋七月辛酉　造寧府宜春王鍍金銀印。

　　宣德元年秋七月己未　賜寧王權第三子名磐㷤，第四子名磐炷，第五子名磐㷍，二孫名奠培、奠壃。

　　宣德二年二月乙丑　給寧府清江郡主及儀賓陳逸歲祿共八百石。奉新郡主及儀賓王爽，金溪郡主及儀賓韓輔，泰和郡主及儀賓汪湛然，彭澤郡主及儀賓王質，廬陵郡主及儀賓田昱，新喻郡主及儀賓胡光霽，新城郡主及儀賓李默南，南豐郡主及儀賓張雯皆如之，俱於江西布政司倉庫內中半支給。

　　宣德二年二月己巳　寧王權以子女婚娶者十二人，請於封內自選取婦女給之使令。上不聽，遣中官送婦女八十四人往賜之。

　　宣德二年二月乙亥　給臨川王磐燀歲祿二千石，內米五百石。餘折鈔於江西布政使司支給。

　　宣德三年秋七月戊辰　行在戶部奏：「寧王第三子宜春王磐㷤歲祿二千石，米鈔中半，當以江西附近郡縣糧及官庫鈔給之。」上從之，諭尚書夏原吉曰：「近有言王府收糧或留難，或多取，或盡點需索，民甚苦之，此皆下人所為，王不能知。可移文禁革，違者繩之以法。」

　　宣德六年春正月甲午　給寧府磐炷歲祿二千石，內支米五百石，餘一千五百石折鈔。

　　宣德十年五月癸巳　寧王權奏：「南豐郡主儀賓張雯乃故都指揮僉事祥之子，雯子應隆應襲祖職，今年八歲，乞恩優給。」上從之。

　　正統元年五月丁卯　遣內官齎送新編敕符簿於代、慶、寧、

周、楚、魯、蜀、肅、沈、遼、韓、唐、伊、鄭、襄、荊、淮、梁、趙、秦、晉、靖江二十二王府各一扇，仍賜各王書，以易世紀元更屬稱換年號也。

正統三年八月壬戌　禮部奏寧世孫奠培妃郭氏薨。上以妃未成婚禮，命該部止遣祭一壇，不必報訃各王府。

正統四年閏二月己卯　寧府信豐王妃劉氏薨，九江衛指揮僉事瑛之妹，正統三年冊封。至是，以王薨自經。訃聞，上深嗟悼，遣中官致祭，諡曰貞烈，與王合葬。

正統四年三月辛亥　寧王權奏府中子女眾多，遇有疾病，缺醫治療，乞撥醫使用。上令禮部撥醫生二名，仍遣書致意。

正統四年夏四月癸未　賜寧府莊惠世子庶子三人名曰奠壘、奠堵、奠壏。臨川王嫡子一人名曰奠埨，宜春王嫡子二人名曰奠坫、奠埦。

正統六年十一月　寧王權以子女俱長，欲令護衛屯田軍士造房居住，乞優免子粒。上命戶部撥屯軍三之二與王用工，免徵子粒。完日如舊屯種。

正統九年四月　給寧府鎮國將軍奠壘等祿米歲各一千石。俱米鈔中半支給。

正統十年九月丙子　命歲給寧府靖安郡主並儀賓葛昕祿米八百石，高安縣主並儀賓郭琦、瑞金縣主並儀賓程燾各祿米六百石。從寧王奏請也。

正統十二年六月辛酉朔　寧府莊惠世子磐烒妃俞氏卒，遣中官賜祭，命有司營葬。

正統十三年九月癸巳　寧王權奏本府蒙賜醫士張時成、馬文禎病故，亢霖年老。時成男棨、文禎男睿、霖男得潤俱曉脈藥，

乞賜代役。從之。

景泰二年八月己巳　寧王奠培奏：「叔臨川王磐燁妃黃氏
薨，乞於本境選擇繼室。」從之。

景泰三年八月戊辰　增給寧府瑞昌王奠埻、樂安王奠壘、石
城王奠堵、弋陽王奠壏祿米如例。四王先封鎮國將軍，至是俱進
爵為王，故增給之。

景泰四年三月丁卯　寧王奠培奏：「臣本府郡主儀賓嚴傑、
鄧膳、郭琦、吳綽，縣主儀賓程纛俱未有儀從，乞如例撥賜。」
從之。

景泰五年三月庚申　給寧府德興郡主並儀賓戴瑛歲祿共八百
石，本色五百石，折鈔三百石。

景泰五年十二月戊戌　命歲給寧王奠培南昌府城稅課鈔一萬
五千餘貫。從王請也。

景泰六年五月辛亥　給宜春王磐姚第三子鎮國將軍奠埦歲祿
一千石，米鈔中半兼支。

景泰六年十二月甲子　給寧府新淦縣主並儀賓張晉、萍鄉縣
主儀賓張效歲祿各六百石，內米四百石，折鈔二百石。

天順元年秋七月丁卯　新昌王磐炷、陵川王舍煃各奏：「臣
歲祿二千石，米鈔中半兼支。然宮眷眾多，乞每歲增支米二百
石。」從之。

天順二年春正月　甲申，賜寧府臨川王第二子名曰奠塹、瑞
昌王長子名曰覲鍚、第二子名曰覲鏠。

天順二年二月丙申　賜弋陽王奠壏廚役四人。從其請也。

天順二年二月癸巳　工部奏修造寧府宗廟承運殿及屋宇共三
百八十四間。上曰：「江西軍民艱難，其令有司陸續用工，無促

迫害事。」

天順二年閏二月丙子　賜……樂安王嫡長子曰覲鑲、庶第二子曰覲鋃、庶第三子曰覲鋂。

天順二年閏二月丁亥　禮部奏：「弋陽王奠壏言缺少使女，宜照例聽於本處軍民情願之家自備財禮選買十人。」從之。

天順二年三月丙辰　賜石城王五子名曰覲鏑、覲鏂、覲釧、覲鑐、覲銘。

天順二年三月丙辰　賜宜春王磐烑火者二人，從所請也。

天順二年三月丙辰　石城王奠堵奏：「臣受封之時，蒙賜袍服原無紗羅，止有紵絲，今亦敝壞，乞賜紵絲、紗、羅袍料各一匹。」從之。

天順二年冬十月己卯　賜宜春王第二子奠坫長子曰覲鐏。

天順三年夏四月甲寅　臨川王磐燁奏：「舊賜袍服，今皆汙敝，乞賜紵絲、紗、羅各一匹自製。」從之。

天順三年秋七月甲申　賜樂安王紵絲、紗、羅各一匹。以王奏先賜袍服年久敝壞求新者也。

天順三年十二月戊辰　給新昌安僖王磐炷宮眷米二百石，以王無後，故歲給米以養贍也。

天順四年七月壬午　致書寧王奠培曰：「今差內官打剌赤、李廣、錦衣衛指揮僉事郭瑛齎取臨川王磐燁與其長子奠埨來京，仍令所在軍衛有司應付水陸腳力。王之家眷，嚴飭所在軍衛有司看守，勿致失所。專此奉報。」並敕江西都布按三司、巡按御史用心照管，不許怠忽。

天順五年正月癸亥　致書寧王奠培曰：「去歲聞知弋陽王奠壏淫亂事，差官賫書前去，欲王同瑞昌王盡情直說。今奏稱俱無

知見的確，似有隱諱推託。書至，王與瑞昌王務要盡情直說，庶好處置。若此隱諱，日後敗露，俱不得辭其責矣。特書以達。」

天順五年三月壬寅朔　寧府高安郡主卒，遣中官賜祭，命有司營葬。

天順六年二月辛未　寧府永新郡主儀賓高鶴齡以罪革去冠帶閑住，至是令復職。從其請也。

天順八年二月戊戌　上以初即位，賜親王白金文綺。魯王、遼王、慶王、肅王、唐王、鄭王、襄王、寧王、周王、沈王、伊王、岷世子各白金三百兩，紵絲羅十五表裡，紗十五匹，錦三匹，鈔二萬貫；淮王、晉王、秦王、韓王、代蜀二世子各白金三百兩、紵絲羅十表裡、紗十匹、綿三匹、鈔二萬貫；趙悼王、荊靖王長子、靖江王各白金二百兩、紵絲羅十表裡、紗十匹、錦三匹、鈔一萬貫。

天順八年七月辛巳　賜寧王第三子名曰覲錐。

成化元年十一月丙午　賜寧府樂安王庶第四子名曰覲鑑。

成化三年五月壬午　命寧府庶人奠埨子女婚嫁，有司助其禮物。初，臨川王磐燁與其長子奠埨坐罪，俱降為庶人，置奠埨於其祖寧獻王墳所，所司扁戶，月餉薪米。久之，奠埨附奏：「負罹重罪，誠所甘心。有子年二十一，女年二十，今俱長成，同受禁錮，非其罪也。」禮部尚書姚夔以聞。上憫其情，曰：「古者罪人不孥，況宗室乎？宜聽其子女與士庶之家婚配，仍令有司量給財禮助之。」

成化四年正月戊辰　賜寧府庶人奠埨食米月三石，仍命江西布政司給房屋以居之。

成化六年三月戊戌　樂安王奠壘奏：「祖父墳塋葬西山，久

缺祭掃。」上命每歲清明許嫡子一人往祭。

成化九年六月庚申朔　賜寧府鎮國將軍覲鏐歲祿米折色內改支本色米五十石。

成化十年九月庚午　給賜石城王奠堵祿米折色內本色一百石。從王奏也。

成化十八年五月丁亥　寧王奠培乞春秋出城祭掃祖塋。上命於今秋祭之，後不許。

成化二十年七月庚子　賜寧府弋陽王覲錍第三子名曰宸汛。

成化二十年七月辛亥　加賜故寧府庶人奠埨妻金氏食米歲三十六石。

成化二十年十一月庚子　賜寧府故鎮國將軍覲鏂妻馮氏食米歲五十石。從寧王奏也。

成化二十一年閏四月壬午　授荊、鄭、寧、慶四府長史年七十以上者五人正品散官，放回致仕。先是沈王奏：「本府長史等官例不考滿又無黜陟至，七十以上者猶不引退，既闕實用，且妨賢路，計天下王府官必多類比，乞下發按御史將諸王府長史、審理等官每歲勘實，年六十五以上者准府、州、縣官例加秩致仕，或近年六十而沾病願致仕者，亦依例增秩。」事下，吏部查貼黃，得長史馬馴等五人，擬授正四品散官放令致仕。復行天下諸王府勘報，其有職可加者，授以當升職名，亦令致仕。從之。

成化二十一年六月丙午　賜寧府上高王覲鈞庶長子名曰宸濠。

成化二十三年九月戊申　以即位，貽書宗室親王，賜白金、文綺、鈔錠。寧王、唐王、沈王、慶王、周王、襄王、鄭王、岷王、肅王、遼王、蜀王、楚王、晉王、淮王、代王、伊王、魯王

各白金三百兩，紵絲羅十五表裡，紗十五匹，錦三匹，鈔二萬貫。

成化二十三年十二月丁丑　命給寧府故鎮國將軍覲鈂幼子未襲者養贍米歲五十石。從寧王覲鈞請也。

成化二十三年十二月戊子　賜……寧府宜春王長孫覲鐏庶第四子曰宸洪、庶第五子曰宸溗，輔國將軍覲鑒嫡長子曰宸漨、嫡第二子曰宸淋、嫡第三子曰宸涝、嫡第四子曰宸汶。

弘治元年閏正月癸酉　命寧府樂安王奠壘復全支祿米如舊，以王在成化中嘗因事革祿米三之一也。

弘治元年七月乙亥　先是，寧王奠培坐事於歲祿萬石內削十之五。至是命照原數復與三之二。

弘治元年七月己丑　命給宜春王奠坫修造府第價銀八百四十兩，以本府房屋年遠朽壞而王乞蓋造故也。

弘治二年正月庚辰　賜……寧府鎮國將軍覲鉛庶第二子曰宸瀜。

弘治二年七月庚申　巡按江西監察御史唐詔奉例考察，請黜寧府、淮府老疾等官右長史馮厚等七員。吏部覆奏，從之。

弘治三年十二月庚戌　賜……寧府瑞昌王庶第七子曰宸渥、輔國將軍宸潤嫡子曰拱楮。

弘治四年九月壬午　命所司給建安王造府價銀七百五十兩。

弘治四年九月壬寅　給寧府故革爵臨川王之女並其夫之陋居鳳陽者眷屬五人月米各六斗，柴一百二十斤，歲冬衣一式。

弘治五年五月辛巳　給寧府故輔國將軍宸洙夫人傅氏食米歲五十石。

弘治五年七月辛卯　賜……上高王府革爵鎮國將軍覲釧庶第

二子曰宸滋。

弘治五年八月丙辰　賜……上高王府瑞昌王宸瀕嫡長子曰拱枡、嫡次子曰拱槾，輔國將軍宸潤第二子曰拱橺。

弘治五年八月戊午　寧府鍾陵王覲錐為其生母郭氏請封，命封為寧靖王夫人，賜誥命。

弘治六年四月丁巳　先是，寧靖王以罪革祿米之半，後准復三之二，至是其子宸濠襲封，請全支如舊。許之。

弘治六年閏五月庚申　賜……寧府輔國將軍覲鈵嫡第一子曰宸溙、第二子曰宸源，宸渠嫡第三子曰拱榕、宸淞嫡第一子曰拱樏……寧府建安王庶長子曰宸洪、嫡次子曰宸瀟。

弘治六年六月癸酉　給寧府故瑞昌悼順王宸瀕夫人楊氏食米歲百石。

弘治六年九月甲辰　賜寧府輔國將軍宸潤嫡第三子名曰拱榲。

弘治七年三月戊戌　賜……寧府輔國將軍覲鎣嫡子曰宸瀶。

弘治七年正月癸卯　寧府樂安王宸湔奏：「臣父故鎮國將軍覲鑑已追封王爵，請加封嫡母夫人黃氏為妃。」禮部覆奏，從之。

弘治七年十二月乙亥　賜……寧府輔國將軍宸潤子曰拱梃、宸潷子曰拱柁。

弘治八年九月戊戌　寧王覲鈞奏乞調南昌左衛仍為本府護衛。上曰：「王府護衛，皇祖改調，自有定制，已經歲久，今豈可輕變？不允。」

弘治十年七月己巳　寧府樂安昭定王之子、鎮國將軍覲鋌乞封生母王氏為夫人，援文武職官及懷仁王子、鎮國將軍仕𡒄封生

母之例以請。禮部議謂：「諸司職掌凡諸子應封父母，嫡母在，所生之母，不得封。嫡母亡，得並封。若所生之母未封贈，不得先封其妻，此文武職官封贈之典，自與宗室制度不同。我朝宗室之制，郡君出府，止封一妃。鎮國將軍、輔國將軍各止封一夫人，奉國將軍止封一淑人，鎮國中尉止封一恭人，輔國中尉止封一宜人，奉國中尉止封一安人，別無妾媵授封之典。祖宗親睦九族，遠超前代，何獨推封一事反厚於職官而薄於宗室，是必有深意存焉，非臣下所敢議也。惟是親王之妾，生子已封郡王者，親王乞恩奏請，例封夫人，然猶不給冠服，間有特恩給賜，亦不為例。其郡王請封妾媵，雖懷仁王曾有之，然出於一時特恩。至於鎮國將軍乞封生母，未有得請者。蓋此例一開，則天下王府鎮國將軍以下，凡有生母者，孰不援例陳乞？今日既得誥封，他日將求冠服。生時見受封號，沒後便應祭葬，希求太濫，勞費益多，且人之欲孝其親，心雖無窮，而分則有限，何必強求分外之恩，開冒濫之路而後為孝哉！」上曰：「既例不應封，已之。」

　　弘治十年八月壬申　賜……寧府鎮國將軍覲鋌嫡長子曰宸潛。

　　弘治十一年七月乙卯　賜……上高王府輔國將軍宸淞嫡第二子曰拱櫢。

　　弘治十二年七月甲子　賜……寧府鎮國將軍宸潛庶第三子曰拱桐。

　　弘治十二年十二月戊子　賜寧府建安王庶第四子名曰宸浚、鎮國將軍覲鑊庶第三子曰宸汲、覲鉛庶第三子曰宸浹、宸瀚嫡第二子曰拱顓。

　　弘治十三年六月庚戌　封寧王宸濠生母馮氏為寧康王次妃，

從王請也。

弘治十四年正月壬子　賜……寧府宜春王嫡第二子曰拱橾、鎮國將軍宸洧嫡長子曰拱榑、宸潛嫡第五子曰拱幹、輔國將軍覲鑽嫡長子曰宸涪。

弘治十四年七月甲子　寧王宸濠以祖考寧靖王舊塋水土淺薄，奏乞遷葬他所。從之。

弘治十四年閏七月壬午　追封寧王宸濠故庶祖母胡氏為寧靖王次妃，從王請也。

弘治十七年二月甲午　賜……寧府鎮國將軍覲鍊嫡長子曰宸溫，覲鏈嫡第二子曰宸淪，宸沮庶第六子曰拱栒、宸潛庶第七子曰拱棟、庶第九子曰拱榛，輔國將軍宸浣嫡長子曰拱椅，奉國將軍宸邃嫡長子曰拱枳。

弘治十八年二月丙寅　賜……寧府弋陽王嫡第三子曰拱樟，鎮國將軍覲堉嫡長子曰宸湯，宸潣嫡第五子曰拱穗，輔國將軍覲鈉庶第四子曰宸濇，宸澔嫡第四子曰拱柢，宸泙庶長子曰拱梧、嫡第二子曰拱椂。

正德二年閏正月辛酉　賜給寧王食鹽歲三十引，不為例。

正德二年夏四月己丑　賜寧王宸濠音樂院色長秦榮等四人冠帶。濠奏：「儀宴有樂，樂初奏皆色長跪啟，而其服未備。聞教坊司自奉鑾等官之外，又有冠帶。樂官欲如例，賜榮等冠帶。」禮部議：「故事，親王之國，雖撥有樂工，原無冠帶。況王府音樂院與天子教坊司事體有間。」上特允之，濠僭擬之心自是日滋矣。

正德二年五月己巳　寧王宸濠奏：「封國以來，原設護衛，臣祖寧靖王於天順初偶因微事，干冒朝廷，所司深文奏革為南昌

左衛。今臣府止有儀衛司校衛，缺人供役。乞仍改南昌左衛為護衛，賜府管轄。」事下，兵部覆議：「寧靖王先因違法，朝廷遣官查勘，率因護衛旗校撥置所致，故從而革之，仍禁約前項人員，不許出入王府。蓋此輩皆黨惡之徒，朝廷不令近王左右者，正所以保全宗室也。今奉成命五十餘年矣。而寧王乃有此奏，雖稱衛從缺人，不過奉迎詔赦、祭祀山川而已。其於事體關係甚重，非臣等所敢擅擬。」得旨，王既奏本府缺人供役，原革護衛准回本府供役。蓋劉瑾受濠重賂而陰主之也。

正德二年冬十月甲戌　寧王既奏復護衛，江西鎮守、巡按等官因以南昌左衛所有倉場、屯田、軍器局及壕池、官漉俱應隨衛管理。戶部覆奏。從之。

正德二年十月辛巳　寧王宸濠奏：「今纂修孝廟實錄，而臣之居喪以禮，嘗蒙降敕褒諭，又嘗請進封生母為妃，請頒廟祀禮樂，請改葬祖寧靖王皆荷溫旨褒答，乞付史館。」奏下，禮部議謂：「本府事蹟，俱美行可錄，而寧王好文秉禮，孝敬可嘉，宜獎諭以勵宗室。」得旨，寧府事蹟關史館，仍寫敕褒諭。

正德五年三月丁卯　給寧府庶人覲錐及其子宸㵾家屬養贍米。覲錐先為鍾陵王，宸㵾為鎮國將軍，俱為事革爵。寧王奏其家屬無從養贍，且所犯與諸庶人不同，上特給之，仍令諸藩毋援例奏擾。

正德六年八月辛卯　復石城王府輔國將軍宸潨祿米八百石。宸潨以與弟訐奏，革祿米三之二，至是援詔例乞全支。許之。

正德九年八月癸巳　寧王宸濠奏：「邇者宗枝日繁，多以選用儀賓、點愈、校尉為由，巧索民財，肆其暴橫，乞降敕痛革前弊。其縱惡不改者，聽臣繫治參奏。」都察院右都御史石玠會禮

部尚書劉春、兵部尚書陸完等議，以寧王江右諸藩之長，能不自隱護，歷陳諸弊，可謂忠勤。宜如奏，戒敕榜諭及許王訓飭其不法者。得旨：「王此意甚善，朕悉從之。」

正德十六年七月甲寅　禮部言，弋陽等王府將軍、中尉及所生子女例應襲爵及請名、請封、選婚者，皆因宸濠挾私不為奏請，過期不得授封、婚配，失朝廷睦族之意，宜亟議處。令江西鎮巡官核實奏行。從之。

正德十六年十一月丁丑　禮科都給事中朱鳴陽等上疏曰：「切見宸濠之亂，宗室與始謀者，據王守仁等奏，只拱橾等一二人而已，其餘俱出舉逆之後為所脅從。今身伏重典已無可為，而緣坐妻孥盡罹幽閉，中間冤抑或可哀憐，其未曾與逆者甚多，皆以濠故。削祿待罪已及三年，腦尾顛連，殆濱九死，若不亟為處分，非所以安太祖在天之靈，副皇上隆重親親之意也。」會瑞昌榮安王妃袁氏等亦各為其子孫宸潛等訟冤，上憐之，詔促鎮巡官速勘以聞。

嘉靖二年四月乙亥　給故寧王妃及其子孫養贍米百石，待子襲封日停止。

嘉靖二年九月甲午　命補支寧府弋陽王拱樻及鎮國等將軍拱梃等祿米三分之二，以正德十六年奉詔減革日為始。因拱梃等奏辯與宸濠事無相干。從該郭勘覆也。

嘉靖三年春正月甲午　給故石城府輔國將軍宸淐夫人張氏養贍米歲五十石。從其請也。

嘉靖四年六月戊戌　封覲鏈庶子宸泗為輔國將軍。覲鏈原封鎮國將軍，以宸濠叛逆故革爵為庶人，其子宸泗生於未革爵之先，弋陽王拱樻為請，禮部議覆。從之。

嘉靖六年十月己酉　禮部尚書桂尊言：「各王府進封、襲封王爵者，以後子女照今封號迎加，其追封者所生子女封號，加否不一，難以遵行。今查得弘治中樂安王宸湔襲封郡王，追封其父覲鐳為樂安溫隱王，母夫人黃氏請加封。本部議准加封為妃，不遣官冊封，其餘子女原從鎮國將軍所生俱不准進封，以後各王府悉照此例施行。今陳乞紛紜，詔旨數易，莫知遵守，臣請以覲鐳事著為令。」報可，命頒示諸王知之。

嘉靖七年十一月丁未　石城王府鎮國將軍覲鏈等始受逆濠偽命減祿米，至是上疏乞補給。戶部覆：「覲鏈等皆逆濠之黨，得免連坐幸矣，乃妄意補支，況江西連歲災傷，而宗室眾多，供應不敷，乞禁勿與。」從之。

嘉靖八年六月丙子　瑞昌王府革爵庶人宸湝等先坐宸濠協從，概發高牆。已而，法司勘明放還本府，至是援宸洪例請復原爵。禮部議：「封爵祿米係干大典，遽難輕議，第革爵日久，齒於編氓，困苦可憫，宜行江西布政司於應得口糧布花外，量加優恤。」從之。

嘉靖八年十二月戊辰　弋陽王府鎮國將軍拱朴請追封其生母裘氏為夫人。許之。

嘉靖九年八月壬戌　弋陽王拱樻請得主山川社稷之禮。禮部言：「逆濠不道，變置社稷存諸有司，拱樻不過約束宗室，代理府事，豈得與有司之事？所請不可許。」上從部議。

嘉靖九年十一月丁亥　瑞昌王府奉國將軍拱榣奏：「……臣願皇上推好學不倦之心，則為宗室擇教授之官，令其講論啟沃，過失必諫，諫而不從，許奏聞切責。若學校育材論秀之法，則必先德行後文藝。其未成材者，立小學以儲養之。推躬耕親蠶之

心，則詔宗室各設垣場，行耕助蠶巢之禮。有司巡行阡陌，省耕省斂，查復桑園，植桑教蠶。凡有徵稅，務重本抑末，寬晨觀耕。推敬天覲民之心，則詔天下有司，凡當祀之神，必治壇境、潔粢盛、豐犧牲、肅禮儀。至於用刑尤宜加恤，罪可矜疑，必肆赦宥，則皇上勤學、務本、敬天、恤民之德，可以及於無窮。」章下所司覆，惟宗室立垣場、行耕蠶禮報罷，餘俱允行。

嘉靖十年四月乙丑　掌都察院右都御史汪鋐言：「頃者弋陽王拱樻請復設江西巡撫都御史，臣因諮訪江西控吳接楚引越跨淮，桃源鼓蠧之間，盜常出入。且民繁訟滋，賦逋役重。王之是請，良亦有見，抑不獨此，若南都百司文皇帝損益已定，近者減而復減，事多費閣，何可惜小費而妨大體。其他中外官宜復者尚多，乞下吏部議。」於是吏部請復設江西巡撫……上可其奏。

嘉靖十年十月甲午　命有司量恤庶人覲鉎、覲鏈、覲鉉、覲䤞、宸浣、宸漢、拱橑，賜覲鍾、宸澛、宸澳、宸瀜葬祭，復宸渠、拱棝祿米三之一。初宸濠之叛脅諸王、將軍覲鉎等分守宮城諸門，以宸渠老年遣還，第令其子拱棝代之，覲鏈等懼，聽命。是夜，皆散歸。比義師入南昌，覲鉎等詣王守仁自首。守仁皆原之。已而，朝廷窮竟，濠黨皆削爵為庶人，安置高牆，久之得釋，居南昌廩食與庶人。同時覲鍾、宸澛、宸澳、宸瀜既卒，而其子及覲鉎等奏辯不已，下御史勘報，至是御史秦武言：「覲鉎等陷於罪逆，實非本志，而竟齒齊民，無以為生，具宸渠見斥不用，拱棝出衛親，其無罪甚明，宜以生者優恤，死者予葬祭，無罪者量給祿米，以弘宥過之仁。」故有是命。

嘉靖三十年十月辛酉　敕江西弋陽王長子多焜管理府事。

嘉靖三十一年十一月乙亥　初，命江西建安、樂安、弋陽三

王府分管各宗室，建安以鍾陵一府附之，樂安以石城、瑞昌二府附之，弋陽以臨川、宜春二府附之。凡事轉奏，行慶賀等禮輪次從尊。仍更賜弋陽王印，革去管理舊名。先是，宸濠國除，以府事暫令郡王管理而不冠「某府」二字於上。至是，各宗遂起爭心，訐奏弋陽王長子多焜不宜世襲管理。禮部因援山西交城、襄垣、慶城府例請。從之。

嘉靖三十六年六月戊戌　復樂安王府輔國將軍拱橚祿。始拱橚以不受約束及慶賀不至，為王所奏，奪祿三之一。至是，上言橚知省改，詔支祿如故。

嘉靖三十八年六月戊午　敕樂安王長子多㷍管理府事。

嘉靖三十八年十二月庚戌　詔瑞昌王府宗室分附樂安者改附弋陽。以瑞昌祖恭僖王與弋陽祖榮莊王同母，從將軍中尉拱斡等請也。

嘉靖三十九年十月辛亥　江西瑞昌王府鎮國中尉多炫、多𤏳各捐祿米銀買田五百餘畝，輸之南昌學宮。又創書院一所，以待士之無居食者。撫按官以聞。詔各賜敕獎勵。

隆慶四年四月癸亥　詔給高牆庶人拱枇等子女衣糧。

萬曆六年五月辛亥朔　弋陽王府鎮國將軍拱橑覬管府事，用銀裝盛酒罈投送南昌知府王三錫，三錫會官舉發。撫按奏聞，革拱橑祿米一年，不許管理府事。

萬曆六年六月癸亥　先是，弋陽王多焜薨逝，無子，各支宗室利其產業，騁辭執奏不已。至是，准奉國將軍多炡等合族會推，得本支嫡長奉國將軍多煌，係弋陽僖順王之孫、今薨王小功之弟，賢勞素著，倫序相當，眾心歡服。部以為言。上從之，命多煌管理府事，寫敕與之。

　　萬曆七年正月甲寅　上致齋文華殿，會樂安等府宗室宸渌等六百餘人俱以擅婚被訐，例當革封，連名奏辯，輔臣張居正等以其奏封進。有頃，召居正等入至殿後，居正前詣御案，展宸渌等奏讀之。上且請且語至竟，居正奏言：「舊制，宗室年至十五，各該王府始為請封請婚。及奉旨選擇，果係家道清白、人物俊秀、年命相應者，巡按御史核實以聞，該部題覆，乃賜給封號，許令成婚。如不侯覆請授封，擅自婚配者，所生子女止許請名，不許請封。此定例也。顧歲久人玩，往往朦朧僥倖，不行發覺。至嘉靖二十八年，以晉府宗室表柔事發，乃復申明禁例。近因多熿、多燉挾私互訐，並以擅婚革爵，乃並宸渌等通行舉首。若以常例論究，則六百餘人家口不下千數，皆當奪削，情實可憫。且據宸渌等奏，皆謂授封在二十八年以前，彼時禁列，未曾刊佈，雖有違礙，俱在例前，合無念其年遠人眾姑與，分別以二十八年為斷。」上曰：「二十八年例，皇祖所定耶。」居正對曰：「然此本宜下禮部酌議。若例後故違者，照常革黜。例前所犯，姑免追究。庶情法得中。」上曰：「先生言是，與禮部議行。」

　　萬曆七年四月己卯　賜弋陽王多焜各謚號冊文。

　　萬曆九年三月壬午　樂安王多煐等奏稱：「高牆釋放已故庶人拱柁等子孫，乞照例賜給名糧。」禮部議：「罪宗名糧，若因其據例奏請，一概給與，中間不無詭混之弊，且生息日蕃，請求無已，將來何以應之！臣等酌議，就中分為三等，如犯黨逆干紀者，子孫蒙恩寬釋，已為厚幸，豈可復許濫請名糧！若系敗倫傷化、強盜人命等情者，許請名之後，歲給糧十二石以終其身，不得議及後裔；其止犯越關訐奏等項者，照例准賜名，歲給口糧，子孫如之。庶各宗情罪既明，朝廷恩施有節。其拱柁等所犯情罪

輕重，乞行江西巡按查明具奏，以憑分別覆請。」上諭：「拱柁等情罪深重，子孫得從寬釋，已是恩恤，不宜又給與名糧。」

　　萬曆十一年十二月壬申　賜樂安王多㷛四書、五經《集注》各一部，書院名為博文。從樂安王所請也。

　　萬曆二十一年五月壬午　禮部題：「宗室奏請婚封，奉有成命，始得入府成婚。今瑞昌王府鎮國中尉多㷆選配范氏，於嘉靖二十五年三月內入府成婚，二十六年八月授封恭人，是入府在未封之先，以致多㷆訐奏擅婚。本部已將謀壄等題奉欽依革爵訖，隨該本部議覆江西巡按御史趙燿條議擅婚。得旨：分別在二十八年以前者姑准照常請封。今多㷆諸子比援前例，請復封爵，相應題請，謀壄、謀樽、謀堂、謀趨合無補封為輔國中尉。」報可。

　　萬曆二十一年六月庚寅　禮部題：「弋陽恭懿王多焜故絕，其親支則拱柁也，先年緣罪議革，故以管理奪屬多煌，夫多煌者，莊僖王宸汭之弟宸㵼者之孫，於莊僖而下皆別支也，雖叨管理，豈應祭非其祖？拱柁信為有罪，何當罰及其嗣？今多煌已奉敕管理矣。其奉祀，合令輔國將軍多熒即以本爵專主奉祀本府宗廟。」從之。

　　萬曆二十二年正月丙午　以江西石城王府鎮國中尉謀埠、宜春王府輔國將軍拱栟各管理府事。瑞昌王府多㷆衰耄，以鎮國中尉多炘代。

　　萬曆二十二年七月己丑　以石城王府輔國將軍多燽為該府奉祀。

　　萬曆二十二年八月丁未　命弋陽王府輔國將軍多熒管本府廟祀。從宗眾保舉、撫按勘請也。

　　萬曆二十二年十一月癸卯　以宜春王府鎮國中尉多㷋管理府

事。

萬曆四十一年九月丁巳　命瑞昌王府奉國將軍多烶管理府事。

二　《明史》

嘉靖四年，弋陽王拱樻等言：「獻王、惠王，四服子孫所共祀，非宸濠一人所自出。如臣等皆得甄別，守職業如故，而二王不獲廟享，臣竊痛之。」疏三上，帝命弋陽王以郡王奉祀。樂舞齋郎之屬半給之。寧藩既廢，諸郡王勢頡頏，莫能一。帝命拱樻攝府事。卒，樂安王拱欘攝。拱欘奏以建安、樂安、弋陽三王分治八支，著為令。

萬曆二十二年，廷議增設石城、宜春管理，命謀㙔以中尉理石城王府事，得劾治不法者，典藩政三十年，宗人咸就約束。暇則閉戶讀書，著《易象通》《詩故》《春秋戴記》《魯論箋》及他書。凡百十有二種，皆手自繕寫。黃汝亨為進賢令，投謁抗禮，劇談久之，逡巡改席。次日，北面稱弟子，人兩稱之。病革，猶與諸子說《易》。子八人，皆賢而好學。從弟謀晉築室龍沙，躬耕賦詩以終。

（卷一百十七）

三　《禮部志稿》

弘治五年三月。寧府管攝府事上高王奏：據弟建安王啟：父靖王薨逝，安葬已畢，欲照宜春等王事例，迎母吳氏隨住孝養。本部查得：正統十四年五月，內該寧靖王為世孫時，奏稱祖考宮人有子在外居住者，合從迎養。題奉英宗皇帝聖旨准他奏，欽此

欽遵等因。覆題：奉孝宗皇帝聖旨：既有例，准他奏。欽此。

（卷七十八）

　　弘治十七年十一月。寧王奏：據瑞昌恭僖王孫女吉水郡君啓：夫吳元壽緣事革職為民，乞要比例復職等因。本部查議得吳元壽矇朧支俸犯該行止有虧。題孝宗皇帝聖旨：吳元壽准復職。欽此。

（卷七十九）

　　弘治十八年十二月。寧王奏：據溢城郡君啓稱：臣夫儀賓顧官祥因臣弟庶人宸浮、宸潤不和訐奏，節奉欽依杖罪納米還職。該刑部參系撥置王府題奉欽依打四十革為民。乞要比照吳元壽事例復職等因。本部題奉孝宗皇帝聖旨：顧官祥准復職。欽此。

（同上）

　　正德四年閏九月。內該本部題：先該石城王宸浮等俱緣事降革，其印冊已經送繳。近該應山王絕嗣，其嫡孫寵波乞襲祖爵。臨潼王進封秦王將伯，鎮國將軍誠潤補襲郡王。題奉欽依俱以本職奉祀欽遵。去後合無本部行移天下有王府去處鎮巡等官通查，如有絕嗣進封等項，無人該繼本爵如應山臨潼王者，即將原給印信進繳。緣事降革如石城王宸浮等者，通將印冊冠服等件進繳。奉武宗皇帝聖旨：是。欽此。

（卷七十八）

　　正德十五年。刑部擬議寧王宸濠謀叛大逆，並領兵隨行宗室拱栟等監國督守者拱樕等十四名。武宗皇帝駐蹕通州，傳奉欽依勒令自盡，焚棄身屍。覾鍾等十三名身屬使令相應末減，奉旨降

為庶人，送鳳陽高牆居住，削去世封玉牒，革去一應官員人等。
家財籍沒，罷其伊父寧王廟祭。

（卷七十九）

　　嘉靖十七年二月。內該建安王覲錬奏稱，弋陽王拱樻以旁支
郡王賄理府事。該本部尚書嚴嵩議得：拱樻官理府事，先年本部
題奉欽依不以親疏倫序為言。以宸濠前後有無相干行勘節。經江
西鎮巡等衙門會勘，本部會同五府九卿等官議得：建安王、樂安
王前後相干終有嫌疑。弋陽王拱樻素行在人別無訾議。及與宸濠
前後無干，題奉欽依著管理府事。今經一十六年成命有歸，宗親
所服。覲錬何乃復有此議？若不戒飭，將來釁端無已。伏望皇上
將覲錬、拱樻天語嚴加戒飭，各宜安靜，毋得輕信撥置妄生事
端，致傷國體。再照王府奏事人役潛住京師內外探聽事機不由王
意，輒用空印黃本自寫封進，因此奏瀆委為積弊。雖經本部具題
禁革，日久人心玩肆罔知懲戒。伏乞特敕緝事衙門嚴加緝訪。如
有此等人役潛住京城，實時拿送法司從重問擬，則奸人畏法而宗
室爭競之風可息矣。

　　奉聖旨：你們說的是。拱樻管理府事已有成命，主祭原未准
行，覲錬如何略次妄奏，大肆妄言？本當查究，且饒這遭，其餘
依擬。欽此。

（卷七十九）

　　嘉靖二十二年二月。樂安王王妃陳氏奏：長子拱欘服制未
滿，乞先請敕管理府事。本部覆題奉聖旨：郡王同城居住應否請
敕管理，還查例明白來說。欽此。查得事例：親郡王病故，其子
應襲本爵者，請敕管理，服滿請封，但未開有同城另城之分。今

樂安王府與弋陽王府同居一城，應否賜給，伏乞聖裁。奉聖旨：
前例謂郡王管理府事者請敕。其各郡王數多不許瀆請。

　　著為令。欽此。

（卷七十八）

　　嘉靖三十一年管理府事。弋陽王拱樻薨逝，該將軍多燅訐奏
長子多焜過惡，乞要擇賢管理。宸□等奏保多焜賢能，乞要仍與
接管本部備行。江西撫按官勘回：該本部議得弋陽、建安、樂
安、石城爵位則皆比肩，倫序則非嫡長。況宸濠以謀反伏誅，其
國已除，其實已毀，其爵永不應襲，其府已不復存，則管理府事
名目相應革去合無。比照交城等事例，將建安、樂安、弋陽三府
有郡王者，聽其管束宗儀奏請事件。其冠帶石城王未經復爵，遽
難比照郡王行事。並瑞昌等府合照支屬遠近分附三府，其建安分
管鍾陵一府，樂安分管石城、瑞昌二府，弋陽分管宜春、臨川二
府。一應名封附府轉奏，拜表慶賀隨府行禮。其三府迎接詔敕則
輪遞從尊。大宗廟祀則每一易世奏請欽定。一王奉祀，各該宗儀
悉照分管郡王鈐束，其先鑄管理府事弋陽王印行令繳進，各府仍
照原降印信行事等因。奉聖旨：是。這事情你們既議擬停當，著
各府分管，不許再來奏擾。欽此。

（同上）

　　嘉靖三十四年二月。樂安王奏：輔國將軍拱棩、儀賓毛潮故
違敕命，不赴慶賀，畫押不到。又拱棩抗違欽依赴戒飭乞要罰治
懲究。該本部看得樂安王既奉有敕命，各宗儀自合遵守，乃敢故
違。拱棩先因奉疏差寫職銜，已奉欽依戒飭，乃敢抗違。儀賓毛
潮朝賀不赴，畫押不到，禮法俱廢，相應究治。乞將將軍棩棩罰

去祿米三分之二，儀賓毛潮轉行巡按提問發落，俸糧照例截日扣留在官，作正支銷。題奉聖旨：栱橆罰住俸米三分之二，毛潮着巡按御史提問發落。欽此。

（同上）

四　《江西通志》

〈江西王府廟祀疏〉　歐陽德

　　看得禮有常變，因事而制，有不可以執一論者。江西寧府親王以謀反伏誅而大宗祖廟已毀。然郡王將軍等蒙恩昭雪。小宗支屬猶存，其始封之王不可無祭，而已毀之廟不當復建。此所謂禮之變而當議處者也。

　　先該本部題奉欽依行，撫按官勘議：獻惠二廟每一易世，欽定一王奉祀。蓋即本有之廟而定其祭祀之禮，以息覬覦爭競之私耳。今撫按勘議未報，而諸宗室各執一說，紛紜奏擾。雖其言各有據，然皆不知毀廟無復建之理，而郡王有不可踰之分。蓋溺於情而蔽於私，不可不斷之以義者也。

　　臣等竊惟獻、惠二王墳所各有享殿，而樂安、弋陽、建安諸府各有家廟合無。每歲正旦、清明、中元、霜降、冬至等節，諸府總遣儀賓一員，就享殿致祭。其祭品各府輪流供辦，而祝文序列諸王之名，則祭既不黷，而追遠之孝各伸。惟獻王則每歲立春用古者祭先祖之義，諸府各設位於家廟致祭，而以始封郡王配食。其獻通考祭儀當用生者爵祿，不得僭用親王禮樂，則情既得盡而郡王之分不踰其原。設齋郎鋪排屠戶廚役及添撥校尉等項，俱各裁革。每年撫按官行所屬於均徭內編銀一百五十兩，解布政司行，三府教授分領回府，供辦祭祀。其樂工共撥一十二戶，每

府分管四戶以供各府私祭及冠婚等項諸役。至迎接詔赦進賀表箋之時，則一十二戶通行供事，各府不得縱容下人凌害以致逃竄，再無撥補。其禮生照各郡王府例，有司臨期撥用。事畢即回，不得占留。如蒙准奏，合候命下行撫按官轉行知會。一切未盡事情仍聽撫按，遵前奉欽依議奏，庶禮制曲盡，而爭端永息矣。

（卷一百十六）

〈江西王府分管府事疏〉　歐陽鐸

　　竊惟名正而後言順，言順而後事成。今日江西宗室之爭，大要始於名分不正。若復處失其當，將來爭競大起，禍變無端，重費朝廷處分，臣等有不得辭其罪者。故敢冒昧為皇上陳之。

　　照得管理府事之名，蓋郡王故絕而其府各支宗室不得獨以其官稱。如將軍則必曰某郡王府鎮、輔、奉國將軍。如中尉，則必曰某郡王府鎮、輔、奉國中尉。其府之名不可革，其府之印不可毀。及推將軍、中尉一人，授以管理府事名目。一切名封等項得行使該府印信，啟請親王轉奏。其署衛則稱「某郡王府管理府事鎮國將軍某」，此臣等所謂名正而言順，於事理宜然者也。且各支宗室悉受親王約束，而管理者止是承行啟奏，其分不失，其防微慮遠之意甚深，故得以息其覬覦之爭，久而愈定。若親王府則事體與郡王萬萬相懸。

　　而江西之事則又有大不同者。緣宸濠既已謀反伏誅，其國應除，其寶已毀，其爵永不應襲，其府名已不復存。一時宗室郡王據其各相攻訐，雖與反者干涉各有淺深，而皆不能無染。荷蒙皇上赦除其罪，復其爵祿，各得掌其印信，以其爵自達於朝，非若將軍、中尉之官，必係郡王府名而不得獨以其官稱者。當時本部

以兵部題行撫按勘議，遂定管理府事名目，而不敢復冠某府二字於上，亦以為得權宜之道矣。但既云管理府事，則所管理者為何府之事，是顯除其國而陰存其名也。至於防微慮遠，倉卒之際未及詳議，遂使管理者以郡王鈐束郡王事體，幾與親王無異。是不與其名而顯與其實也。此臣等所謂名不正而言不順，事理未宜者也。夫陰存其名，焉知不有循名以責實者？顯與其實，焉知不有據實以求名者？今才一易世遂競起而爭，雖以管理為說，竊恐意不徒在於管理，非分之望或根於心矣。故彼則恐此之久據而多方以搖之，此則恐彼之傾奪而多方以持之。此臣等所謂將來爭競大起，禍變無端，重費朝廷處分者也。夫始議成於倉卒，其失猶有可諉。今事勢已定，事機又可測知，且郡王既得以其爵自達於朝，而爵同者欲其承受鈐束勢必難久，又事理之顯然者。臣等不言則始一誤。而今再誤，罪誠有不得辭矣。伏望皇上俯采愚慮。

　　及撫按三司等官，翁溥、蕭端蒙等勘報之議，革去管理府事名目，比照交城、襄垣、慶成等府事例，將建安、樂安、弋陽三府有郡王者，宗儀人等各聽該府管束。及奏請名封等項，其冠帶石城王未奉明旨復爵，難遽比照郡王行事，當與瑞昌等四府，一體照支屬遠近分附三府。今據其宗派，則鍾陵與建安為近，臨川、宜春、瑞昌、石城四府與樂安、弋陽為近。合無將鍾陵一府分附建安，石城、瑞昌二府分附樂安，臨川、宜春二府分附弋陽。一應該奏請事務附府轉奏，拜進表箋慶賀救護隨府行禮。其三府迎接詔勅則輪遞從尊，庶覬覦之漸可杜，大競之端可息矣。及照獻、惠二王大宗廟祀，本非小宗支子所得專主，合無。每一易世，請奏欽定一王奉祀宗廟。禮以義起，而制命自君。既不得專管，亦不許專擅輪遞，庶於事體為順。再照各該府並分附府

分。各宗室儀賓仍乞降勅一道，俱照嘉靖十五年題准事例，朔望赴各府畫押，聽各郡王鈐束關防。其樂安、建安二府止照原降印信行事。弋陽王府管理府事印信行令繳進，另行具奏鑄造。弋陽王印候冊封之日再行頒給。中間尚有未盡事宜，仍令撫按官逐一議處停當，作速回奏，以憑題請施行。臣等再三參詳各官陳奏之詞，似謂彼中人情事勢無以易此。但事關宗室，予奪出自朝廷，臣等未敢擅擬，伏乞聖裁。

五　《弇山堂別集‧親王祿賜考》

各府祿米

　　寧府　寧王歲支祿米一萬石，米鈔中半兼支。郡王初封，歲支祿米一千石，米鈔中半兼支。襲封同鎮國將軍，歲支祿米一千石，輔國將軍歲支祿米八百石。奉國將軍歲支祿米六百石。俱米鈔中半兼支。

　　　　　　　　　　　　　　　　　　　　（卷六十七）

宗室公主即位之賞

　　憲宗初賜魯王、遼王、慶王、肅王、唐王、鄭王、襄王、寧王、周王、沈王、伊王、岷世子各白金三百兩，紵絲羅各十五表裡，紗十五匹，錦三匹，鈔二萬貫。

　　　　　　　　　　　　　　　　　　　　（同上）

之國之賞

　　孝廟初賜寧王、唐王、沈王、慶王、周王、襄王、鄭王、岷王、肅王、遼王、蜀王、楚王、晉王、淮王、代王、伊王、魯王各白金三百兩，紵絲羅十五表裡，紗十五匹，錦三匹，鈔二萬

貫。

（同上）

來朝之賞

　　洪熙元年，賜寧王權黃金百兩，白金三百兩，錦十匹，彩段二十表裡，紗羅各十匹。

（同上）

　　宣宗初賜周、寧、慶、代、沈五王各白金五百兩，紵絲二十表裡，錦五匹，紗羅各二十匹，兜羅錦五匹，西洋布十匹，鈔三萬貫。

（同上）

之國之賞

　　寧王權之國南昌，鈔萬錠，又賜萬錠。

（同上）

伍　府第宮觀

一　寧王府

（同治）《南昌府志》

　　明寧王府　即今察院官署。正德末以宸濠謀逆廢。在城內舊布政司。永樂初寧藩徙封江西，即司建府，改四門，南曰端禮，東曰體仁，西曰遵義，北曰廣智。五世至宸濠以叛逆伏誅，府廢。嘉靖間即其基改建兩院並各道衙門。

（卷七）

《南昌郡乘》

巡撫督察院，在東西大街之中，明寧府子城內前宮遺址也。先是正統間鎮守都御史署，在東湖上貢院之左，即故南昌道以待刷卷清軍分巡之所，後鎮守不常設，署廢，至嘉靖三十二年併入貢院。成化間，巡撫都御史署在永寧寺北，鐘鼓樓之右，都御史閔珪居之。正德末寧府廢，以舊子城南門地址建撫院。

（卷五）

《四庫全書總目提要・斗南老人集》

此本為明初寧王府文英館所刊，見於《寧藩書目》。

【注】寧王府刻書館名文英館，僅見於此。

（卷一百六十九）

二　西山精廬

〈壺天神隱記〉

於是入松關，由竹徑，渡鶴渚，至白雲更深之處，登於壺天。過醉鄉之深處，延石橋而造乎紫霞丹室，憩於神谷。其谷之東有竇焉，曰「洞天深處」，內有地一丈。有八構三椽之茅，鑿方丈之池，植松引流，栽蘭疊石，取象乎江漢雲山之趣，藥爐茶灶，一琴一鶴，誦經煮茗，以為養修治生者焉。

（朱權《神隱志》卷下）

《斗南老人集・敬進寧王殿下仙人好樓居》

仙人好樓居，乃在青雲中。金窗洞然開，咫尺與天通。上有太古音，被以龍門桐。左招廣成子，右揖浮丘公。憑虛覽八極，呼吸凌洪蒙。壽與天地並，逍遙樂無窮。

　　仙人好樓居，乃在蔚藍天。東西九萬里，日月相周旋。上有
飛霞佩，五鳳何翩翩。左招王子晉，右揖洪崖仙。含和煉金魄，
至真洞玄玄。無為以清淨，寄傲羲皇前。

　　仙人好樓居，下瞰凌虛臺。雞鳴海色動，萬里雲霞開。上有
白玉虯，騎之上蓬萊。左招梁園客，右引鄒與枚。吹笙弄明月，
八鸞以裵回。俯視一泓水，終古無纖埃。

《明會要・構精廬》　　（明）龍文彬

　　東遼左，西宣府，幽都形勝腦可鹽。家令倘肯發智囊，朵顏
三衛餘勇賈。密謀攻守牽北軍，安得縱橫躪南土。齊黃不來燕王
來，兄弟握手淚滿懷。帶甲八萬車六千，單騎簸弄如嬰孩。縱遜
周公破斧斨，豈輸梁孝畫睢陽？中分天下竟何在？一椽精廬老南
昌。控制猶沿卓敬策，四傳乃有蛇啖室。

三　南極長生宮

《明實錄》

　　正統七年九月，寧王權奏於退齡山陵所創屋五間祀南極真
人。蒙賜名曰「南極長生宮」。於附近宮觀擇道童克修戒行者，
給度牒住持。上命從之，後不為例。

《明一統志》

　　南極長生宮　在西山蕭史峰下。宣德七年，寧獻王預作壽藏
於此。前建琳宮以祀南極，請賜今額，且度道士以奉祀事。

（卷四十九）

《江西通志》

南極長生宮　在新建縣西山蕭峰下，明宣德七年寧獻王建，奏請賜額。

（卷一百十一）

《天皇至道太清玉冊・宮殿壇墠章》（摘錄）　朱權

閣　《韓詩外傳》曰：黃帝時鳳巢於阿閣。閣亦肇於黃帝也。世有祀天帝宮觀，建通明閣、紫虛閣、玉皇閣等名。此閣之始也。余於長生宮建壽星閣、天皇閣，為民祈壽、祈穀。

天關　天關之名自余始之。余於南極長生宮建玉宸天關，左右列四天帝君：一曰承天輔教青靈帝君，一曰安邦柱國皓靈帝君，一曰保鎮國祚丹靈帝君，一曰制御萬神玄靈帝君。關之前有兩楹，有對曰：「閶闔雲開來三界朝天之仙侶；穹窿日霽列四靈輔弼之神君。」

天門　《皇圖要紀》曰，軒轅造門戶。然則門戶之制，其在上棟下宇之後，晨昏啟閉以禁除暴曰門。古制有用二龍虎君者，有用二天丁者。今余所制，凡有天丁龍虎君者，為之天關，無者為之天門。以其祀上帝二清之所，乃太羅玉清之境，故以天門稱之。世俗不明理者，呼為山門，又曰三門，去道遠矣。

缽堂　其堂乃四方鸞儔鶴侶棲真之所。自古名山仙跡之所有之。余於南極長生宮建造缽堂，名曰「樓真館」。揭其名於門楣。對曰：「世間雲水皆居此，天下全真第一關。」

堂之前軒「華靈隱靄」之額。軒柱對曰：「闡中國聖人之大道，襲上天仙子之遺風。」軒之中立啟關、閉關之牌，中祀王重陽真人像。案設金木水火土，以相五行造化；及金蓮七朵，以表

七真玄機，供列於前。中立全真鉢架，下列水鼎，上懸五鈴一鉢架，有對云：「五鈴齊振弘開太極之關，一鉢暫停再入泰玄之室。」兩旁對列坐龕一十四單，以「鉛、汞、子、丑、寅、卯、辰、巳、午、未、申、酉、戌、亥」為號。

堂之柱對句云：「默朝上帝升金闕，靜守中黃閉玉關。」左右有二廂房，左曰「鶴巢」，右曰「麟藪」。內設雲床一十四。坐臥事身品具齋饌器用等物，悉皆周備，以俟雲水全真棲息之用。世之作鉢堂者，體此為法。

庵 匡續，夏禹之裔，弟兄五人，生而神靈。長曰續，周武王時，與老子同為柱下史。受老子之道，隱於潯陽。三人結廬於天池之峰，二人結廬於虎溪。道成沖舉，故名齊山曰匡廬。漢武帝封為大明君。國朝改「君」為「公」。此庵之始也。後遁世之士潛修至道者，結茅於岩壑之間，亦其事也。余故體其制結茅於遐齡之南峰，其地產靈芝，故名之曰「芝庵」。書其對曰：「我居方外當離俗，誰信庵中別有天。」其庵內對曰：「一室斗大寸心天寬，默坐凝神妙思玄造。」庵之下建白雲之丹室，書其對曰「棲白雲而煉大還，避紅塵而為小隱」，以俟有道者居之。其路自飛升臺之南、地（注：當作遐）齡峰之西，有松杉之徑，周回曲折，而至其處。其徑中有額曰「白雲深處」。書其對曰：「一壺天地小，無限野雲深。」將至庵所，其徑有額，曰「紅塵不到處」，書其對曰：「靜裡日月長，閑中天地闊。」

臺 古之修道之士，有功成道備沖舉者，必隱名山仙地而上升。余於是立飛升臺於遐齡洞天遐齡峰之上，以俟成道仙儔，必躋臺上而沖升矣。臺上石柱有對云：「九轉丹成舉步高奔紫極，大還煉就騰身直上青旻。」

（卷下）

【注】朱權所撰《天皇至道太清玉冊》對南極長生宮內部的構築
　　　裝置，陳列供奉、文化展示及功能等有許多描述。

〈南極長生宮碑記〉　　（明）胡儼

　　南極長生宮在豫章西山之仙源。峰嵐奇聳，蜿蜒盤礴，沖氣
之所鍾，靈秀之正脈也。

　　西山乃道家三十六洞天之十二洞天，而仙源之水出自蕭峰，
瀠洄六十餘里，湊筠河而會大江，山川環合，天造地設，非尋常
山水之可擬倫。然造物者隱秘久矣，必有大福德而後當之。寧王
殿下建壽宮於茲，豈偶然也哉？蓋神之所相，龜筮之協從也。

　　其壽宮之前創造琳宮一所，以祀南極。於是請命於朝，奉敕
賜額曰「南極長生宮」，親親之眷遇隆矣。王乃命儼為碑以記
之。儼既奉王命，悚息不遑，乃秉翰而書之。

　　漢志云：西宮瑤池，其東有大星曰狼，狼下四星曰弧直、弧
北，地有大星曰南極，常以秋分之旦見於丙。見則治平，主壽
昌，此南極之主壽徵者尚矣。

　　是宮之建，前殿曰「南極」，後殿曰「長生」，左曰「泰元
之殿」、「沖霄之樓」，右曰「璇璣之殿」、「凌漢之樓」。長
生宮後是為「壽星閣」，閣之前置石函以記修真之士六十年之
期，遂於遐齡峰頂建飛升臺以俟沖舉者。

　　宮之前曰「遐齡洞天」，中門曰「壽域」。宮之門曰「敕賜
南極長生宮」。宮門之外有「醉亭」，以為群真樂道燕享之所。
閣之左有圜室焉，以居雲遊修真之士。又築神丘於宮之側，蕭仙
坪之下。而宮之制，地位高明，規制宏敞，美哉輪奐，超出塵

氛。近拱以層巒，遙挹乎飛翠，金芝瑤草，遠邇苾芬，白鶴珍禽翱翔上下，靈光發舒隱見莫測，誠所謂仙真之窟宅，靈秀之攸鍾也。

其創造也，經始於正統戊午之孟秋，告成於正統甲子之季秋。凡是邦得於瞻仰者，咸謂猶方壺、蓬嶠飛落青天，煙雲縹緲，不可得而親也，唯有讚歎而已。

儼乃再拜，復推本而為之言曰：

> 昔太祖高皇帝龍飛淮甸，杖黃鉞，秉白旄，掃群凶於艱危之際，救生民於塗炭之中。誕膺天命以撫方夏，恩覃萬類，功德大矣。是以垂裕子孫者，永之無極。而王乃高皇帝第十六子也。聰明雍肅，本於天性；敬慎威儀，出於世表。端居靜念，默契神明。嘗告儼曰：「初，永樂壬辰仲夏之月，精神感通，若有天真告曰：『南極九十宮之位，即爾位也。可以蕭仙坪曰緱嶺者建南極宮，求有道之士住之。其宮若成，世之人白髮扶杖者多矣。亦可為爾終焉之計。』此宮之所以作也。」於戲，神哉！

儼每觀真誥陶隱居所錄楊、許諸君，與群真接待授受之事，意謂修真之士超見得道者固如此。隱居之錄必不虛也。今王高出世表，其神明之友蓋未易淺近窺焉。既書其本末示後世，乃為之銘曰：

> 大江之西，山川盤礴。斗牛之墟，昭茲方嶽。維王更封，式佐家邦。維藩維屏，永世無窮。王克敬恭，荷天百祿。時庸展親，茂膺百穀。維王端居，默通神明。天真告祥，是曰靈徵。靈徵維何？徵在壽宮。郁草茂林，緱嶺蕭峰。沖和之會，靈秀攸鍾。左環青龍，右踞白虎。玄武回旋，

朱雀翔舞。金精融液，實虛上元。惟德是君，事豈偶然。
王不自專，請命大廷。南極長生，敕賜之名。維王拜賜，
受命於天。王曰：噫嘻！作善降祥。壽考斯延，以保子
孫。無替厥服，於萬斯年。

（魏元曠《西山志略》）

附一：（萬曆）《南昌府志・天寶洞》

天寶洞在府城西八十里，西山最勝處。洞門有石泉，狀如水
簾。宋嘗使投金龍玉簡於此。楊傑詩：「天寶洞中如不到，西山
原是不曾來。」

（卷三）

附二：《西山志略・天寶洞》　（民國）魏元曠

天寶洞，洞門有泉，自崖飛瀑而下，狀如玉簾，名玉簾泉。
王咨臣注云：「天寶洞，一名天寶極元洞，距南昌市六十
里。」杜光庭《洞天福地記》云：「十二洞天，屬洪州西山。周
圍三百里。天寶極元之天，真人唐公成之。按杜光庭所言，天寶
即西山，蓋總以西之千岩百巘胥統焉。俗僅以遊仙鄉之玉簾天當
之，失洞天之實矣。世傳生米潭為天寶南門，石鼻（鄉）為天寶
北門，其東抵吳城鄱陽之滸，其西抵錦江松湖之濱。環西昌之
山，皆天寶也。」

附三：（同治）《新建縣誌・緱嶺》

緱嶺，隸遊仙鄉。在靈峰西，與鶴嶺對峙。陳宏緒《寒夜
錄》云：「宋王迪（熙寧中人）為洪州司理，有仙術，跨鶴歷諸
峰而去，姓同子喬，而跨鶴又同，因以洛中緱山名之。」

（卷五）

附四：（同治）《新建縣誌·黃源》

黃源在城西南五十里。隸忠信鄉蕭峰下，瀠流六十里，合蜀水入牙潭。明寧獻王臞仙《遐齡洞天志》曰「仙源」即此也。其地有洞。

【注】天寶洞、緱嶺、黃源，朱權精廬、墓葬及南極長生宮所在地名。在今南昌市西山蕭峰下。

（同治）《南昌府志·名跡》

明臨川王府　在普賢寺後。

明宜春王府　在進賢門內。

明瑞昌王府　初毀於兵。嘉靖二年遷新開路，沒官地重建。

明樂安王府　在永和門內。

明石城王府　在永和門內。

（按：《江城名跡記》在宗學後。）

明弋陽王府　舊在通仙坊毛家橋，正德間毀，遷城東。

明鍾陵王府　在南昌衛右。

明建安王府　在高士橋東（按《南昌縣誌》在廣積倉東）。

明新昌王、信豐王俱再傳而絕，府廢，失其處。

明匡吾王府

舊志跋云：《明史》諸王表，及寧府列傳無匡吾之號。又云建安之後無封鎮國將軍者，亦無多謀坒名。今據《南昌縣誌》考，王士禎《居易錄》奉國將軍隱之名謀坒，號厭原山人。博雅，精六書之學。則史氏之失書可知也。匡吾王府見於《江城名跡》。

（卷七）

《江城名跡》　（清）陳弘緒

寧王府　即今察院官署，正德末以宸濠謀逆遂廢。始封寧獻王諱權，高皇帝十六子。生而神姿朗秀，白晳，美鬚髯。始能言，自稱大明奇士。好學博古，諸書無所不覽。洪武中冊封大寧。文皇帝踐祚改封南昌。所居宮庭無丹彩之飾，覆殿瓴甋，不請琉璃。構精廬一區，蒔花藝竹，鼓琴著書其間。晚節益慕沖舉，自號臞仙。建生墳緱嶺之上，數往遊焉。所著《通鑑博論》一卷，《漢唐秘史》二卷，《史斷》一卷，《文譜》八卷，《詩譜》一卷。《神隱》《肘後神樞》各二卷。《壽域神方》四卷。《活人心》二卷。《太古遺音》二卷。《異域志》一卷。《遐齡洞天志》二卷。《運化玄樞》《琴阮啟蒙》各一卷。《乾坤生意》《神奇秘譜》各三卷。《采芝吟》四卷。其他注纂數十種。經子九流星曆醫卜黃冶諸術皆具。古今著述之富無逾王者。又作《家訓》六篇，《寧國儀軌》七十四章。

陽春書院　寧庶人宸濠建以祀高禖祈嗣，廣求詩文揄揚。每士子秋捷，設宴邀請，人各一律，得一聯云：「光聯滕閣文章煥，春透徐亭草木香。」宸濠嘉賞，刻榜懸之，標為絕唱。

建安王府　在高士橋東，建安簡定王之宮殿也。簡定王諱覲鍊，寧靖王之第四子。再世而傳莊定王宸瀟，三世而傳昭靖王拱榿，四世而傳康懿王多爛，五世而傳王謀壐。壐號豈軒。能詞翰，而躭禪學。至六世而遂遭鼎革，國除。其府第傍有園可數畝，頗饒古木奇石，鄭仲愛《偶記》云：建安王半隱園有古池，深丈許，中有石砌一方，堆若古墓然，內時作金鼓聲。

樂安王府　在永和門內，寧惠王第三子昭定王奠壘肇封於此。昭定子鎮國將軍覲鑑先卒，孫宸湔嗣封。覲鑑追諡溫隱王。宸湔諡靖莊王。靖莊子端簡王㭎櫂，號眠雲。以文雅才辯著稱。善繪菊石，嘉靖四十年，端簡子多煉嗣王爵，再傳而賦黍離。所謂兔園雁池，鶴洲鳧渚，盡蕩為牧馬之場。過者哀之。

匡吾王府　建安鎮國將軍朱多某之居，家有女優可十四五人，歌板舞衫，纏綿婉轉。生曰順妹，旦曰金鳳，皆善海鹽腔。而小旦彩鸞尤有花枝顫顫之態。萬曆戊子，予初試棘闈。場事竣，招十三郡名流大合樂於其第，演《繡襦記》至「斗轉河斜」，滿座二十餘人，皆沾醉燈前，拈韻屬和。予詩有「風振幽鳴花夢醒，月寒香玉酒巡頻」之句，大為泰和曾端甫先生歎賞。一夕風流可數，曾幾何時，路隅寶珙散亂於秋雨梧桐，而匡吾老人亦已厭世久矣。子謀㙔，字禹卿，能為五七言近體，追琢不遺餘力。刻有《深柳居》《種園》諸草。

芙蓉園　在府城東北。嘉靖中，瑞昌府奉國中尉朱多煃構。多煃字用晦，工為五七言詩，與里人余憲副曰德相倡和，刻《芙蓉園稿》。其同府鎮國中尉朱多熿，字宗良，亦博雅修詞，與多煃齊名。萬曆初，諸王孫稱詩，未有不屈指於宗良、用晦者。迨後七子一派，海內群相詆訶，於是案頭有兩君之集者，輒指而揶揄之。然其於選體顏、謝諸篇，終未若兩君之精熟也。

閬園　在永和門內，李太虛宗伯明睿構，弋陽王之舊邸也。有山腰宮閣古石堂、碧欄池、浣花池、天池諸跡。公自言閬園以池勝，以竹勝，尤以松勝，他園不敢望焉。建聖沙樓，藏書其中。甲戌自華亭歸，得宋板書一船，皆上海潘文恪家舊藏。每部有文恪公小像。董玄宰手書「子孫寶藏」等字於護殼。宗伯特

構一小閣庋焉，署曰「宋板居」。

〈弋陽王府記〉　　（清）徐世溥

　　五月五日與五弟步至弋陽王故府。入門升殿，肅容而歎曰：使王有嗣，傳之世世，予與若得至是耶？豈惟予與若，自將軍、中尉，莫不趨拜墀下。王尊若神。當是之時，欲一望其宮門而不可得。而今也，販夫豎子皆得造是宮、升是殿矣，又奚特予與若歟？

　　意昔王之在時，今日者，方且嬪妃如雲、左右千百以從王於宮中，俯龍艦，發棹歌，觴酌蒲艾，流連為歡。於斯時也，王意亦以為「吾子孫世世五月五日長有此樂」也。

　　既而至其後宮，仰視屋樑，宮已中斷。有荷擔而過者，問之曰：從此適市，道甚捷，顧謂弟曰：《詩》云「踧踧周道，鞠為茂草」，傷宜臼見廢也。言幽王逐其子。王而無子，雖大道將為茂草焉。王宮今且為周道矣。山徑之蹊，用之成路。既為周道後，雖欲茂草生於宮庭，豈可得哉！又奚特販夫豎子造其宮，升其殿而已乎！乃為歌曰：

　　　五之月兮五日，泛舟流兮蛟龍集。

　　　仕女兮遊樂，王如在時今日何若。

　　　國既除兮殿中摧，左右風日兮雨雪華榱。王逝殿摧兮可奈何。宮中行人兮何其多。

　　歌闋而去，聞者以為有楚音焉。尤宜於五日也。沉湘之人，桂棟藥房，亦其悲矣。

　　　　　　　　　　　　　　（《徐巨源全集》清抄本）

枳園

　　枳園。明管理石城府事朱謀㙔構。雜花香草，繽紛馥鬱。老樹偃蹇其間，蕭然塵外。院中藏書，迭架連屋。手所著作百餘種，刻有書目。

（同治《新建縣誌》卷六十六）

陸　封諡

一　《明諡紀彙編》　　（明）郭良翰

獻	寧王權	正統
靖	寧王奠培	
惠	寧王磐烒	追封
康	寧王覲鈞	
宣和	寧府宜春王奠垝	弘治
端簡	寧府樂安王拱㰷	
端惠	寧府弋陽王拱樻	嘉靖
端隱	寧府石城王覲鏑	弘治追封
昭靖	寧府建安王拱栟	
昭定	寧府樂安王奠壘	弘治
莊僖	寧府弋陽王宸汭	正德
莊惠	寧世子磐烒	正統
莊順	寧府建安王宸瀟	
恭靜	寧府石城王奠堵	成化
恭懿	寧府弋陽王多焜	

恭僖	寧府瑞昌王奠墠	成化
簡定	寧府建安王覲鍊	嘉靖
靖莊	寧府樂安王宸湔	嘉靖
僖順	寧府弋陽王覲鏷	
溫隱	寧府樂安王覲鑑	弘治追封
安簡	寧府宜春王磐姚	
安僖	寧府新昌王磐炷	天順
安恪	寧府石城王宸浮	嘉靖
康僖	寧府宜春王磐燁	嘉靖追封
榮莊	寧府弋陽王奠壏	
榮安	寧府瑞昌王覲鑴	弘治
悼惠	寧府信豐王磐模	正統
悼順	寧府瑞昌王宸瀨	弘治追封
懷簡	寧府宜春王覲鐏	弘治追封
康懿	建安王多燗	
王妃		
貞烈	寧府信豐悼惠王妃劉氏	

二　《弇山堂別集》　（明）王世貞

| 宣和 | 寧府宜春王奠坫 | 弘治 |

（卷七十一）

莊僖	寧府弋陽王宸沖	
莊惠	寧世子磐烒	正統
莊順	建安王宸瀟	

貞烈	寧府信豐悼惠王妃劉氏	
康僖	寧府宜春王宸澮	弘治
康僖	寧府追封臨川王磐熚	嘉靖

（卷七十三）

溫隱	追封寧府樂安王覲鑑	弘治
端隱	追封寧府石城王覲鏑	弘治
安僖	寧府新昌王磐炷	天順
安恪	石城王宸浮	嘉靖
榮安	瑞昌王覲鍚	弘治
簡定	建安王覲鍊郡王	嘉靖
靖莊	樂安王宸湔	嘉靖
端簡	樂安王拱㰍	嘉靖
端惠	弋陽王拱樻	嘉靖
悼惠	寧府信豐王磐煤	正統
悼順	追封瑞昌王宸瀷	弘治
靖莊	寧府樂安王宸湔	嘉靖
懷簡	寧府長子追封宜春王覲鐏	弘治

（卷七十四）

柒　戒飭懲處

《明實錄》

正統十年十一月乙未　初，南京守備豐城侯李賢言寧王第四子磐炷已擇南京孝陵衛指揮使葛覃女為妃，長孫奠培擇濟川衛指

揮使郭謙女為妃。既而寧王又奏第十六女靖安縣主選覃之子昕為儀賓，莊惠世子磐烒第三女高安縣主選謙子琦為儀賓。然寧王先奏擇儀賓，上命於南昌府衛官員軍民家擇之。今乃不於南昌而於南京，蓋由覃等以王妃親故，私與王府交通結親，請治其罪。上命覃、謙答陳結親之故。覃、謙等奏：先各與妻送王妃往寧府成婚，昕與琦俱隨送。蒙王問其年，與縣主相等，皆許以婚，遂輒從之，罪不容逃。上命禮部審其情，至是尚書胡濙等言：「婚事雖出王之自許，覃、謙亦宜奏請。今乃恣意妄行，於理未當。請行南京都察院究治，仍行寧府長史司啟王知之。」上曰：覃、謙既認罪，姑宥之。俱令支俸隨操，不管衛事。其婚禮既成則止。今後各王府奏事，禮部務斟酌行之。

景泰七年十一月庚辰　初，寧獻王為弋陽王奠壏選張氏女為妃，未及納而獻王薨。寧王奠培為之改納劉氏為妃。而張氏仍在府中，弋陽王以賂於教授游堅為之賂寧王，又以張氏與之弋陽王。游堅貸護衛軍王忠銀百兩，堅匿其半。久之，忠索銀於王，王償其大半，忠索堅所匿者，堅以為王得納張氏，當就以己所匿銀謝己，竟不還，忠索益急，王詈之。忠、堅讒於寧王言：「弋陽王絕愛張氏，欺侮正妃，有壞家法。」寧王召弋陽王至府，潛使人勒殺張氏。弋陽王忿欲奏堅，堅使寧王令校尉四人守弋陽王門，不令得出。弋陽王微服潛出，徒行詣巡撫僉都御史韓雍訴其情，且奏寧王不法十數事。寧王亦訐奏弋陽王。帝命僉都御史余儼同內官方伯樂往會雍及巡按御史、三司官核之，具得狀。因奏：「寧王惟堅言是，聽厚斂護衛旗軍月糧，強取其女婦不悅者，輒勒殺之。擅遣忠等出商罔利，凌斥府縣官至毆之。此皆有違祖訓。弋陽王至誣寧王以反，亦傷親親之義。」於是敕寧王

曰：「得內官及巡撫、巡按、三司等官奏言，爾不守祖訓，聽用
奸邪，積財物如丘山，視人命如草芥，改聘王妃、逼害親弟。違
制虐民，則強管稅課司；僭分妄為，則擅起翠華殿。其他不軌之
事，雖未的未明，而揆其僭妄之心，難測難保。其奸臣游堅等罪
惡皆爾寵縱所致。論祖宗大法，所當究治，但念爾襲封未久，姑
從寬貸，爾當洗心易慮，務改前非，以全令名，各守尊卑，以盡
友恭，思繼承於祖父，致屏藩於朝廷。如再有絲毫違犯，祖訓具
在，至公之道，朕不敢私矣。」又以弋陽、石城、樂安諸王不能
以道匡扶，並敕責之。

　　天順元年八月乙卯　寧府教授游堅坐教王遣人縊死其弟弋陽
王宮人論斬，會赦，當復職，法司以聞。上以堅所坐重，特命編
成甘肅。

　　天順二年秋七月辛卯　寧王奠培在景泰時為弋陽王奠壏訐其
反逆諸罪於巡撫僉都御史韓雍。雍同三司巡按官以聞。朝廷遣中
官方伯樂及僉都御史余儼往覆之，軍民被連者凡六七百人，既至
京，遇元年赦，俱得釋。第以教授游堅誘王為惡罪重，謫充甘肅
軍，王由是不禮貌於三司官。左布政使崔恭不平，王嘗囑以增造
所焚宮殿，奉請南昌城內東、西二湖，欲派歲祿於近府縣，恭俱
執法不從，護衛軍校有犯，恭輒不少貸，王愈怒，奏恭僭造火夫
號衣諸不法，御史張綱奉命覆之無驗。王復奏恭諂惑，綱恭遂與
按察使原傑、巡按御史周一清連章奏王私獻王、惠王所遺宮人，
護衛官軍生女不令婚嫁，長即收之，有銜於內官熊璧逼之自盡，
其護衛橫甚，不削之，慮有變。疏入，上遣太監懷忠同錦衣衛官
案其事，具言恭奏王之實，王奏恭之誣。都察院請罪輔導王者。
上曰：「然王違法多護衛官校所誘，其即改為南昌左衛以隸都

司，王奏布政司官既誣。置之不問。」

天順二年秋七月乙未　書戒臨川王磐烒曰：「今得爾奏討次室冠佩、封號，並房屋、園地、祿米、裝奩、金銀器皿、首飾及絹、帛、綾、綿、軍校、使女等項具悉。朕承祖宗大統，君臨天下，凡宗室諸王所以待之者，一遵祖宗定制，不敢有所偏私。爾乃以溺愛之私，不顧非禮，恣意任情，多端求討。朕若徇爾之私，是不守祖宗之制也。今特許爾減數自買使女五人，其餘妄求者不准。又聞爾不肯安靜，擅出城外，輒入人家索取財物，或逾數日方回，似此放蕩，禮法安在？已敕三司嚴示門禁，今後爾宜痛改前非，守身循理，以保爵位。若再自作不靖，必貽後悔。特書以達王，其戒之慎之。」

天順二年秋七月丙申　敕諭寧王奠培曰：「爾以宗室至親，繼前人之爵，任藩輔之責，宜修德循理，以保祿位。今乃縱意妄為，織造龍衣，殘傷人命，辱罵三司，凌虐府僚，縱容軍校，擾害良民，聽從撥置，大肆兇惡，不法多端，難以枚舉。又妄奏布政等官重情，及至差官體勘，事情皆虛。茲欲保全親親，不忍置王於法。今後王當痛自改悔，恪守禮法，若再懵然不省，仍蹈前非，則祖宗之法具在，朕不敢私。」是日，復敕江西都、布、按三司官員，今後各宜謹守法度，敬禮親王，若有似前非為者，不許阿順其意。亦不許郡王擅出城外，須嚴示守門官軍，敢有仍前聽從者，一體治罪。毋得隱忍蒙蔽，憚於奏聞，日後禍及身家，雖悔何追？

天順三年三月甲申　敕臨川王磐烒：「今得巡按江西監察御史等官奏稱，王親到貢院對鎮守太監葉達言府中收用女子懷孕，大妃殺了，此等閨門非理之事，皆王不能正身所致。其於名爵豈

不有玷？但事已往，姑置不究。今後王宜痛自省改，守法循理，毋得仍前，縱意冥行，自取過愆，庶幾保全令名，不然必有後悔。王其戒之。」

天順三年五月壬寅　敕弋陽王奠壏曰：「近得鎮守江西太監葉達及江西三司官奏稱，王將藥四包、銀二兩四錢逼令本府典膳鄭榮毒死內使呂信、鞏喜，榮恐累及身家將情並銀、藥首發在官。且王為朝廷宗室，正宜恪遵祖訓，循理守法以保名爵，如何起此惡念，用藥毒人？況彼二人皆朝廷撥遣，果有罪狀，亦當奏聞處治，豈可陰謀毒害？存心如此，甚非其當。教授顧宜不能輔導規諫，閽者陳慶童不當阿諛順從，另行懲治。敕至，王即改過自省，今後務須謹守禮法，敦行善道，以全令名。如或仍蹈前愆，國法具在，朕不敢私。王其戒之慎之。」

天順四年七月丙子　臨川王磐烑長子奠埨奏：王病瘋狂，欲誣以不孝而改立所幸侍兒之子為嗣。僭造宮殿、床幕。祖母歿不持喪，且淫祖父宮人。刻鳳頭鷹嘴諸凶神數十，日夕祭賽咒詛。不時出城斂民家財物，內使王禮嘗欲首其不法，遂杖之致死。章下三法司，刑部尚書陸瑜等議，謂臨川王持己不端，虧父道。長子懷私怨望，失子職。情繫大倫，律干名義，宜征其父子至京，大彰祖訓以正彝倫，且遣錦衣衛官、郎中、御史往覆之。上曰：「然」。

天順四年十月甲辰　召寧府臨川王磐烑及其長子奠埨至京，命內官同皇親鞫之。

天順四年十月庚戌　右少監打剌兀赤自寧府還奏寧王奠培及各郡王、將軍、儀賓諸罪，上敕寧王曰：「近聞爾與各郡王祿米不受本色，每石勒取白銀一兩五錢。間收本色，每石加耗米八

斗。養馬料豆每石折銀一兩，及占周圍城壕養魚。或有損壞，有
司不敢修葺。又占沿江地方起豎倉廠，停商取利，軍民不得居
息。又將王府東牆開通小門，與郡主、儀賓私相往來。凡此數事
於理則乖，於法則違，於民則損，若因循不改，民何以堪！必歸
怨朝廷矣。爾等得利於己，而使歸怨朝廷，是豈藩輔之所為哉！
論法本當追理，第念親親之誼，已往者姑置不究。敕至，爾等即
以前項違法事一一改正，不得執迷不悛。」又敕寧王曰：「先因
臨川王子壚首父之惡，謹遵祖訓，特遣內外官員齎書與王，取其
父子赴京。書既到府，郡王、儀賓俱不來迎行禮。及長史等官累
次啟請，間有來者，其鎮國將軍奠埦、覲鐬，並儀賓葛旰等仍故
肆不來，論法俱難容恕，特念宗親之故，法不概施。其葛旰等已
遣人執至京治罪，郡王、將軍姑從寬貸。敕至，王即召至府中宣
讀戒諭，使其修省改過。如仍蹈前愆，祖宗之法具在，朕不敢
私。」又敕弋陽王奠壏曰：「近體知爾聞教授顧宣女有姿色，設
計欲娶。宣不肯從，輒杖之以百，強娶入府。且爾居王爵，正宜
修身慎行，豈可貪色縱欲？矧教授為輔導之官，豈可凌斥酷打，
強娶其女？今爾恣意妄為，乖違禮法，宣女本宜給親，姑置不
究。宣難以仍在爾處輔導，已令送部別用。今後，宜改過自新以
保名爵，如仍怙惡弗悛，法難再恕。」

　　天順四年十二月癸酉　遺書寧王奠培曰：「先因壚告其父磐
燁違法重情，特取其父至京，令內官及皇親會審，訐出實情，中
間磐燁違理犯法非止一端，甚至服飾器用僭擬無上，魘魅咒詛等
事，皆有證驗。又不自悔，肆言怨望。奠壚亦不時攘盜人物，毀
罵親父，如此所為，俱悖逆不道。朕今宗室之親，不忍加法，俱
降為庶人。且慮其父子交惡，不可同處，特令磐燁守鳳陽祖陵，

奠埨守寧獻王墳，各同家眷居住，有司月給薪米。顧余嗣承祖宗大統，恒以敦睦親族為念，所願宗室皆循守禮法，共享太平，豈意妄為如此！無君無父，滅絕天理，上獲罪於祖宗，下有玷於宗室。若不薄示懲戒，何以慰祖宗之心？尚念宗室親王未知其悉，今特錄其罪狀封去一觀，庶知彼父子之罪皆其自取，非朝廷之得已也。」並以遍諭諸王云。

天順四年十二月丙子　遺書寧王奠培曰：「弋陽王奠壏淫亂事乃天地所無有，禽獸中所不為，不幸於宗室中見之。朕雖欲隱忍不發，然祖宗在天之靈決不能容，特遣右副使李廣、駙馬都尉薛桓、錦衣衛指揮逯杲審勘，其所勘事情止可與瑞昌王預知。果有此事，宜盡情直說。果無此事，亦須明白開陳，此係重情，務得其實也。」

天順七年二月庚辰　寧府儀賓郭琦坐不迎敕書，巡按御史奏論違制，贖杖還職。上命贖既仍罰，令戴民巾半年。

成化十一年三月己未　寧府儀賓孔永明以石城王奠堵奏其兄寧王奠培與閱推背圖有僭妄語，赴京奏辯其誣。都察院論永明越關之罪，請付巡按御史以前事並治之。詔可。

成化十二年九月甲子　寧府萍鄉縣主儀賓張效勒取夫匠銀，事覺，違例赴京捏奏，欲掩其罪。下都察院鞫實，贖杖還職。

成化十二年十月甲午　寧府石城王奠堵為其生母夫人出城造壙。監察御史李釗以聞。禮部以郡王無命擅出，請敕切責。從之。

成化十三年二月甲戌　減寧王奠培、樂安王奠壘祿米。初，樂安王奏寧王慘酷貪淫不軌等事，命太監羅祥、駙馬都尉石璟、刑部侍郎杜銘、錦衣衛指揮趙璟、刑部侍郎杜銘、錦衣衛指揮趙

環往勘，多實，惟不軌之事涉虛。至是，仍命皇親、文武大臣議擬各坐罪。上曰：「寧王所為不法，屢降敕切責，乃不思改過，而所為蓋甚，揆之祖訓，本當削爵為庶人。但念宗支，姑從寬典，革去祿米一半，樂安王所奏重情不實，有乖倫理，革祿米三之一，仍下敕切責及書報各王知之。」

　　成化二十年四月　己卯，寧府儀賓夏瑛以杖殺家奴為巡按御史所奏下獄，法當杖徒，例贖獄，上報可。

　　成化二十一年三月甲午　臨川王府儀賓張仿初尚萍鄉縣主，縣主卒，有司為造塋墓，仿悉入其木石諸物之費，自任其役，費用殆盡而功竟不成。事覺，坐監守自盜者律追贓，久之遇赦，都察院奏請裁處。有旨：釋之，命革冠帶閑住。

　　成化二十三年九月己未　釋鳳陽高牆內已故庶人磐燁子奠塹（《明實錄類纂・宗藩貴戚卷》作墼）玄青並其家居江西布政司城內。初成化間有旨，釋磐燁妻妾王氏等隨其女居住，王氏以其子奠塹等在禁不願離去，至是其女乞恩釋放，故有是命。

　　弘治四年二月癸亥　寧府庶人奠坳妻詹氏有罪賜死，以通於奠坳妹婿馬淳也。

　　弘治七年三月丁巳　命革爵臨川王之孫宸湘並妻及孫女人月支米一石五斗，婿陳昱日支米六斗。

　　弘治九年二月丙寅　寧府鍾陵王覲錐有罪，革歲祿三之一。先是，新建民凌勝自宮以入王府，王令至淮安買妾李氏至，王獨嬖之，宮中呼為李妃，妃陳氏遂失寵。有妾李氏者，生子三歲，淮安李氏妒之，讒於王，杖之百，拳其兩手，而絕其飲食，令宮人守之，其子餓死於別室。李氏悲啼，則又杖之百，夜欲自盡，守者恐罪及己，乃群聚而逃。又有南昌衛軍余謝祖，為王行貨於

外，買一舞女為妾，因納之王，女病復還之祖，祖妻不能容，則又納於王，亦在守者之列。事覺，鎮巡等官具實以聞。上以王濫收妾媵，致令嫉妒不和，醜聲外彰，又餓死幼男，有失父道，本當重治，姑從輕革祿米三之一，仍賜敕切責之。祖杖一百，並家屬發邊衛充軍。勝杖八十，發原籍當差，宮人逃者給親完聚。

弘治十二年八月丙子　降寧府石城王宸浮、輔國將軍宸潤為庶人，革輔國將軍宸瀗、宸浦祿米三之二。初，石城恭靖王奠堵生端隱王覲鏑，未立而卒，妃吳氏生宸浮及宸浦，媵安氏生宸潤，姜氏生宸瀗。宸潤長於宸浮，而宸浮以嫡嗣為王。以故不相能，宸浦以同母附宸浮，而宸瀗黨於宸潤。群小因而從諛之，競不為法，或互伺陰事譏之。宸浮鏃於伯妾唐會全，遂納之私第。數奪取良家女為媵。廝役或以小罪拷掠至死，甚至令人執而縊之，或懼責自赴井死者凡九人。宸潤、宸瀗、宸浦皆嘗以忿殺人。又縱下為害，與妓淫亂。而宸潤嘗召女尼入府而私之。宸浦狎比樂工王錦令侍女木香與亂，又嘗與劉潤仔者共臥，惡侍女春妹窺之，逼令嗛鹽而死。宸潤子賜名敕至，宸浮爭先啟，遂擲之地。及端隱王贈諡冊至，宸潤亦不入宸浮府謝恩，會宸潤貸金富民涂秀家不得，疑宸浮阻之，乃與所厚儀賓顧官祥條所記宸浮過惡，並誣宸浮器服僭擬乘輿，陰謀不軌，及鏃祖父妾數十事。令人馳告之，宸浮亦延熊良馬者為奏，詭言宸潤母安氏通於僧海洪，宸瀗令張夫人為媵，與顧官祥淫亂，及他不法事，以吳妃名奏之。良馬因留宸浮府，數與侍女薔薇等三人通。奏至，俱下江西鎮巡官勘報，而宸浮、宸潤、宸瀗奏辯不已，更以恭靖王次室余氏、王氏、吳妃及安氏、姜氏為名，前後各十餘奏。上乃命司禮監太監趙忠、大理寺左少卿王鑒之往會巡撫等官按之，虛實各

半，忠等乃疏宸浮等罪狀以聞，並擬連逮者熊良馬等罪。良馬坐離間懿親、汙亂宮壼，當斬。敕福、陳富、胡端殺人為從，當絞。顧官祥撥置王府，吳元壽行止有虧，當杖。又撥置主人縱橫害人，當充軍者五十八人。而陳瓚、頡賓、唐曙、廖直之情尤重，私自宮投入王府，當解京再問。火者十五人，而鄧慶新之罪為首。其他當徒杖者復十八人。獄上，詔：宸浮、宸潤革爵，降為庶人。宸澧、宸浦革祿米三之二，仍降敕切責之。顧官祥、吳元壽各杖四十，革職為民。薔薇等三人及唐會全各杖八十，並木香俱改正給親。熊良馬、敕福、陳富、胡端依律處決。陳瓚等五十八人俱發廣西邊衛永遠充軍。而瓚及頡賓、唐曙、廖直仍杖一百發遣。其餘准議。

　　弘治十八年四月己未　降寧府鍾陵王覲錐及其子鎮國將軍宸㳝俱為庶人。覲錐府宮人張環珮逃出，巡邏官執訊之，並得覲錐父子諸不法事，寧王宸濠及鎮巡官先後具奏。上命司禮監少監劉輔、大理寺寺丞鄧璋勘實。法司議上，得旨：「覲錐縱欲亂常。欺汙子妾，致死人命，私置軍器，違法多端。宸㳝不諫父惡，私通宮人，俱應重治。姑從輕革爵，降為庶人，送鳳陽看守祖陵。家人楊源兒等處絞，張環珮等令自盡，餘治罪有差。」

　　弘治十八年五月乙酉　敕寧王宸濠令戒諭郡王將軍以下各謹守祖訓，惇尚禮教，如有縱欲敗度、戒諭不悛者，王具奏聞。時王奏本府郡王等多不遵禮法也。

　　正德十年十二月庚辰　寧王宸濠奏：「建安王覲鍊及樂安、弋陽等府鎮、輔國將軍覲鍊、覲鉎、覲鏈、宸㵧、宸渠、宸淞、宸浣等各信軍校撥置害人，已逮其軍校四百名送有司究治。請降敕戒諭並出榜禁約。」至是，巡撫都御史俞諫以所逮軍校治罪如

例。且言建安王覲鍊等射利殃民，有違祖訓，而覲鍊、覲鉒、宸浣縱越尤甚，請量加罰治，仍申諭寧王嚴加約束。詔以覲鍊等法當重罪，但念宗支，姑從輕。覲鍊等三人革祿米三之二，其餘三之一，仍賜書寧王戒勵之。時宸濠惡狀漸彰，欲儷伏府中，故為此奏。

　　正德十年十二月戊午　初淮王祐杞遊戲無度，左右多市井無賴之者，寄勢暴橫，境內苦之。左長史莊典慮有後累，具以狀，白巡撫、都御史任漢，欲棄官去。漢以奏聞並劾典不當遽求去，下巡按御史究治左右者，王奏辯乞免究，而留典，詔既許之，會饒州推官汪文盛與王府不相悅，有顧嵩者，病風持刀撞入府門大斗，王執而詰之，其人亦以他事恨文盛，遂稱汪推官使我來殺王。典即以告鎮巡官，欲以陷文盛。時鎮守太監黎安以事至。饒其參隨者，騎近端禮門被撻，安以為辱，而寧王宸濠與王素有隙，遂嗾安舉奏王過，典不能救正並及文盛被誣事情，勘治。王亦奏辯。刑部議以安既涉嫌疑，不當會勘，宜下撫按官詳訊虛實，詔從之。安與寧王謀，不俟勘報遽逮典及府中官校鞫治之。典詞不遜，寧王復使人縛至府，棰擊之，數日死獄中，他所連及軍校者甚眾，於是王奏安挾仇殺典，以脫嵩及縱參隨者金堂等嚇取民財。於是遣司禮監太監張欽、都察院右副都御史金獻民、錦衣衛指揮使薛邇往勘按其狀。欽等至廣信，檄取別省及江西三司掌印官審驗，以其事與寧府有礙，且欲回護。安遂隱其一切交構事端，僅據鎮巡官初勘遂奏言：王聽信奸徒為惡，請嚴加戒諭，文盛果為嵩所誣，無罪。安上，坐用法過當，堂等為安所匿，莫得窮詰，而淮府軍校坐謫戍邊衛者二十八人。

　　正德十二年五月戊寅　寧府典寶副閻順、典膳正陳宣及內使

劉良潛走至京奏：「典寶正秦欽為王所親信，與致仕都御史李士實，都指揮葛江，吏羅黃、盧榮、熊濟，校尉查五，樂人曾魯、張奉、張潮等濁亂宮禁。又與士實時在王所密謀鑿池、造船，以為水嬉，疑有非常。其掠死良民，逼奪財產，燒毀房屋諸不法事，不可勝數。乞敕三法司官勘治，以救一方民命。」有旨，執付錦衣衛獄。既而，王亦奏順等背義私逃，乃各杖之五十，發孝陵種菜。順等諸所奏皆勿問，惟以書諭王而已。時宸濠有逆謀，順等諫阻，反為欽所譖，懼及禍，故潛走。上變而內外權貴皆受濠賂，竟坐以罪。

正德十四年六月丙子　寧王宸濠反，巡撫都御史孫燧、按察司副使許逵死之。宸濠陰畜異志，自正德以來，驕蹇不法。術士李自然、李白芳輩數獻諛，且言：城東南有天子氣。濠因創陽春書院，時出遊以當之。又西山青嵐龍口穴，先朝所禁者，濠復以葬其母，招集四方亡命群盜匿於丁家山諸墅，時令出掠居積及商舶以資饋賂，稍忤其意，即縱盜屠戮之，備極慘酷。有一姓數百口，無孑遺者，以財力劫持，上下交通，肘掖中外，畏其威、茹其餌，皆為之耳目，伺察機密，以報之。緣途驛舍皆置良馬數匹，以備傳報。偵事者不半月輒到府，由是京朝動靜絲毫必聞。有發其事者，往往中以危法，得重槌以去。勢益張，無敢言者。道路以目，時上久無繼嗣，又不時巡幸，人情危懼，濠日夕覬覦大物，既與錢玏輩謀，寧矯上命，以玉帶賜之。濠喜，令府中官屬衣紅者四十餘日。及駕將東巡，陰遣樂人秦榮等於大院張設勾欄、雜劇，令致仕都御史李士實撰詞傳佈兩折及直隸。旬日間張揭畿遍，意欲邀上臨幸。會朝廷遣官戒諭，及逐其旗校留京邸者，濠聞之疑懼，遂決計反。前一日，燧與巡按御史王金、三司

官及公差主事馬思聰、金山、廣西參政季教入府賀濠生日，如例張宴。至是，燧等入謝，濠令閉門。甲士露刃環之，偽云：「太后有密旨召我。」眾相顧愕眙。燧曰：「果有旨，巡撫大臣當與聞，請出觀之。」濠大怒，叱甲士牽燧出。副使許逵奮身起，罵不絕口，並縛逵斬之於惠民門外。於是，布政使梁辰、胡廉，按察使楊璋，參政王綸、劉斐、程皋，副使唐錦、賀銳，參議楊學禮、許效廉，僉事師夔、潘鵬、賴鳳、王疇，都指揮馬驥、許清、白昂、王紀、郟文等皆稽首稱呼萬歲，濠令各羈置之。遂釋獄囚，收庫藏，遣人分詣諸郡邑，奪印起兵。宜春王拱橢、瑞昌王拱枅，鎮、輔國將軍覲錠、宸㵾、宸瀾、宸瀊、覲鑨、宸洧、拱械、宸汲、宸湯、宸瀘皆相率聽命。是夕，參議黃宏憂憤卒，數日思聰亦卒。濠迎士實至府，偽授為國師，又授安福縣舉人劉養正為軍師。遂令養正草偽檄傳播遠近，指斥不遜，且云「我祖宗不血食者，今十有四年」。語尤狂悖不根，檄及榜諭皆去正德年號，惟書大明己卯，逵至死所，謂燧曰「公早用吾言，豈至此？」燧氣垂絕，不能答，蓋逵有先事之圖，故云。然濠始欲儳逵，將用之，久未行刑。逵罵曰：「何不速殺我？」竟不屈死。

正德十四年六月戊寅　宸濠兵陷南康，知府陳霖等先遁，士民逃竄，城中為空。

正德十四年六月己卯　宸濠兵陷九江，兵備副使曹雷、知府江穎、推官陳深、指揮許鷥皆遁，盜賊支掠而去。既而宸濠東下，偽署僉事師夔為兵備副使守九江。

正德十四年六月癸未　宸濠釋御史王金、主事金山及布政使梁辰等，令各還其署。參議楊學禮已升陝西參政，令之任。惟知府鄭獻不釋。參政王綸、僉事師夔、潘朋置軍前用事。參政程

皋、參議許效廉、賴鳳為散兵糧。凡移檄郡邑則付辰署押而行。

正德十四年七月壬辰　宸濠統兵發南昌。濠初反即欲趨南京，聞王守仁等在上流起兵，乃遣承奉涂欽並賊首凌十一等領兵為前鋒，而自居留守。既而以守仁兵尚未集，乃與李士實、劉養正謀留兵付宜春王拱樤等及布政胡濂、參政劉裴、參議許效廉、副使唐錦、僉事賴鳳、都指揮王紀等使守城而自引兵東下，選護衛及所鳩賊兵市井惡少，並脅從合八、九萬人，聯舟千餘艘。以郡王拱栟等十人行，太監王宏、御史王金、主事金山、按察使楊璋、副使賀銳僉事潘鵬、王疇，參政程皋，都指揮郟文、馬驥、許清、白昂、南昌知府鄭巘等皆從。參政王綸常與承奉劉吉甲胄侍左右。城中軍民戶給米一石，銀五兩。蓋濠素積怨於眾，至是慮出城後有內變，故復恩賚之。濠將啟行，祭天奠牲，幾折牲覆於地。又偽封宗室宸潨為九江王，使前驅。舟始發，雷雨大驟作，宸潨震死。聞者固知其必敗矣。

正德十四年七月丁巳　以宸濠反，削其爵屬籍。

正德十四年七月丁巳　知府伍文定等敗宸濠兵於樵舍，知縣王冕兵獲宸濠。宸濠之還自安慶也，乘風逆流而上。甲寅，抵樵舍。其黨潰散者過半，然尚五、六萬人。知府鄭巘乘間逃歸詣伍文定營言狀，文定乃乘夜率所部先進，徐璉、胡堯元等隨之。比曉，諸軍始聞，相率繼進。時濠舟帆蔽並，前後數十里。文定先與戰，不利，駕大炮擊之，風逆焰回，燎文定鬢，灼其臂。文定幾墜水，眾爭救之，賊乘亂來攻，殺掠百餘人。文定乃引退至黃家凌，與諸軍遇。兵乘勝追文定，進逼黃家凌，勢銳甚。新民劉文禮素驍悍，執白旗以麾眾，濠陣中有紅炮，而騎者抽矢射文禮，矢將及，文禮策馬奮矛，徑前刺之，洞胸而墜，賊眾驚潰，

趨舟溺死者百人，諸軍稍振。賊退保樵舍，聯舟為方陣，又即岸
為營壘。丙辰，文定等先遣滿五百人，與宸濠對江而軍，遏其徑
渡。時北風猛甚，俄變南風，有議欲火攻者。文定不應，眾力贊
之。文定曰「省城空虛，若失利，大眾且散，城不復守，誰執其
咎？」眾爭議，夜猶不決。文定潛為火攻具，一夕皆備，募舟四
十艘，實蒿灌油，乃遣滿總軍自下流潛渡，統出濠舟後而伏，更
以它軍營其故地，黎明發舟，乘風舉火，文定等率眾隨之。頃刻
達營。先夕，濠令人說降，惟不赦守仁、文定，餘皆待以不死，
我軍亦遣使以甘言款之，濠不疑。及火作，濠舟膠淤沙舳艫連
絡，倉卒不得以，又舟蓬多竹茅，火及輒燃，俄而煙焰漲天，
焚、溺死者不可勝算。賊登岸者，伏兵鼓噪邀之，水陸夾擊，賊
乘火潰。時濠方晨朝其群臣及從行三司等官，讓以不致死力，而
火已及副舟，其妃婁氏赴水死，從之者甚眾。濠易舟而遁，猶挾
宮女四人處隨，知縣王冕所部兵棹漁舟追之，濠知不免，亦赴
水，水淺不死，遂並宮女執之送冕……。

　　正德十五年十一月己丑　賜宸濠死。先是，有旨召皇親、
公、侯、駙馬、伯、內閣大臣、科道官俱至通州議宸濠獄。於是，
列上其罪狀言：「宸濠大逆不道，宜正典刑，拱檽、覲鑱、宸㴆、
宸灛、宸溳、宸洧、宸㴊、宸汲、宸湯、宸潗及已死拱栟、覲鋌、
拱樴、宸㴂助逆皆宜同罪。亦戮如法。」上曰：「宸濠等得罪祖
宗，朕不敢赦，但念宗支，姑從輕悉令自盡，仍焚棄其屍。」

　　正德十六年七月辛亥　法司會議言：宸濠逆黨如宜春王拱檽
等情罪深重者，先已伏誅。其鎮、輔將軍覲鍾、覲鉎、宸渠、宸
潰、宸浣、覲鏈、覲鉉、覲鉳、宸湨、拱樛、拱棓、宸澳、宸
溳，原不與謀，臨期聽其使令，巡城守門，事出迫脅，情非得

已，應從末減、奪爵或遷處以示懲。其在城諸將軍雖曾受賊賞而
未嘗為之用事，其情尤輕，宜量減其祿，降詔切責，許以自新。
宸洪既脫身自首，例應有免。上是其議，乃革覲鍾等爵，降為庶
人，押發鳳陽高牆禁住。在城將軍各革去祿米三之一。宸洪宥
免，因以書諭諸王曰：「皇帝致書曾叔祖魯王，先因宸濠大逆不
道，皇兄武宗皇帝告於天地宗廟，革其封爵，削其屬籍。江西守
臣尋即擒獲，並其同謀助逆宜春王拱橚、瑞昌王拱枏及鎮、輔國
將軍覲鋌等十四名，各拏解京，該三司、錦衣衛同皇親、駙馬、
府部科道等衙門，多官交章劾奏，謂宸濠名在宗藩，世受封爵，
乃敢包藏禍心，謀危社稷，招集群盜，私造戰船、殺害守臣，追
奪印信，傳佈偽檄。上誣皇考孝宗皇帝，議改年號，謀據南京，
偽授官職，興兵作反。拱橚等相率從亂，或招兵守城，或殺人據
敵，俱情罪深重，宜明正典刑。下皇親多官會議，皆謂其得罪於
天地、祖宗，法不可赦……念其雖除屬籍，原係宗支，並拱橚等
十四名俱從輕典。免赴市曹，賜以自盡。其餘將軍宸潛等十六名
及多燦等二十一名亦各從寬押送鳳陽高牆居住……其鎮、輔國等
將軍覲鍾等十三名臨難苟免，聽其使令，或與巡視城鑰，或與看
守宮殿，仍該法司多官議處，本當重治，亦姑從寬，革去封
爵，降為庶人，送鳳陽高牆居住。其餘在城將軍既情有不同，
各革減祿米三之一。宸洪被脅從行，在逃投首，比照黃榜事例，
宥免……」。

　　嘉靖元年正月甲戌　命自章疏勿避權字。以寧獻王諱權孫宸
濠謀反國除故也。

　　嘉靖元年八月癸卯　命襲封弋陽王拱樻管理府事。戒飭建
安、樂安各府宗室人等務遵祖訓，保守祿位。凡慶賀禮儀遇聖

誕、正旦、冬至等節，鎮巡司府官俱於布政使司，管理府事郡王統率各郡王、宗儀、教授等官於本府各行禮迎接詔敕，敕書亦於布政使司開讀、眷黃齎送。管理府事郡王率宗儀人等遵照儀注開讀，從禮部議也。

嘉靖八年十月己丑　建安王覲鍊疏請樂工十二戶，建安故屬弋陽約束，一切禮儀俱附弋陽府行，所請非例也。疏上，上以覲鍊欺罔，詔弋陽王切責之，仍逮問輔導官。

嘉靖二十二年六月乙亥　初，江西諸郡王歲時朝賀俱在弋陽王府行禮。至是，建安王宸瀟以己尊屬，不欲隨班，因遣校尉張益上疏稱病，請歲時得自從其府行禮。詔責瀟不敬，令恪遵典禮，不得妄奏。初瀟遣益時，嘗授之秘札，囑以夤緣關通之謀，益附藏奏牘中，遂誤徹御覽，詔下法司逮問。於是，禮科都給事中劉大直等奏：「近日各宗室章奏煩瀆，多由奸徒投充撥置營差入奏，厚齎金帛潛住京師，例外比例，恩外乞恩，謀劃萬端，期於必得，往往藉口關節，侵牟無算，欺弊宗室，汙辱朝士，請嚴為禁例。」上是其言，令諸王以後務自點檢，戒諭宗室敬遵祖訓，一切事宜必與令甲相合方許遣奏，如有法外乞恩再三奏瀆者，所司即劾奏。其奏使事峻不還，延至半月以上者，捕治不貸。先是，弋陽王嘗遣儀賓楊瑚入賀隨京且六年矣，法司逮益不獲，有與益同行益使顧德者，匿瑚所疏，代益奏辨，為廠衛所偵獲。詔以瑚、德俱下法司鞠問，尋發德充戍，革瑚職為民。

嘉靖二十三年十月庚辰　詔奪弋陽王拱樻祿米二月，革其府增設審理、奉祀、教授、典儀各一員，引禮、舍人二員。初拱樻以攝府事請增置府僚已允，其請為設審理等官。至是，復請以審理兼輔導。上怒其瀆奏無已，下部議，因言拱樻恣意陳乞，漸不

可長。且郡王府止教授、典膳各一員，前所增設官員俱削去，先年該部司掌印官明知違制，敢與題覆及科道官不行糾舉。俱當治罪，姑宥之。

嘉靖三十一年十月乙亥　革石城王府鎮國將軍拱柣為庶人，奪其弟拱棧、拱思、拱楷等俸半年，坐群毆新建縣知縣劉勃故也。

隆慶二年二月丙戌　禁錮石城王府奉國將軍多焊於高牆。以剽竊事敗也。

萬曆五年閏八月戊戌　革瑞昌王府輔國中尉謀壄、謀墫、謀堂、謀壋爵，給與冠帶終身，以其為擅婚所生，向係冒封也。

萬曆十年三月甲申　奪江西瑞昌王府奉國將軍多炮、鎮國中尉謀堡、謀堉祿米半年。儀賓徐振廉提問，坐詭田冒糧，為撫按王宗載、賈如式參論也。

萬曆十三年正月癸未　石城王府奉國將軍拱栯有罪，降為庶人，閑宅禁住；奉國將軍多㷱等革祿米三之一，輔國中尉謀起等停祿米半年。江西樂安等八府宗室，萬曆十二年分常祿，例於十一年稅內徵給，本年奉詔減三徵七，故布政使周之屏不能應，冬季逾期，拱栯等集鍾陵、臨川等府宗室拱橴、多炑等逼辱南昌知府胥遇，遇遜詞獲免。明日又訴於南昌道王希元，適撫臣馬文煒出，噪呼而前，投瓦石，及與撫臣自劾。部科亦交章論列。而拱栯者，隆慶六年越關上書請分，宜故相籍產，經樂安王參奏廢錮，其子請代得釋也。上震怒，降奪有差，而置文煒、之屏等不問。

萬曆十九年二月戊子　江西撫按題：「問犯人羅曰伊，因索債，打樂安府奉國將軍拱㯉致死。行相驗問，有瑞昌府庶宗家人

喜鳳等及石城府鎮國中尉多垉乘機搶曰伊家財，毀折房屋。鎮國中尉多粶仍擄其義女，覊留在府行奸。曰伊依律論斬。喜鳳搶奪為首，照例發邊衛充軍。多粶等仍候參治。」部覆：「會同法司勘議。」上命革多粶為庶人，押發高牆禁住。多垉姑革祿米三分之一，與拱梓等本府分別戒飭。

萬曆三十年五月戊子 江西樂安王府奉國將軍謀圯道出，直稅監潘相為儒童所哄，被相並補入毆折肢體，將庶宗達同圯拘禁二日，始放。闔省宗室憤激，撫按以聞，劾相罪在不赦，亟宜正法。留中。

萬曆三十六年二月癸亥 革瑞昌王府輔國中尉謀趲、謀壏封爵，降為庶人，趲仍發閑宅拘禁。奪石城王府輔國中尉統鈉祿米三年。趲偽雕印信，鈉知情行使，壏姦淫親屬也。

天啟二年七月壬戌 石城王府奉國中尉統鈰白晝強劫，弋陽王府鎮國中尉謀顗、謀坒、輔國中尉統鎏（此統鎏與號八大山人者非一人）等同窩賭盜，命錮之高牆。

捌 朱權族裔陵墓

一 《江西通志·名勝志》

寧獻王朱權墓在新建西山緱嶺勅建。

寧惠王朱磐烑墓在新建西山遐齡峰下。

按寧藩墓在南昌新建者不獨獻、惠二王，前志皆略而不載。今除宸濠叛逆外，凡襲封王爵者悉錄以備考。稽：

宜春安簡王朱磐㷌在新建禹港茅窩。

新昌安僖王朱磐炷在新建田西。

信豐悼惠王朱磐㷤在新建遐齡峰。

寧靖王朱奠培在新建煙溪雙嶺。

宜春宣和王朱奠坫在新建千重里。

瑞昌恭僖王朱奠墠在新建青山頭。

樂安昭定王朱奠堙在新建蓮花心。

石城恭靖王朱奠堵在南昌鄧家埠。

弋陽榮莊王朱奠壏在新建洪崖鄉。

寧康王朱覲鈞在新建潤溪。

宜春懷簡王朱覲鐏在新建梅嶺（《明一統志》）。

樂安溫隱王朱覲鎰在新建盤龍山。

石城端隱王朱覲鏑在南昌望水岡。

弋陽僖順王朱覲錄在新建永壽山。

鍾陵王朱覲錐在南昌牛尾閘。

建安簡定王朱覲鍊在新建雙嶺。

瑞昌榮安王朱覲鍚在新建官莊。

樂安靖莊王朱宸㵖在新建隆壽山。

石城安恪王朱宸浮在南昌鄧家埠。

弋陽莊僖王朱宸汭在新建永壽山。

端惠王朱拱檟在新建洪崖鄉。恭懿王朱多焜附焉（原跋）。

婁妃墓在新建德勝門外，新建上饒兩縣漕倉盈字廠下。乾隆辛未布政使彭家屏立碑誌之。

（卷一百一十）

二　（同治）《新建縣誌》

八大山人墓在縣西北三十里地名中莊。

鎮國中尉朱謀埠墓在桃花鄉龍潭。

王府儀賓孔景文墓在望城崗。

（卷六十九）

三　《江西出土墓誌選編》　陳柏泉

【注】墓誌銘文已收入墓主傳記。此處只錄碑誌有關說明。

寧獻王朱權壙志

按：〈寧王壙志〉，1 盒，蓋失。1958 年出土於新建縣。志高 91、寬 91 釐米。楷書。22 行，滿行 22 字。志周邊刻雲龍紋。志石藏江西省博物館。

【注】壙志銘文見後〈寧獻王朱權〉傳記史料。

新昌王朱磐烒妃葛氏壙志

按：〈新昌王妃葛氏壙志文〉，1 盒，1952 年出土於新建縣。志高 69.5、寬 69.5 釐米。楷書。13 行，滿行 15 字。志周邊刻卷草紋。志石藏江西省博物館。

又：獻王四子磐烒，號少仙。封新昌王，諡曰安僖。王妃孝陵衛指揮葛諱潭公女。明永樂己亥二月十五日巳時生。明景泰元年庚午二月二十三日未時薨。

【注】墓誌銘文見後傳記史料〈新昌王磐烒妃葛氏〉。

鎮國將軍朱觀鏂墓誌

按：〈大明故鎮國將軍墓誌〉，1 盒，1958 年出土於南昌

縣。志高 52、寬 52 釐米。楷書。16 行，滿行 18 字。志石藏江
西省博物館。

【注】墓誌銘文見後〈鎮國將軍朱覲鏋〉傳記史料。

樂安昭定王朱奠壘壙志

按：〈樂安昭定王壙志銘〉，1 盒，1988 年出土於新建縣。
志高 77、寬 75.4 釐米，楷書。25 行，滿行 26 字。志周邊刻雲
龍紋，志石藏江西省博物館。

【注】樂安昭定王壙志銘文見後〈鎮國將軍朱奠壘〉傳記史料。

樂安昭定王奠壘妃宋氏壙志

按：〈大明樂安王妃壙志〉，1 盒，1988 年出土於新建縣。
志高 70、寬 70 釐米。楷書。20 行，滿行 20 字。志周邊刻雲鳳
紋。志石藏江西省博物館。

【注】〈大明樂安王妃壙志〉，翰林院編修張元禎撰，成化十一
　　　年乙未十一月吉日書。見後〈樂安昭定王奠壘妃宋氏〉傳
　　　記史料。

樂安昭定王奠壘夫人錢氏墓誌

按：〈樂安昭定王夫人錢氏墓誌銘〉，1 盒，1952 年出土於
新建縣。志高 61、寬 61 釐米。楷書。18 行，滿行 18 字。志周
邊刻雲鳳紋。志石藏江西省博物館。

【注】〈樂安昭定王夫人錢氏墓誌〉，正德十二年閏十二月十四
　　　日婿徐涂鳳撰。見後〈樂安昭定王夫人錢氏〉傳記史料。

寧康王朱覲鈞壙志

按：〈大明寧康王壙志〉，1 盒，1952 年出土於新建縣，志

高 50、寬 50 釐米。楷書。16 行，滿行 20 字。志周邊刻雲龍紋。志石藏江西省博物館。

【注】〈大明寧康王壙志〉銘文見後〈寧康王朱覲鈞〉傳記史料。

寧康王次妃馮氏壙志

按：〈皇明寧康王次妃馮氏壙志〉，1 盒，1962 年出土於新建縣。志高 101，寬 101 釐米。楷書。17 行，滿行 16 字。志周邊刻雲龍紋。志石藏江西省博物館。

【注】〈皇明寧康王次妃馮氏壙志〉銘文見後〈寧康王次妃馮氏〉傳記史料。

宜春宣和王夫人劉氏墓誌

按：〈宜春宣和王鎮國將軍母劉氏墓誌銘〉，1 盒，1952 年出土於新建縣。志高 67，寬 64 釐米。楷書。14 行，滿行 12 字。志周邊刻雲鳳紋。志石藏江西省博物館。

【注】〈宜春宣和王鎮國將軍母劉氏墓誌〉銘文見後〈宜春宣和王鎮國將軍母劉氏〉傳記史料。

宜春康僖王朱宸澮壙志

按：〈宜春康僖王壙志文〉，1 盒，1988 年出土於新建縣。志高 65、寬 65.5 釐米。楷書。13 行，滿行 18 字。志周邊刻雲龍紋。志石藏江西省博物館。

【注】〈宜春康僖王壙志〉銘文。見後〈宜春康僖王朱宸澮〉傳記史料。

鎮國將軍朱覲釗墓誌銘

明故前鎮國將軍覲釗墓誌銘。

賜進士出身嘉議大夫廣西致政廉使臨江府新淦縣張良翰撰文。賜進士出身黃門刑科給事中臨江府新喻縣張文書丹。賜進士出身中順大夫臨江府知府浙江慈溪吳敘篆蓋。

按：〈明故前鎮國將軍覲釗墓誌銘〉，1 盒，1951 年出土於子南昌市。志高 52、寬 52 釐米。楷書。24 行，滿行 25 字。志周邊刻雲龍紋。志石藏江西省博物館。

【注】覲釗墓誌銘文見後〈寧康王朱覲釗〉傳記史料。

進賢縣主朱氏壙志銘

大明進賢縣主壙志銘。弘治癸亥冬孟諧封亞中大夫宗人府儀賓錢塘夏瑛書。

按：〈大明進賢縣主壙志銘〉，1 盒，1979 年出土於南昌市。志高 61，寬 61 釐米。楷書。25 行，滿行 24 字。志石藏江西省博物館。

【注】進賢縣主朱氏壙志銘文見後〈進賢縣主朱氏〉傳記史料。

儀賓中奉大夫李廷用墓誌銘

故中奉大夫李公墓志。

弘治十七年季冬月吉日，文林郎直隸寧國縣知縣同邑孫珔撰文。

按：〈故中奉大夫李公墓志〉，1 盒，1953 年出土於南昌市。志高 62、寬 62 釐米。楷書。26 行，滿行 25 字。志石藏江西省博物館。

【注】儀賓中奉大夫李廷用墓誌銘文見〈儀賓中奉大夫李廷用〉

傳記史料。

寧康王女菊潭郡主壙志

按：〈大明菊潭郡主壙志〉，1 盒，1953 年出土於南昌市。志高 60、寬 60 釐米。楷書。16 行，滿行 19 字。志周邊刻雲鳳紋。志石藏江西省博物館。

【注】寧康王女菊潭郡主墓誌銘文見後〈寧康王女菊潭郡主〉傳記史料。

閟鄉縣君壙志銘

大明閟鄉縣君壙志銘。

賜進士第通議大夫吏都左侍郎前翰林學士經筵日講官會典副總裁南昌張元禎撰文。賜進士第文林郎知山陰縣新建張元春書丹。賜進士第將仕郎行人司行人，南昌胡訓篆蓋。

按：〈大明閟鄉縣君壙志銘〉，1 盒，1983 年出土於南昌市。志高 58.5、寬 58.5 釐米。楷書。24 行，滿行 26 字。志石藏南昌市博物館。

【注】閟鄉縣君壙志銘文見後〈閟鄉縣君〉傳記史料。

奉國將軍朱宸㳕墓誌銘

寧藩宜春府奉國將軍墓誌。

賜進士出身欽升中議大夫贊治尹寧府長史司左長史眉山王用才撰文並書篆。

按：〈寧藩宜春府奉國將軍墓誌〉，1 盒，1952 年出土於新建縣。志高 58、寬 58 釐米。楷書。32 行，滿行 30 字。志周邊刻雲龍紋。志石藏江西省博物館。

【注】奉國將軍朱宸濚墓誌銘文見後〈奉國將軍朱宸濚〉傳記史
　　　料。

奉國將軍朱宸濚妻淑人劉氏墓銘

宜春王府奉國淑人墓誌銘。

賜進士嘉議大夫雲南布政使司左參政豫章熊達撰並書篆。嘉
靖十五年丙申閏十二月立春後四日立石。

按：〈宜春王府奉國淑人墓誌銘〉，1 盒，1952 年出土於新
建縣。志高 53、寬 53 釐米。楷書。23 行，滿行 26 字。志周邊
刻雲鳳紋。志石藏江西省博物館。

【注】奉國將軍朱宸濚妻淑人劉氏墓銘文見後〈奉國將軍朱宸濚
　　　妻淑人劉氏〉傳記史料。

莊僖王朱宸汭妻裘氏墓誌銘

明故弋陽莊僖王夫人裘氏墓誌銘。

南京國子生眷臣波陽吳琦撰文。賜進士第山東左布政使陳奎
書丹。賜進士及第翰林院修撰舒芬篆蓋。

按：〈明故弋陽莊僖王夫人裘氏墓誌銘〉，1 盒，1963 年出
土於新建縣。志高 53、寬 53 釐米。楷書。28 行，滿行 25 字。
志周邊刻雲鳳紋。志石藏江西省博物館。

【注】莊僖王朱宸汭妻裘氏墓誌銘文見後〈莊僖王朱宸汭妻裘
　　　氏〉傳記史料。

石城輔國將軍朱宸淌墓誌銘

明故石城輔國將軍墓誌銘。

輔國將軍宸江撰文。賜進士出身巡按廣東監察御史南昌縣熊

蘭書丹。賜進士及第翰林院左春坊進賢縣舒芬篆蓋。

　　按：〈明故石城輔國將軍墓誌銘〉，1 盒，1858 年出土於南昌縣。志高 68、寬 57 釐米。楷書。26 行，滿行 27 字。志周邊刻雲龍紋。志石藏江西省博物館。

【注】輔國將軍朱宸淌墓誌銘文見後〈輔國將軍朱宸淌〉傳記史料。

輔國將軍朱宸淌妻張氏墓銘

　　明故石城王府輔國夫人張氏墓誌銘。

　　賜進士出身南京兵部尚書南昌縣胡訓撰文。賜進士出身廣東按察司僉事涂相篆蓋。賜進士出身北京太僕寺寺丞李東光書丹。

　　按：〈明故石城王府輔國夫人張氏墓誌銘〉，1 盒，1958 年出土於南昌縣。志高 63、寬 63 釐米。楷書。24 行，滿行 27 字。志周邊刻雲鳳紋。志石藏江西省博物館。

【注】輔國將軍朱宸淌妻張氏墓誌銘文見後〈輔國將軍朱宸淌妻張氏〉傳記史料。

臨川王府朱奠坳壙志

　　按：〈明故臨川王府清隱道人壙志〉，1 盒，1989 年出土於南昌市。志高 55、寬 55 釐米。楷書。27 行，滿行 26 字。志周邊刻雲龍紋。志石藏江西省博物館。

【注】臨川王府清隱道人奠坳墓誌銘文見後〈朱奠坳〉傳記史料。

鎮國將軍朱宸濟妻謝氏墓銘

　　皇明瑞昌王府鎮國將軍夫人謝氏墓誌銘。

賜進士出身前翰林院庶吉士禮部祠祭司員外郎南昌張鰲撰
文。鄉貢士，廣東韶州府翁源縣知縣文林郎南昌傅雲書丹並篆
蓋。

按：〈皇明瑞昌王府鎮國將軍夫人謝氏墓誌銘〉，1 盒，
1986 年出土於南昌縣。志高 61、寬 61 釐米。楷書。24 行，滿
行 28 字。志周邊刻雲鳳紋。志石藏南昌縣博物館。

【注】鎮國將軍朱宸潛妻謝氏墓誌銘文見後〈鎮國將軍朱宸潛妻
謝氏〉傳記史料。

石城恭靖王府輔國將軍朱宸澤墓誌銘

石城恭靖王第七孫輔國將軍墓誌銘。

賜進士出身儒林郎翰林院編修豐城李璣撰。賜進士出身、廣
東布政使司左參政，前翰林院庶吉士南昌張鰲書。

按：〈石城恭靖王第七孫輔國將軍墓誌銘〉，1 盒，1952 年
出土於南昌縣。志高 46，寬 64 釐米，楷書。35 行，滿行 33
字。志周邊刻雲龍紋。志石藏江西省博物館。

【注】石城恭靖王府輔國將軍朱宸澤墓誌銘文見後〈輔國將軍朱
宸澤〉傳記史料。

石城輔國將軍朱宸澤妻張氏墓誌銘

石城輔國竹軒翁老夫人張氏墓誌銘。

賜進士第中順大夫北京大理寺卿前奉敕提督南畿學校御史南
昌胡植謹撰。賜進士及第承務郎翰林院修撰臨江張春謹書。嘉靖
三十六年歲次丁巳八月之吉立石。

按：〈石城輔國竹軒翁老夫人張氏墓誌銘〉，1 盒，1952 年
出土於南昌縣。志高 60，寬 58 釐米。楷書。28 行，滿行 50

字。志周邊刻雲鳳紋。志石藏江西省博物館。

【注】石城輔國將軍夫人張氏墓誌銘文見後〈石城輔國將軍夫人
　　　張氏〉傳記史料。

石城王府輔國將軍朱拱橡墓誌銘

石城王府輔國將軍精一君墓誌銘。

賜進士奉政大夫廣東按察司僉事前監察御史南昌涂相撰。賜
進士直隸寧國府宣城縣知縣南昌姜徼篆蓋。賜進士出身大理寺觀
政南昌張正蟆書丹。

按：〈石城王府輔國將軍精一君墓誌銘〉，1 盒，1952 年出
土於南昌縣。志高 62、寬 62 釐米。楷書。35 行，滿行 42 字。
志周邊刻雲龍紋。志石藏江西省博物館。

【注】石城王府輔國將軍朱拱橡墓誌銘全文見後〈輔國將軍朱拱
　　　橡〉傳記史料。

宜春懷簡王孫女黎城郡君朱氏墓誌銘

皇明宜春懷簡王孫女誥封黎城郡君江母墓誌銘。

制科鄉進士眷生楊汝允撰文。制科鄉進士眷侄張作書丹。鄉
貢士楚黃陂司訓、甥高尚樸篆蓋。

按：〈皇明宜春懷簡王孫女誥封黎城郡君江母墓誌銘〉，1
盒，1959 年出土於南昌市。志高 63，寬 63 釐米。楷書。31
行，滿行 39 字。志石藏江西省博物館。

【注】宜春懷簡王孫女黎城郡君江母墓誌銘文見後〈黎城郡君江
　　　母〉傳記史料。

端簡王朱拱欏妃江氏壙志

皇明寧獻王五世孫奉敕管理府事樂安端簡王妃壙志文。

翰林院撰祭文冊壙志文。工部造銘旌。行布政司委南昌府通判蔣仲梧督理造葬，委南昌府陰陽正術胡一楠，同陰陽生胥，饒禮等，擇地造陵。

按：〈端簡王妃江氏壙志〉，1 盒，1952 年出土於新建縣。志高 58、寬 58 釐米。楷書。25 行，滿行 31 字。志周邊刻雲鳳紋。志石藏江西省博物館。

【注】端簡王拱欏妃江氏壙志銘文見後〈端簡王拱欏妃江氏〉傳記史料。

閣鄉縣君壙志銘

宜春輔國將軍覲鑡女閣鄉縣君壙志銘。

賜進士第，通議大夫、吏都左侍郎、前翰林學士、經筵日講官，會典副總裁、南昌張元禎撰文。賜進士第文林郎知山陰縣新建張元春書丹。賜進士第將仕郎行人司行人南昌胡訓篆蓋。

按：〈大明閣鄉縣君壙志銘〉，1 盒，1983 年出土於南昌市。志高 58.5、寬 58.5 釐米。楷書。24 行，滿：行 26 字。志石藏南昌市博物館。

【注】閣鄉縣君壙志銘文見後〈閣鄉縣君〉傳記史料。

輔國將軍朱拱棟墓誌銘

皇明瑞昌輔國將軍梅石公墓誌銘。

賜進士第通奉大夫陝西布政司左布政使南昌劉曰材撰文。賜進士第大中大夫山西行太僕寺卿同邑余朝卿書篆。

按：〈皇明瑞昌輔國將軍梅石公墓誌銘〉，1 盒，1984 年出

土於南昌縣。志高 66、寬 68 釐米。楷書。34 行，滿行 44 字。志周邊刻雲龍紋。志石藏南昌縣博物館。

【注】墓誌銘文見後〈輔國將軍朱拱樻〉傳記史料。

鎮國將軍朱拱柡夫人劉氏壙志銘

皇明弋陽莊僖王媳鎮國將軍劉夫人氏壙志銘。

玄符山人吉水族叔劉子武撰文。賜進士及第詹事府右春坊右中允管國子監司業事前翰林院編修吉水族弟劉應秋篆蓋。賜進士出身山西布政使司左布政使南昌眷晚生徐作書丹。

按：〈皇明弋陽莊僖王媳鎮國將軍劉夫人壙志銘〉，1 盒，1984 年出土於新建縣。志高 67，寬 67.5 釐米。楷書。40 行，滿行 45 字。志周邊刻雲龍紋。志石藏江西省博物館。

【注】鎮國將軍朱拱柡夫人劉氏壙志銘文見後〈鎮國將軍朱拱柡夫人劉氏〉傳記史料。

奉國將軍朱多炡暨妻陳氏墓銘

賜進士第忠順大夫雲南姚安知府前禮部郎中南昌楊汝允撰文。賜進士第奉政大夫南京禮部祠祭司郎中南昌楊汝輔篆蓋。賜進士第奉直大夫刑部河南清吏司員外郎新建方來崇書丹。

按：〈明故石城艮齋偕原配陳淑人墓誌銘〉，1 盒，1973 年出土於新建縣。志石出土後散失。志高 62、寬 62 釐米。楷書。36 行，滿行 41 字。志周邊刻雲龍紋。志尾署「陳斌刻」。

【注】奉國將軍朱多炡暨妻陳氏墓銘文見後〈奉國將軍朱多炡〉傳記史料。

四　《江西明代藩王墓》

寧惠王朱磐烑墓

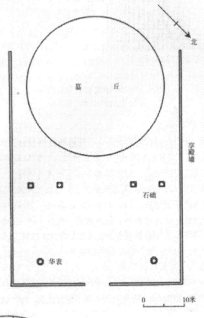

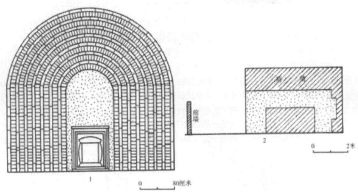

樂安昭定王朱奠壘暨妃宋氏合葬墓

1987 年 2 月 28 日晚，江西新建縣望城鄉龍蟠山蓮花心花坑山上有一座大型古墓被盜，文物部門聞訊後，立即派人前往現場調查。調查中發現該墓封土堆有 3.60 米高，墓後有高大山丘，墓前是 2.50 米高的陡坡，陡坡前有一約 2000 平方米的開闊平地。

從現場觀察，盜墓者從該墓封土堆頂中心位置挖一豎穴進入墓中。券拱石頂厚 1.05 米，墓頂距地表深 4.20 米。隨葬品、棺臺、壁龕、鋪地磚等全被破壞。江西省文物考古研究所與新建縣博物館聯合進行了搶救清理，工作歷經 16 天，於 3 月 23 日結束。發掘開挖雨道的探溝時，在封土坡下 0.40 米處發現一道青磚牆，此牆為單磚平鋪五層 0.45 米高，作為擋土的金剛牆，牆下為原生土，向墓室方向傾斜，一直延伸至前門石門檻處，作為供靈車進墓室的甬道，雨道長 7.15，寬 2.65 米。清理甬道底部時，在墓門前 2 米處的同一水平地面上發現左右兩側平置壙志 1 副，四邊用青磚圍繞，面上用青磚平鋪，兩志石中間相隔 0.85 米，在壙志前 1 米處的甬道中央還發現燒紙灰跡。

墓室用長方形紅石和素面青磚砌成無梁式券拱地宮，由甬道、前室、後室構成，坐北朝南。基門外左右各有一道用青磚單面平砌呈八字形的護牆，其高與拱門齊，長各 1.65 米，兩牆間又砌有 0.65 米厚的封門窗，以擋住插板石門。券拱門寬 1.8、高 2.32、深 0.85 米，拱門前有一道紅石門檻，門檻石兩端各豎立一槽溝石柱，作為前門青石板橫插在槽溝內，兩塊青石板各長 2.20、寬 1.05、厚 0.12 米，插入槽溝內與拱門頂相齊，在立柱與插板門頂上再壓以千斤石，壓石長 3.10、寬和厚各 0.50 米。前

拱頂厚 1.99 米，用青磚一層側豎一層平鋪相間砌法，共 13 層。門內為前室，寬 3.49、高 3.27、深 5.37 米。前室之後為二道門，為雙扇樞軸式，用大青石板 2 塊製成，表面磨光，門上各有鐵制鋪首銜環，石門高 2.21、寬 0.95、厚 0.01 米。二道門後為後室，寬 5.35、高 4.13、深 7.95 米，室內棺臺長 2.78、寬 3.05、高 0.33 來，棺臺四邊用長方紅石砌成，並雕造成須彌臺座形，棺臺用三合土築成，後室左右牆壁上各有一圓拱形壁龕，寬 0.63、高 0.79、深 0.99 米，龕底距地面 0.73 米，後牆壁正中距地 0.99 米處也有一拱形壁龕，寬 1.07、高 1.21、深 0.81 米。全墓自金剛牆邊甬道至後室後牆邊共長 19.83 米，各間俱為拱形券頂，基牆腰下用長 0.55、寬和厚各 0.25 米的紅石，腰牆以上用長 0.42、寬 0.21、厚 0.09 米的青磚砌成，前後室各部表面光潔。

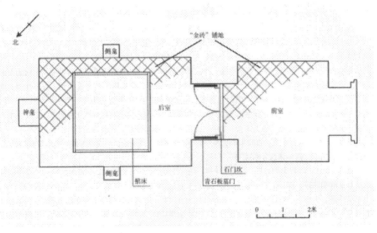

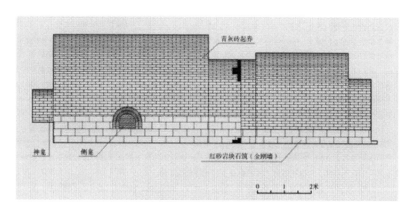

樂安輔國將軍夫人盧氏墓

　　該墓用石灰、糯米、砂土築壙，牆磚已取走。墓前端有巨大石座一塊，石座上碑石（神道碑）早年毀去，壙掘後復用土填平。

寧康王朱覲鈞及妃徐氏合葬墓

　　朱覲鈞墓位於潤溪羅村祠堂後土阜正中。妃徐氏墓位於阜右側邊緣。兩墓磚石已全部掘去，壙室亦為泥土。

　　據當地農民所說，朱覲鈞墓「壙室為圓拱式，單室，為七層豎磚間七層平磚砌成，高約 3.67、內寬 3.92、內長 5.6 米，其間用灰砂和糯米飯築實，用青石板蓋住磚牆，內置厚 6.6 釐米木槨，槨中為棺。距壙穴 3.3 米之前有一金剛牆，牆厚 28.4 釐米，高度不明。」考古調查人員在羅氏祠堂見到青石板、木槨板、木棺殘塊，並囑村民妥善保管。

　　妃徐氏基構造亦如覲鈞墓，但比較簡單。據農民云：「拱形墓係用五層磚砌成，灰砂和糯米飯築壙室。因位於土阜邊緣，早已露出土外。」木棺掘出後，將牆磚取盡，復將棺納入土壙中，

並用土填平。

寧康王次妃馮氏墓

　　1962 年 6 至 7 月間，江西省博物館考古隊在南昌市郊梅嶺山麓（明代又稱梅嶺青崗）清理了兩座大型明墓，墓號編為南梅 MI、M2。兩座墓均已被盜，除墓門已掘露於地表外，還有盜洞。

　　南梅 MI，東距 M2 約 2500 米，墓向 130°。基長 9.64、高 4.6 米。後室有三個壁龕。因被盜清理時未獲遺物，僅在墓門外積土中發現一鎏金銅飾。

　　南梅 M2，位於一山坡上，基向 112°。上有兩個盜洞。此墓墓壁用長 40、寬 20、厚 11 釐米青磚縱橫疊砌而成。墓頂為券拱式。門外用磚築一道金剛牆，牆內用兩塊厚 10 釐米的青色板岩橫插封門，頂部壓一塊「千斤石」，緊接著又有一道青石板岩門，外上鎖，內用「自來石」頂住。第二道門也是厚 10 釐米的青石板岩門，外加鎖，內亦用「自來石」頂住（已被破壞）。墓分前後兩室，前室較小，無壁龕；後室寬大，中砌一長方形棺臺，高 1 米。在棺臺前端砌一四方形磚函，高 0.75、寬 1.35 米。壙志即置於磚函內，上用青石板壓住。此外還設 5 個壁龕（左右兩壁各 2 個，後壁 1 個），高出墓底 0.50 米。墓室全長 15.27 米。前室長 6.75、寬 3.05、高 3.35 米；後室長 8.52、寬 3.09、高 4.2 米。

奉國將軍朱宸涪偕淑人陳氏次室恭人張氏合葬墓

　　墓室長 3、寬 4 米，底距券頂 2.38 米，墓室覆頂三合土厚 30 釐米，墓磚長 26、寬 14、厚 6 釐米。三棺放置向東偏，三棺

間隙均用 40 釐米厚的三合土填充。兩側棺床頭部距墓壁 60 釐米，中間棺室頭部因盜洞而擾亂，故未作清理，但從遺跡觀察，中間棺床的位置較兩側棺床略前，兩側木棺俱已朽，殘留少許木屑。從兩側棺室四壁及上部三合土尚存棺漆斑痕和粘嵌在兩邊壁中的傘帽形帶環棺釘，得知兩側木棺規格相同，均長 2 米，頭部寬 0.8、高 1 米，腳部寬 0.6、高 0.8 米。棺中遺物除右側尚存部分屍骨、頭顱、牙床外，餘皆腐爛無存。

從出土墓誌和安葬形制分析，中間向前葬位處應為墓主朱宸涪，兩側是朱氏嫡娶淑人陳氏和庶娶恭人張氏。

奉國將軍葉山主人妣淑人劉氏曁妣太恭人萬氏合葬墓

該墓於 1952 年 2 月下旬被新建縣第八區青城鄉三聯村農民掘磚興修水閘損壞，村民 80 餘人花費 10 餘天在朱家嘴山掘開墓葬（包括搬運磚石在內）。

據同年 6 月 17 日考古調查資料，該墓原有二壙穴，早年曾被人盜掘。左側墓係用 7 層青灰磚砌成，牆底為石砌，石磚已全部掘去，泥土倒入壙中。右側墓係用 10 層磚（5 豎 5 平）砌成，兩墓並列，相距約 2 米，該墓編號為 2 號，前室長 3.8、寬 2.8 米，前後室相交的券門長 90 釐米，後室長 4.3、寬 3.2 米。前室窄於後室 40 釐米。整墓平面呈微凸形。

皇明管理府弋陽端惠王次妃孫氏墓

該墓位於新建縣第八區青城鄉四聯程村側郭坊永隆山。由於墓葬早年被盜掘，1952 年 2 月 28 日在原墓基的禾場，由於豬牛踐踏，墓誌銘現出，於是村民 30 餘人用兩天時間將墓掘盡。

據同年 6 月 17 日考古調查資料，該墓位於程村永聲邊緣，

農民掘出棺木後，復用土填平。故壙形大小不明，僅有棺木屑少許殘存墓外。

瑞昌榮安王鎮國將軍松鶴主人暨夫人合葬墓

該墓位於雷家山山麓，發掘工程甚大。享堂、墓道已全部拆毀，壙室頂有抗日時的盜洞。現四壁尚有保存，以七層青灰磚砌成。壙室門並有石柱兩根、橫樑一根。

墓向為東西正向。從殘存痕跡判斷，分前後二室，前室砌磚已無存，後室墓牆及門尚存。前室內寬 3.8、長 4.3 米，略窄於後室，墓的平面微凸字形，前後室相交的墓門見兩凹形嵌門石軸，兩扇石門寬 1.6 米，維護石門的券牆長寬各 1.1 米。後室長 4.3、寬 4.2 米，最前端有一寬約 1.2 米的壁龕，左右亦有寬 75 釐米的壁龕。

五　《江城名跡記續補三種》

（清）涂蘭玉、楊兆崧、楊樹梅

婁賢妃墓

在德勝門外隆興觀塘，新建、上饒兩漕倉間。

彭家屏〈婁賢妃墓碑〉：前明寧庶人宸濠婁賢妃墓在此。妃為上饒婁諒女。當宸濠萌逆志時，妃曾作詩以諷之，且力諍，不聽，卒至殄滅，乃自沉以殉。邦人欽其賢且烈也，為具厚殮葬於此。二百年來無有志者。余廉得之，遣吏往查視，封翳久廢，僅餘碑趺埋沙泥中。至轉徙湮沒之故，妃家後裔易姓鍾氏，居沙井者，尚能言之。特為刻石表其處，使人知巾幗流芳，雖骨朽後，其生氣且與江聲同浩浩矣。墓在上饒、新建兩倉中間，盈字廠之後。

伍魁孝〈婁妃墓記〉：地屬德勝門外，上、新二倉中間，有前方伯彭憲碑，題曰「前明寧庶人宸濠婁妃墓在此」，附碑者舊座石一片。其地久為民占，屋舍鄰比，無從識其墓處。乾隆丙申夏，五署方伯驛憲吳甫下車，往訪其墓，第見封鬣全湮，頹垣破屋間，一片石而已。慨息久之，因捐廉俸給居民遷費，令別擇官地處之。辟地築塋，煥然一新。舊石與彭公碑豎塋後，前立新碑，題以「賢妃之墓」四字。周圍完葺，垣牆前建一坊，坊有榜，臨於江滸。過其地者，咸穆然而欽為賢妃之墓也。吁，青塚數尺，河草添新，生氣鬱然，終古不朽，誠我吳憲表章節烈之至意云。

又〈婁賢妃墓香洞記〉：古千百年後表異於世者，不獨偉男子，雖賢婦女亦然。蓋其正氣抑鬱於當時，閱歲月而馨香愈著，人詫為鬼為神，捷禍福於影響，詎知正正邪邪，原有至理，氣之屈伸隨焉，而人之感召彰焉。婁賢妃以弱質而挽桀驁，弗濟，盡節於江，瘞玉於新建、上饒兩倉之間，墓久蔽，居民鮮有知者。乾隆丙寅，大方伯彭青原先生遍訪得之，方廣購復數丈，封土立石，阡表其處，而前後廬舍猶屬民，未久而侵佔湮沒仍故。歲乙未，予宰是邑，展謁遺邱，路僅容足，紆曲而進民房始得達，至則惟余彭方伯手勒豐碑並豚柵雞塒而已，不識馬鬣何在。詢居民，咸指柵廡下為妃墓，土微起，上有小孔，方廣二寸許，視之黝然而黑。居民曰：是孔也，恒出異香，一歲凡數四，觸之恒病無間，戶無寧人。予聞之曰：「噫，是氣也，氣充與日月爭光，氣餒則官骸莫朽，況爾輩蹂躪至此，有不上干天譴者乎？曷徙諸？」民曰：奈貧何。予為心惻久之，計籌兩安，而未有得。適漢陽吳燾堂先生觀察西江，視總藩篆。先生以賢妃基詢，因得備

陳顛末，隨侍往驗，一如予言。先生於是捐俸三十金，首給傍墓數椽為遷移費，已為培小阜識之，是數百年後，逼處者計去五之一，而屹峙者猶存五之四。予顧之而心弗自止，遂捐俸餘，摒擋價值，盡其屋而有之，且助構屋於他所，俾居遷而獲安焉。自是屋撤而地形畢露，直長五丈六尺，橫廣三丈六尺有差，東南北三界兩倉牆，西界本基礎而面江。平其地，堅其岸，築其孔，高其塚，正其碑，禦以巨垣，新以坊表，煥如曠如，西山之屏障，南浦之襟帶，不俟假借，群然來會。士大夫憑而吊之者曰：「抔土也，彭方伯肇端於前，吳方伯克繩於繼，伍邑侯圖成於中，妃可千百世常伸矣。嗚呼，邑有潛德幽光，不能闡揚，又不能保守，其故兆令之責也。」予應之曰：「聊盡吾誠，不獲罪於人鬼，幸耳，奚德為？」雖然，事起於因，功兼乎創，不覼縷記之，則無以信今而傳後，且疑氣之鬱而為香者，並疑為鬼為神，舍正氣而不知所求矣，悲夫！事竣，礱石記此，後之吊賢妃而核香洞者，請拂拭苔蘚，三復斯記，庶氣得養而鬼神不感云。

（卷二）

玖　交遊

一　朱氏族裔與詩人結社交遊

《明史·王世貞傳》

「續五子」則陽曲王道行、東明石星、從化黎民表、南昌朱多煃、常熟趙用賢也。

（卷二百八十七）

《明詩紀事》　（清）陳田

田按：用晦因南昌余曰德入七子之社。王元美作〈續五子詩〉，用晦與焉。宗良、貞吉得交元美，自用晦始。元美所謂豫章諸王孫，賴足下先驅，異時風流，不減鄴下也。

（甲簽卷二下）

《筆精》　（明）徐𤍞

國朝宗藩之詩，寧府為盛。諸王孫以詩鳴者多炡、多熿其著者也。清初朱彝尊稱南昌宗室參加詩社活動，為一時之盛。

《靜志居詩話》　（清）朱彝尊

南昌郭外有龍光寺，萬曆乙卯二月，豫章詩人結社於斯，宗子與者十人，知白朱多煝之外，則宜春王孫謀劃文翰，瑞昌王孫謀雅彥叔，石城王孫謀㙔鬱儀，謀圭禹錫，謀瑺誠父，謀堡藩甫，謀墾辟疆，建安王孫謀鷇更生，謀垔禹卿，謀劃輯其詩曰《龍光社草》。

《南昌文徵》　（民國）魏元曠

明萬曆時人羅治為朱謀𡎺（1553-?）所撰〈朱君美詩集序〉說：以不佞而觀今天下諸侯王子詞賦，莫勝吾豫章。自余燥發時所善諸王孫，十殆二三。

〈梅公司馬枉訪江村賦詩見贈奉答二首 公以午節歸里為遠山朱夫人稱壽故次首及焉〉

（明）錢謙益

豹尾追遊四十春，銅駝金馬總成塵。
誰憐短髮今宵客？還是長安舊雨人。

門第何須問豚犬？衰殘無復畫麒麟。
荒村剪燭渾如夢，贏得天涯白首新。

石榴花繚柳縼絲，暈碧裁紅燕喜時。
五日宮中長命縷，數峰江上遠山眉。
含桃寫似珠純色，萱子描如翠黛姿。
聞道麻姑約相過，餘粳媼擬助天釃。

（《谷村仰承集》卷之九）

【注】梅公，朱中楣丈夫李元鼎，字吉甫，號梅翁，官至光祿寺卿，工詩歌。

二　朱氏族裔與戲劇家湯顯祖等文人的交遊

〈平昌懷餘生棐中州並懷朱用晦〉　　（明）湯顯祖

池上久蕭索，邐江通竹門。
刺促浮名子，風塵誰見奔。
恍兮中有精，妙者竟何論。
環轍聖所失，端居凡所存。
如竹隱深竹，靜默無世喧。
寒色亦已遠，雅意在丹元。
斗西故王孫，逝者悲靈根。
傳君適嵩嶽，留為笙鶴言。

（《湯顯祖詩文集》卷十三　以下湯詩同此）

【注】用晦，瑞昌王府奉國將軍朱多煃字。

〈上巳前一日永寧寺同莆中藍翰卿宗侯鬱儀孔陽孝廉鄧太素〉

發春如有期，扁舟一遊此。

孤生寡儔寓，禪寂傍棲止。

何意風雨稠，坐見春華駛。

殿含鐘磬濕，戶漬琴書委。

不言良已深，覷蹊遲桃李。

所思猶未遠，搴洲泥蘭芷。

同聲百年內，朱門二三子。

零落在茲辰，留連及芳齒。

念往夕無寐，欣來動有以。

交新謝輪鞅，道舊延簪履。

松門留一晤，海客談千里。

未覺風雅頹，乍擘衣裳起。

高花動寒色，木蘭漾清美。

開軒邈誰似，遠道嗟何已。

物感陰晴候，人疑盛衰理。

龍沙往猶滯，簫峰上難擬。

且就聲聞醉，將妨語言綺。

秉蘭希茂樹，泛羽慳流水。

所幸無俗物，吳謳稍清耳。

蕭條隨曲終，局促非願始。

上巳即晨遊，明湖恣清泚。

【注】鬱儀，鎮國中尉朱謀㙔字。孔陽，朱多炤字。

〈丁未上巳，同丁右武參知王孫孔陽鬱儀圖南侍張師相
杏花樓小集莆中藍翰卿適至，分韻得樓字〉

杏爾下春水，陶然寄扁舟。

章門期舊好，鸞岡恣冥搜。

西山委層陰，湛彼長江流。

時陽眷方美，條風燄已遒。

蘇蘇楊柳津，旖旎鶯燕柔。

客行殊未央，端居常有憂。

有客青蘭軒，歸心能見留？

簪裾藉朝宰，履舄延宗侯。

飛觴指明湖，解帶臨高樓。

東西坐忘偶，方員環庶羞。

坐久海色動，甫中人見求。

言同千里心，豁此三春眸。

安知風雨夕，翻為桃杏秋。

開窗吐飛雲，竹樹鳴颼颼。

深闈自多響，眺聽此樓幽。

夕物歸餘清，青華彌道周。

江山豈常目？歡悲難豫謀。

且乘燈燭光，追隨良夜遊。

興懷永和作，銷心河洛謳。

祓潔竟何與，蘭言差獻酬。

【注】圖南，鎮國中尉朱謀㙔號。孔陽、鬱儀見上。張師相，張
　　　位。杏花樓當時為張位別業。

〈上巳杏花樓小集二首〉

茂林修竹美南州，相國宗侯集勝遊。

大好年光與湖色，一尊風雨杏花樓。

花枝湖灩潄如紅，上巳尊開雨和風。

坐對亭皋復將息，客心銷在杏樓中。

【注】時在萬曆三十五年上巳。相國，張位。宗侯，見上。

（同上）

〈鬱儀從龍寄示褉詩懷舊張丁二公作二首〉

王孫選客稱清歡，羽爵成詩遠寄看。

折取杏花樓畔醉，殢人愁緒祓除難。

風物長宜章水濱，重逢癸丑莫之春。

詩成欲序蘭亭恨，相國參知是昔人。

【注】作於萬曆二十六年距之作〈平昌懷余生棐中州並懷朱用
晦〉二十餘年。）

〈滄臺祠下別翰卿有懷余德父用晦王孫〉

偶乘桃花源，泛此章門水。

泥泥風雨生，浥浥芳華委。

上巳長林臥，寒食青煙起。

淒涼江楚路，留連二三子。

王孫良可游，交情及生死。

遠意夕陽外，素靄寒花裡。

翰卿莆中來，風儀三千里。

含情瀟湘素，候氣關門紫。

追趨苦言別，興屬詎能已。

我心窅河漢，世路聊復爾。

有適動惆悵，欲贈殊倚徙。

　　　　鵠鶴下燕沒，青禽喋花蕊。

　　　　矯首澹臺祠，空傷昔人美。

【注】德父，余日德，字德甫。南昌人，嘉靖庚戌進士，官至福
　　　建按察司副使。與魏裳、汪道昆、張佳允、張九一為「嘉
　　　靖後五子」。用晦，奉國將軍朱多熿。澹臺祠：在南昌城
　　　內，祀春秋魯澹臺子羽。祠額曰友教堂，宋轉運副使程大
　　　昌創建。堂背即澹臺子羽墓。

〈過貞湖王孫問疾〉

　　　　帝子閣中寧獻王，神仙開國多文章。

　　　　龍孫斗西實宗老，一時貞吉還宗良。

　　　　宗良一生稱長者，古色峨峨澹瀟灑。

　　　　朝論幾回擇宗正，名流是處酬風雅。

　　　　時數年中餘一人，七十老翁餘半身。

　　　　尚有天機出文賦，深堂見客隨車輪。

　　　　三年別君常忽忽，視日相看怕蕪沒。

　　　　後來作者知何人，世亦不復貴此物。

　　　　我來雨雪病經旬，久矣相望世外春。

　　　　偶欲向君舒一笑，會見龍沙出勝人。

【注】貞湖，朱多熿。時已病，半身不遂。

〈同孔陽宗侯陳伯達陳仲容小飲閑雲樓〉

　　　　子墨掀書氣若芸，我朱清酒笑為群。

　　　　江鷗浪蹙臨樓淨，風燕廉斜覺坐曛。

　　　　遠磬一聲分暝色，暮帆千里帶晴雲。

　　　　扁舟欲濟何年事，領取閑情問相君。

【注】孔陽，多炤字。

〈建安王夜宴即事二首〉　　（明）湯顯祖

龍沙正自擁名藩，秀骨凌霄帝子孫。
淥水宜人秋澹淡，小山何客暮攀翻。
衣簪翠拂長眉舞，犀玉杯深古色存。
似是建安逢七子，盈盈飛蓋舊西園。

偶隨高勝接華軒，花動名園客思繁。
玉斗夜傾珠斗近，袞衣遙覺布衣尊。
征歌一一從南楚，守器累累奉北藩。
巧笑舊沾詞客醉，博山通曉奉餘溫。

【注】此建安王為朱多㸒。下同。

〈奉別建安王〉

盡日王門醉小伶，碧窗秋繞露泠泠。
徊塘漫接清華館，巧石懸開乳翠亭。
坐末相如雲氣遠，登高宋玉暮山青。
猶聞道術生毛羽，玉女同看第幾星。

〈建安曲池夜歸醉和〉

梁園春物藹餘暉，繞徑春歸客未歸。
粉黛笑侵圖畫色，殿堂光發舞人衣。
星槎暗逐樓臺轉，簾影晴隨風雨飛。
殘燭臥深清露曉，蒲萄香夢醉霏微。

【注】曲池：建安王府園中一景。

〈春槎晚泛同吳門李賓侯章門宗侯霞埜館作〉

偶從鬈禊到江關，竟日移尊未擬還。

風物並高吳楚外，羅衣初試雨晴間。

青波泛月寧辭夜，白髮禁春好是閑。

極目興亡成一醉，古來鸞鶴在西山。

〈圖南邀宴其先公瀑泉舊隱偶作〉

佳期長是說參差，江楚風流自一時。

幽意動尋叢桂隱，高情傳唱《牡丹》詞。

澹臺門北秋生蚤，蜆子湖西月上遲。

爛醉長松深夜語，瀑泉風雨到寒枝。

【注】圖南，多炡長子謀㙔。瀑泉，多炡號。《牡丹》，湯顯祖
　　　著名傳奇《牡丹亭》。時由建安王府藝人演唱。

〈夕佳樓留別海岳太素圖南叔虞得八齊〉

平楚開尊睥睨齊，倚樓晴覺雁飛低。

三秋采菊人難見，九月登高客自淒。

南浦棹歌來漢女，夕陽山氣似虹霓。

臨歧躑躅沙城事，無限風光卻向西。

〈同相國為嘿庵王孫壽〉

簫史簫峰拂紫煙，六旬六月起初筵。

心將一嘿觀玄秘，坐擁高談發後賢。

朱戶雅兼歌雪泛，青黎光並相星懸。

江西亦有淮南操，長被熏風仰帝弦。

〈建安王馳貺薔薇露天池茗卻謝四首〉

朱邸晴窗散綺塵，百花爭發小陽春。
青罍舶上薔薇露，白鑷山中憔悴人。

薔薇花繞動宮牆，飛蓋離離惹夢長。
忽報芙蓉池上客，海風吹送露華香。

已過西峰白露滋，天池寒色映青瓷。
梁王憶得相如渴，正是幽蘭醉雪時。

天池十月應霜華，玉茗生煙吐石花。
便作王侯何所慕，吾家真有建安茶。

〈口占奉期建安三月三二首〉

洞浦吹簫興與留，幾攀高駕東南州。
禁春羽爵應無算，但借賢王曲水流。

排比新聲接舊歡，重門初燕語春寒。
心知日暮能留客，明月西園是建安。

〈重過用晦王孫斗西春院作〉

求仙愛戴竹皮冠，北斗西飛草樹漫。
惟有殘叢舊詩卷，銅盤收淚月清寒。

【注】斗西，用晦號。寧王府內有陽春書院。見陳宏緒《江城名
跡》。

〈諷瀑泉王孫四遊詩〉

好詩清淺世人留，廬嶽歸來即倦遊。

石架題名煙月裡，海風吹盡瀑泉秋。

【注】《四遊詩》，貞吉遊歷四方所作詩歌集。

〈沉角寄宗良王孫王孫肢節並廢而韻思轉清〉

好逐王孫桂苑風，水盤煙爐博山紅。

由來一葉天香傳，總在枯心斷節中。

〈王孫家踏歌偶同黃太次時粵姬初唱夜難禁之曲四首〉

珊瑚海上玉如林，豫章門前風露深。

動是醉眠江月曉，不應傳唱夜難禁。

西山雲氣晚來多，偶爾相逢人踏歌。

峨珂大艑載卿去，如此秋光愁奈何。

不須重上泛湖船，碧玉王家小洞天。

上客何來看歌舞，暮妝微雨最宜憐。

高堂留客正黃昏，疊鼓初飛雲出門。

但是看人隨喝采，支分不許妒王孫。

《江西通志》

張孝秀，字文逸，南陽人。初入匡山修行學道。服闋，建安
王召為別駕。

（卷四十二）

三　建安王與利瑪竇

《交友論·引》　（意大利）利瑪竇

竇也，自大西航海入中華，仰大明天子之文德，古先王之遺

教，卜室嶺表，星霜亦屢易矣。今年春時，度嶺浮江，抵於金陵。觀上國之光，沾沾自喜，以為庶幾不負此遊也。遠覽未周，返棹至豫章，停舟南浦。縱目西山，玩奇挹秀，計此地為至人淵藪也。低回留之不能去。遂捨舟就舍，因而赴見建安王。荷不鄙，許之以長揖，賓序設禮歡甚。王乃移席握手而言曰：「凡有德行之君子，辱臨吾地，未嘗不請而友且敬之。西邦為道義之邦，願聞其論友道何如？」賓退而從述囊少所聞，集成《友道》一帙，敬陳於左：吾友非他，即我之半，乃第二我也。故當視友如己焉。

【注】利瑪竇 1552-1610。意大利耶穌會傳教士。萬曆二十三年至二十五年在南昌傳教。考此文中之建安王當為朱多㸒。

《江城舊事》　　（清）朱樂

《欽定四庫全書總目》：「《交友論》一卷，明利瑪竇撰。萬曆己亥，利瑪竇遊南昌，與建安王論友道，因著是編以獻。其言不甚荒悖，然多為利害。而言醇駁參半，如云『友者過譽之害，大於讎者過訾之害』，此中理者也。又云『多有密友，便無密友』，此洞悉物情者也。至云『視其人之友如林，則知其德之盛；視其人之友落落如晨星，則知其德之薄』，是導天下以濫交矣。又云『二人為友，不應一富一貧』，是止知有通財之義，而不知古禮。惟小功同財，不概諸朋友。一相友而即同，則是使富者愛無差等，而貧者且以利合，又豈中庸之道乎？王肯堂《鬱岡齋筆塵》曰：『利君遺余《交友論》一編，有味哉其言之也。使其素熟於中土，語言文字當不止是。乃稍刪潤，著於篇。』則此書為肯堂所點竄矣。」

（卷十一）

《利瑪竇中國札記》　　（意）利瑪竇　　（法）金尼閣整理
第十二章　皇家的親屬

　　在這座南昌省城，有很多人是金枝玉葉，他們把自己的先世追溯到遠古。其中有兩個人特別保持皇室的稱號和尊貴。我們在前面已談過他們。且不說那些較低級的，這兩個人毫不遲疑地要跟外國人交朋友。其中一個叫作建安（Chiengan）王，另一個叫作樂安（Longan）王①。沒有任何人，哪怕是當官的，配得上這兩人中任何一個的拜訪，然而他們都派了管家帶著重禮去邀利瑪竇神父到他們的宮裡去。這是真正的王宮，論規模和建築，論園林的設計和美觀，都稱得上富麗堂皇，而且有著王室僕從和設備。

　　建安王首先發出邀請，他的接待更為動人，那是在宮殿②內舉行的，主人穿著全副王袍，頭戴王冠，先請客人坐下。再按習慣請喝茶，以表示他們的友情和禮貌。這種風俗前面已描述過，所以這裡就略而不談，免得打斷我們敘述的過程。客人先獻禮，禮品中有中國人所珍視的歐洲物品。其中有一座臥鐘，是按他們的計時法制作的，在黑色中國大理石上刻出的黃道帶。這只鐘還指示日出和日沒的時刻、每月晝夜的長短。時辰還刻在每個月的開始和中間。我們提到開始和中間，因為中國人把黃道帶計為二十四宮。這份禮物受到極大的讚美。以前在中國還從沒見過這樣的東西；他們所知的唯一測時數學器械，還是根據赤道命名的，而且這種器械他們無法精確使用，除非是在緯線三十六度的高處。他也送給主人一個天球儀，標有天軌，另外還有地球儀、小

塑像、玻璃器皿以及其他這類歐洲產品。但這並沒有使建安王相形遜色。他的慷慨確實勝過神父：贈禮有絲料，各種重量的銀器，豐富的食品。贈送時還有必要的排場和王室的禮儀。建安王接收的禮物中，最使他高興的莫如兩部按歐洲樣式裝訂、用日本紙張印刷的書籍。紙很薄，但極堅韌，確實到了很難說哪部質量更好的地步。其中一部書附有幾幅地圖，九幅天體軌道圖，四種元素的組合，數學演示以及對所有圖畫的中文解說。

第二部書是用中文寫成的論友誼的短文③，其中也像西塞羅（Cicero）在他的《萊里烏斯》（Lelius）中一樣，是皇帝向利瑪竇神父詢問了歐洲人對友誼的看法。在這篇並不太長的對話裡，作者從哲學家、教父和其他公認的作家那裡收集了在我們自己文獻中所找不到的有關這個題目的材料。這本書至今仍為人們閱讀和稱羨，並受到讀過它的人的推薦。因為是用歐洲和中國兩種文字寫成，所以它更加風行。就在它付印後不久，贛州有一位知縣完全用中文把它加以重印，流傳於各省，包括北京和浙江。它到處受到知識階層的贊許，並往往被權威作家在其他著述中引用。事實上，在一個短得可驚的時期之內，這部書被當作標準讀物為人們所接受。這是利瑪竇神父用中文寫的第一部著作。它給神父召來了許多朋友，為他贏得廣泛的聲譽，部分原因在於兩位王爺起了作用。

兩王中友誼較持久的是建安王，直到他死時又把友誼遺傳給了他的兒子。當父親在世時，利瑪竇神父是他家的常客，每逢他赴宴，他的主人總要酬賞轎夫並賞錢給他的僕人。正是用這樣的姿態，他們習常對客人的光臨表示自己的愉悅。

注釋

① 按兩人為建安王朱多𤊶、樂安王朱多㷂。──中譯者注。
② 意大利文寫作 Chienzai（乾齋）。──中譯者注。
③ 按即利瑪竇所著《交友論》。──中譯者注。

《書史會要》 　（明）朱謀垔

外夷利瑪竇，號西泰，大西洋人。萬曆時入中國，僑寓江西，後入兩京，卒葬應天。其教宗天主。性聰敏，讀中國經書數年略遍。精天文星曆算數之學。以其國書為人書便面，精熟自喜若擅長者，程君房氏刻於墨苑，蓋以罕異見賞歟？其徒李瑪諾、羅儒望皆以其書行。

卷二　寧王及王妃傳記史料

壹　寧獻王朱權

一　全傳

《明實錄》

洪武十一年五月壬申朔　皇第十七子權生。

洪武二十六年九月癸丑　代王桂、肅王楧、遼王植、慶王㮵、寧王權至京師。

洪武二十七年冬十月己卯　冊……兵馬指揮使張泰女為寧王權妃。

《明史》

寧獻王權，太祖第十七子。洪武二十四年封。逾二年，就藩大寧。大寧在喜峰口外，古會州地。東連遼左，西接宣府，為巨鎮。帶甲八萬，革車六千。所屬朵顏三衛騎兵，皆驍勇善戰。權數會諸王出塞，以善謀稱。

燕王初起兵，與諸將議曰：「昔余巡塞上，見大寧諸軍慓悍。吾得大寧，斷遼東，取邊騎助戰，大事濟矣。」建文元年，朝議恐權與燕合，使人召權，權不至，坐削三護衛。其年九月，江陰侯吳高攻永平，燕王往救。高退，燕王遂自劉家口間道趨大

寧，詭言窮蹙來求救。權邀燕王單騎入城，執手大慟，具言不得已起兵故，求代草表謝罪。居數日，款洽不為備。北平銳卒伏城外，吏士稍稍入城，陰結三衛部長及諸戍卒。燕王辭去，權祖之郊，伏兵起，擁權行。三衛驍騎及諸戍卒一呼畢集，守將朱鑒不能禦，戰歿。王府妃妾世子皆隨入松亭關，歸北平，大寧城為空。權入燕軍，時時為燕王草檄。燕王謂權：「事成，當中分天下。」比即位，王乞改南土。請蘇州。曰：「畿內也。」請錢塘，曰：「皇考以予五弟，竟不果。建文無道，以王其弟，亦不克享。建寧、重慶、荊州、東昌皆善地，惟弟擇焉。」

永樂元年二月改封南昌，帝親製詩送之。詔即布政司為邸，瓴甋規制無所更。已而人告權巫蠱誹謗事，密探無驗，得已。自是日韜晦，構精廬一區，鼓琴讀書其間，終成祖世得無患。

仁宗時，法禁稍解，乃上書言南昌非其封國。帝答書曰：「南昌，叔父受之皇考已二十餘年，非封國而何？」宣德三年，請乞近郭灌城鄉土田。明年，又論宗室不應定品級。帝怒，頗有所詰責。權上書謝過。時年已老，有司多齮齕以示威重。權日與文學士相往還，托志翀舉，自號臞仙。嘗奉敕輯《通鑑博論》二卷，又作《家訓》六篇，《寧國儀範》七十四章。《漢唐秘史》二卷，《史斷》一卷，《文譜》八卷，《詩譜》一卷。其他注纂數十種。正統十三年薨。

（卷一百十七）

〈寧獻王權傳〉　　（明）朱謀㙔

寧獻王諱權，高皇帝十六子也。生而神姿朗秀，白晢，美鬚髯。慧心天悟。始能言，自稱大明奇士。好學博古，諸書無所不

窺。旁通釋老，尤深於史。洪武二十四年冊封，之國大寧。大寧，古會州地。東連遼左，西接宣府，北邊要鎮也。所統封疆九十城，帶甲八萬，革車六千。諸胡騎又驍勇善戰。王智略淵宏，被服儒雅。數會邊鎮諸王出師捕虜，肅清沙漠，威鎮北荒。

建文中，齊黃用事，疑忌諸藩，多所出削。以王英武，擁重兵於邊，下敕召還京師。王未奉命，遂削王護衛軍。靖難師困白溝，覘王已奪兵權，遂襲破大寧，取其軍資佐師，師復振。

文皇帝踐祚，不欲壯王在外，永樂二年二月，改封王於南昌。王亦深自韜晦，所居宮庭無丹彩之飾。覆殿瓴瓵，不請琉璃。構精廬一區，蒔花、藝竹、鼓琴、讀書其間，故終長陵之世，不被譴責。仁宣時法禁稍解，王乃得上書言事，蓋一日而封九女。又嘗乞灌城一鄉土田，及論宗室不應定品級事。皆未行。晚節益慕沖舉，自號臞仙，建生墳緱嶺之上，數往遊焉。

江右俗故質樸，儉於文藻，士人不樂聲譽。王乃弘獎風流，增益標勝。海寧胡虛白以儒雅著名，王乃請為世子師傅者七年，告老而歸。王為輯其詩文，序而傳之。凡群書有繫風化及博物修詞，人所未見者，莫不刊佈國中。

所著：《通鑑博論》二卷，《漢唐秘史》二卷，《史斷》一卷，《文譜》八卷，《詩話》一卷，《神隱》《肘後神樞》各二卷，《壽域神方》四卷，《活人心》二卷，《太古遺音》二卷，《異域志》一卷，《遐齡洞天志》二卷，《運化玄樞》《琴阮啟蒙》各一卷，《乾坤生意》《神奇秘譜》各三卷，《采芝吟》四卷，其他注纂數十種，經子九流星曆醫卜黃冶諸術皆具，古今著述之富，無逾獻王者。又作《家訓》六篇，《寧國儀範》七十四章，皆以恭儉忠孝垂訓子孫；盟諸山川社稷之神，有弗率訓範

者，受顯戮。在位五十八年，壽七十又一，正統十三年九月望日
薨。世子磐烒孝友仁厚，洞達理學，有淵騫之譽。正統二年正月
十有九日先獻王薨。世孫奠培嗣爵，追諡為寧惠王。

（《藩獻記》）

〈寧獻王權傳〉　　（清）查繼佐

　　寧獻王權，高皇帝十七子。性機警多能，尤好道術。太祖
曰：「是兒有仙分。」積有大志，封大寧，大寧在喜峰關外，洪
武初設北平行都司大寧城中，東連遼東，西接宣府，為巨鎮。文
皇時封北平。每歲秋九月，會廣寧遼王及寧王、宣府谷王、大同
代王、太原晉王、西安秦王、韋州慶王、甘州肅王出塞捕虜，名
曰肅清沙漠。以故九王皆有重兵，而王權統塞上城九十，帶甲八
萬，革車六千。

　　燕王初起，兵少，又慮王權扼其後，則歎曰：「安得有大寧
兵斷遼東，助我以諸彝哉！」時中朝恐權與王合，使人召權，權
不至，坐削三護衛。而李景隆來攻燕，燕王為書通權，請得一至
寧府中，若為窮蹙不能戰，求王草表請解者。及倍道趨大寧，兵
不得入。燕王單騎見權，執手大慟。須表急，權為草表。既歡恰
數日，不為備，北平諸親密吏士稍稍得入。遂命門結諸口外酋長
及思歸之士，皆喜，暗訂約。燕王乃辭歸。權出餞郊，伏起，挾
擁權入關，諸戍卒一呼皆集。將朱鑒拒命戰歿；長史石撰被執不
屈，支解之；總兵劉真問遁，逃京師；行軍都督陳亨以下皆降
燕；權宮眷資寶皆入北平。

　　於是燕兵益強，而權亦時時為燕王草檄傳諭。燕王謂權曰：
「事成分天下半。」王信之。初，軍中啟事設二榻。及燕王得

國，並登城樓，上設一榻。權悔從燕，佯風疾，止江口不入朝賀。

已，改乞內封。最蘇州，即否杭州。上皆不可，與書曰：「蘇圻內地，五弟初封錢塘，皇考以為不可，改開封。建文無道，封其弟允熥為吳王，竟不克享。今建寧、荊州、重慶、東昌皆善地，惟王自擇。」權得書，不能無望。出飛旗，命有司治馳道，欲有所之。上大怒。權不自安，屏從兵，從五、六老中官走南昌。回首曰：「謝四兄，弟往南昌覓許旌陽矣。」至則稱病，臥城樓不起。上不得已，即藩司為府，改封權南昌，減其護衛、祿米、儀仗之半。

權嘗詣鐵樹宮，得真人遺戒，有「終須不到頭」之句，為不怡者久之。上使胡儼往察之，權口占：「京中柴米今如何？」儼應聲曰：「但聞天子聖恩多。」語似警諭。上與書嚴戒，權稍斂戢，覆殿瓴甋，用瓦而已，不琉璃。而構精廬一區，蒔花藝竹，鼓琴讀書其間，用終文皇之世。

仁宗即位，權言江西非其封國，請改封，不許。宣德中，以大父行，復恣橫。請於封內選子女，上既不可，又重違其意，賜女婦八十四人。王令省中官服朝服，用天子儀仗，賀王元旦、長至、千秋節習儀鐵樹觀。副使石璞聞於朝，罪其長史王堅。朝議定宗室將軍祿米視品。王抗言：「宗室安得有品？」詞不遜。上與書：「將軍都尉有品，祖制也。王不得棄祖訓，肆煩說，典憲俱存。」已，又乞灌城田，不許。他日求鐵笛焉。上曰：「笛，滌也。王意滌邪，與之。」

權白皙，美鬚髯，負氣好奇，嗜學博古。自其韜亂時自稱大明奇士，老號臞仙，弘獎風雅。高帝時奉敕輯《通鑑博論》三

篇。他又作《家訓》《寧國儀範》，垂示子孫。所論著旁及卜筮、修煉、琴、奕諸書。手制博山爐及古瓦硯，皆極精緻。凡王五十八年，薨。

論曰：大寧帶甲八萬，革車六千，用胡騎熟，習健試險，扃鑰三十年所矣。彼一土著，猶不易輕棄其鄉，乃欲奉尺一，遽釋嚴域九十，空手南歸乎？權不應召，中歎惡易亂，及燕以書偽乞憐，然猶止北平兵不得入郭，志誠亮以一矣。燕以骨肉不疑，猝劫之，計不能反顧。然後並榻送事，始知燕之初起，倘馳使權，開誠使劃一塞上諸王，燕必回顧，不遽南矣。遼坐削祿，猶航海來歸。前此稍加意，遼豈遂為燕左翼？事急，俾合寧，共算燕，亦一計也。曰：燕不大而二王名封，燕大而二王不過名封，何必冒大不義大燕？而朝廷密議，必以諸王無不黨燕，且問朝廷何以使諸王無不黨燕，則誠昧於機，徒用率然者從事，以飾太平不可，況重以嫌隙之故乎？以疑使人，萬無濟也。寧足以難燕，而合燕，是無燕難，且有兩燕；移遼則又減難燕者之一，齊黃之曲成燕者至矣。宸濠之叛，偽太師士實語濠：「今上舉動，非所以長生，暴露不測，取大位不過一宦官事。」誠然，則宜貌為恭以姑待之，乃遽稱侍衛，號離宮，責朝服，請司香，必自露，胡為乎？使濠遲兩期乃起，大言曰：「昔太宗以孤露劫吾獻王，約曰事成分天下半。寧出全力共有金陵，輒負諾，但設一座。天下無不知借寧，無寧安得有燕？天下無不知紿寧，既有燕而遂無寧。吾獻王臥南昌，非封，遺言後世以鐵樹起，吾從旌陽去也。今豹房燕盡，幸還吾寧一座。寧、燕並外藩，並高皇子，燕獨坐一百二十年所矣，獨不能踐太宗前諾一日乎？」即此時爭立，必獻王子。以材武，無如濠者。以結納根據，亦無如濠者，天下事未可

知也，而計不出此。雖然，安陸之天，不誤南昌，針兒兒安得妄覬？余門人劉振麟，言其祖與王新建最密，事敗，新建曲縱之。新建之不因養正而誤，幸也。觀新建偽葬養正，而故為祭文以晦之，益信。

（《罪惟錄》卷之四）

〈淨明朱真人傳〉　（清）金桂

　　明高皇帝十四子。錫名權，號涵虛。初封寧夏，因其智謀，寵錫岩疆，鞏固邦國也。

　　真人自言前身乃南極沖虛真君降生，不樂藩封，棲心雲外。一日顧左右侍臣曰：「爵祿空華，勳名泡影，每思仙道，住世長年，在昔常聞龍沙有讖，師出豫章，欲往求之。」侍臣進曰：「疆土重任，未便遠遊。」不聽，忽爾布袍草履，掛冠宮門，飄然雲水。至豫章天寶洞，結茅為室，疊石為床，侶煙霞而友麋鹿矣。有一老人授以淨明忠孝之微言，日餌陽和，以樂其天真。成祖文皇帝屢召其就國，不赴。乃以其世子，即於豫章襲藩封，加封真人為涵虛真人，號臞仙，日與張三丰、周顛仙詠歌酬唱。

　　一日，三丰以腐鼠擲几上，眾惡之，須臾化為白藕。眾駭然。三丰拂袖而去。真人追至南關，見三丰高入雲中，因建望仙樓，即今望仙鋪，其芳蹤也。乃修丹灶，笑傲雲煙，不與時貴通音問焉。

　　久之，忽命童子取水沐浴，端坐榻前，高聲言曰：「烏晶之約，待之久矣。」異香繞室，天樂盈空，巋然而逝。有《洞天秘典》《太清玉冊》《神隱》《淨明奧論》《肘後奇方》《吉星便覽》諸書十餘卷，壽年七十有三，辭藩爵者三十有餘年，果然神

仙中人。樂處巖穴，非急流勇退者之所可企而及之也。

（《萬壽宮通志》卷之五）

【注】此傳與史實出入過多，當屬民間傳說，姑繫於此。

二　大寧時期

【注】朱權童年在南京宮中史料已見前全傳，不別錄。

《明實錄》

　　洪武二十八年夏四月甲申　詔置遼、寧、谷、慶、肅五王護衛指揮使司。

　　洪武二十八年十二月甲午　詔代、遼、寧、谷四府臨邊護衛常存步卒千人、騎士五百人、及守城者五百人，餘皆屯種。

　　洪武二十九年二月　寧王權言近者騎兵巡塞，見有脫輻遺於道上，意胡兵往來，恐有寇邊之患。上曰：胡人多奸，示弱於人，此必設伏以誘我軍。若我軍追逐，恐墮其計。於是上選精卒壯馬抵大寧、全寧，沿河南北覘視胡兵所在，隨宜掩擊，仍敕周王橚令世子有燉率河南都司精銳，往北平塞口巡邏。

　　洪武三十年春正月庚辰　是月，以寧、遼諸王各據沿邊草場牧放孳畜，乃圖西北沿邊地里示之，敕之曰：「……凡軍民屯種田地，不許牧放孳畜；其荒閑平地及山場腹內，諸王、駙馬及極邊軍民，聽其牧放樵采，其在邊所封之王，不許占為己場而妨軍民；其腹內諸王、駙馬，聽其東西往來，自在營駐，因而練習防胡。或有稱為自己山場草場者，論之。特示此圖，吾子孫其世守之。」

　　洪武三十年八月丁未　上以在外諸王非時興作，擅役工匠，

諭工部臣曰：「方今諸王在國，宮室各有定制，皆宜守禮安分，勿擾於民，可也……若有應須造作而不可已者，必奏請方許。爾可移文各王府知之。」

洪武三十年五月　敕晉代燕遼寧谷六王：爾等受封朔土，藩屏朝廷，吾今略與爾謀：或今歲，或二、三歲，大軍未會，止是本護衛及都司行都司軍馬多不過一二萬。倘胡馬十數萬寇邊，不宜與戰。或收入壁壘，或據山谷險隘之處夾以步兵，深伏以待之。彼見我不與之戰，必四出抄掠，候其驕怠分散，隊伍不嚴，我以馬步邀截要道，破之必矣。若一見胡馬，輒以三、五千或一、二萬輕與之戰，豈特不能勝之，必至失利。

洪武三十一年四月　敕曰：途聞塞上烽火數警，此胡虜之詐，欲誘吾師出境，縱伏兵以邀我也，不可墮其計中。烽火之處，人莫宜近，雖望遠者亦須去彼三二十里。今秋或有虜騎南行，不寇大寧，即襲開平。度其人馬，不下數萬，豈可不為之慮？可調都指揮莊德、張文傑於西涼，劉真、宋晟二都督於開平，郭英等於遼東，會兵一處，悉出遼王及北平、山西都司置護衛軍馬，以步軍十五萬，佈陣而待。令郭英、劉真、宋晟翼於左，莊德、張文傑翼於右，爾與代、遼、寧、谷五王居中，彼此相護，首尾相救，使胡虜莫知端倪，則無不勝矣。兵法：示饑而實飽，內精而外鈍。爾其察之。

《續文獻通考》　（明）王圻

洪武十年，詔諸王近塞者每歲秋勒兵巡邊。

臣等謹按：太祖防邊之意甚重，故有此詔，史無年月。考秦、晉王之藩事在十一年三月，則此詔當在此後也。十年，益

秦、晉、燕三府護衛，亦以封地近邊之故。凡西北軍事，雖命大將遠征，而以燕、晉二王節制之。二十五年，命元降軍赴北平。聽燕王調用。此燕藩之所以兵日強而其後起而靖難也。

洪武二十年置北平行都司於大寧，其地在喜峰口外故遼西郡，遼之中京大定府也。西大同，東遼陽，南北平。馮勝之破納哈出，還師，城之，因置都司及營州五屯衛，至二十四年三月，以已置大寧都司及廣寧諸衛足以守邊，乃撤山海等處守關軍士，每處止存十餘人，餘悉令屯田。

臣等謹按《兵志》，言是時封皇子權為寧王，調各衛兵往守。而先是李文忠取元上都，設開平衛及興和等千戶所，東西各四驛。東接大寧，西接獨石。考文忠之取開平，事在洪武二年六月；藍玉之拔興和，事在七年四月，設衛及所當在此時。明初設此以控扼北徼。

洪武二十二年五月置泰寧朵顏福餘三衛。

三衛地為烏梁海，在黑龍江南，元大寧路北境，是時內附。帝即其地置三衛，俾部長各領其眾，互為聲援。自錦義歷廣寧至遼河曰泰寧；自全寧抵喜峰口近宣府曰朵顏；自黃河窪逾潘鐵嶺至開原曰福餘。

臣等謹按，洪武時以塞外降人置此三衛，以為大寧之屏障。後自永樂以烏梁海有功，畀以大寧而三衛遂滋不靖。

《明史紀事本末》　（清）谷應泰

谷應泰曰：聞之周、南始化，二公分陝。及其東遷，晉鄭焉依。以故眾建諸侯，分王子弟，屏藩天室，拱衛京師。勢綦重也。高皇帝大寶既定，剪桐論封。燕王居北平，代王居代郡，寧

王居大寧，棋布星羅，屹然重鎮。揣其深謀，不特維城之磐石，抑亦北門之鎖鑰耳。惟是並州警備，多蓄重兵，馬邑防秋，得專節制。鄭京城實危莊公，晉曲沃實弒孝侯。大都耦國，禍之本也。又況秦晉四府，湘岷六藩，莫不帝制自為，優蹇坐大。藉神明之胄，挾肺腑之尊。揚水以瀰瀰而興，周道以親親而弱。變所從來，非無故矣。況乎沖齡御極，主少國疑；強宗亂家，視同叔獻。斯時賈生抱哭，即召吳楚之兵；主父設謀，便啟晉陽之甲。將使三家盡分公室，餘地悉入廛延，正所謂養虎貽患，畜癰必潰者也。故論者以建文之失在於削諸藩，而予則以諸藩者削亦反，不削亦反。論者又以建文之失在於削強藩，而予則以不削強藩者，燕王最強，最先反；寧王次強，必次反。毋怪齊泰、黃子澄輩附膺厝火，握手闔門，次第芟除，計安宗社。然而忠則竭矣，算亦稍絀焉。考其時：周王、岷王都被掩捕，齊藩、代藩並皆幽廢。寧邸護衛見削，湘王闔宮自焚。數月之內，大獄屢興。案驗未明，葛藟不芘，必有托蒼天以報仇，生皇家而勿願者。況又中涓入燕，逮繫官屬，幾於十王並戮，七國行誅。釁起兵端，非無口實矣。以予論之，方太祖小祥之時，正諸藩遺子之日。宜於大內置百孫院，因而留之，仍擇名臣傳之禮義。四小侯就學於漢，即長安君入質於秦也。而又分命洪武舊勳，以撫綏為名，開闔通州，分屯河、濟；仿亞夫之堅壁，立辛毗於軍門。仍賜溫綸，躬行德化。梁王罪狀，咸悉燒除；吳王不臣，錫之幾杖。則天潢諸嗣逆節雖萌，反形猶戢，而稍俟諸子弟年各冠婚，即以尺一之詔分裂其地，國小則永無邪心，內割則未遑外事，天下亂絲可徐理而解也。獨奈何葉居升之奏被譴於高皇，而方孝孺之謀不行於嗣主。比齊黃輩分道徵兵，直出無策；而石頭被詔，激變蘇峻；江

陵蒙討，逼反桓玄。謀之不臧，誰執其咎哉！逮至燕兵南下，建業合圍；而谷穗獻門，安楹首附。周、齊列藩以次復爵。同惡相保，理固然也。獨是蜀王之賢無與興廢之謀，超然評論之外。雖河間之書，集博士而畢讀；東平之樹，望咸陽而俱靡，何以加焉。

（卷十五）

　　（洪武）二十九年春三月，寧王權言騎兵巡塞，見有脫輻遺道上，恐敵兵往來有盜邊之舉。上曰：狡冠多奸，此必示弱誘我軍耳。於是敕燕王選精卒抵大寧，沿河南北，覘北兵所在隨宜掩擊。甲子，燕王率諸軍北至察察爾山，遇元兵與戰，擒其將索琳特穆爾等數十人，追至烏蘭和屯城，遇烏蘭鄂罕，戰敗之。

（卷十）

　　（建文元年）壬申，燕軍援永平。諸將請守盧溝橋。王曰：方欲使九江困於堅城之下，奈何拒之？燕師猝至永平，吳高不能軍，退保山海關，燕兵奔之，斬首數千級。燕王曰：高雖怯，行事差密。楊文勇而無謀，去高、文，不足慮也。乃遣人貽二人書，盛譽高而詆文。帝聞之，削高爵，徙廣西；獨命文守遼東。耿瓛數請攻永平以動北平，不聽。

　　冬十月，燕兵趨大寧。初，太祖諸子：燕王善戰，寧王善謀。洪武間，燕王受命巡邊，至大寧，與寧王相得甚歡。大寧領朵顏諸衛，多降人，驍勇善戰。燕王既起兵，謀取之。而朝廷亦疑寧王與燕合，削其三護衛。燕王聞喜曰：「此天贊我也。取大寧必矣。」乃為書貽寧王，而門率師兼程趨之。諸將曰：劉真守松亭關急，未易破，李景隆兵方盛，不如還師救北平，以為後

圖。燕王曰：今從劉家口逕趨大寧，不數日可達。大寧將士悉聚
松亭關，其家屬在城，皆老弱居守。師至，不日可拔。城破之
日，扶綏其家，松亭之眾，不降且潰矣。北平深溝高壘，縱有百
萬之眾，未易以窺。吾正欲其頓兵堅城之下，還兵擊之，如拉朽
耳。諸公第從予行，毋憂也。乃自徑道卷旆登山，從後攻度關。
至大寧，克其西門，獲都指揮房寬，殺卜萬於獄。都指揮朱鑑戰
死。劉真、陳亨引軍還援。陳亨竟襲破貞，率其眾降。貞單騎負
敕印走遼東，浮海歸京師。大寧既拔，燕王駐師城外，遂單騎入
城會寧王。執手大慟，言北平旦夕且破，非吾弟表奏，吾死矣。
寧王為草表謝，請赦。居數日，情好甚恰。燕王銳兵出伏城外，
諸親密吏士稍稍得入城，遂令門結三衛渠長，及閭左思歸士，皆
喜，定約。燕王辭去，寧王出餞郊外。伏兵起，執寧王，諸騎士
卒一呼皆集，遂擁寧王入關，與俱歸。燕兵既得朵顏諸衛，兵益
盛。分遣薛祿下富峪、會川、寬河諸處，於是寧府妃妾世子，皆
攜其寶貨，隨寧王還北平。

（同上）卷十六

　　成祖永樂元年三月，改北平行都司為大寧都司。徙保定。以
大寧故地界三衛。大寧故烏梁海地也，在烏龍江南，漁陽塞北。
春秋時為山戎，秦時為遼西北境，漢為奚所據，後魏韓庫莫奚服
屬契丹。唐為奚契丹，元為大寧路，洪武中元兵遁沙漠，屢侵
之，乞降。高皇帝割錦、義、建、利諸州隸遼東，而於古會州大
寧地北設北平行都司，領興、營等二十餘衛所。二十四年封皇子
權於大寧，為寧王。時宋國公馮勝征納克楚，據大寧塞列戍控
制，遂築大寧、寬河、會州、富峪四城，卒破降納克楚。二十二

年封烏梁海為三衛處降人，而以阿克必實呼勒等為三衛指揮使同知。自大寧前抵喜峰近宣府曰朵顏，自錦義歷廣寧渡遼河至白雲山為泰寧，自黃泥窪逾瀋陽鐵嶺至開原曰福餘。惟朵顏最強，其貢路入自喜峰口，而市則在遼東，防其變也。後竟叛去，附於元。燕王起兵從劉家口徑趨大寧，不數日奄至寧王，猝出不意降。燕王乃移王與其軍內地，盡拔降騎還北平。從戰有功，遂以三衛地畀烏梁海，使仍為三衛。

（同上）卷二十

三　靖難時期

《明實錄》

建文元年七月庚寅　守遵化指揮蔣玉言：「都督劉真、陳亨、都指揮卜萬引大寧兵出松亭關駐沙河，將攻遵化。」

壬辰，上率兵援之。劉真等聞上將至，走還松亭關。

乙未，上命千戶李濬等領兵至關，指揮部伍，若將攻城之狀，劉真等閉關不敢出。上曰：「大寧軍馬牽制吾後，而劉真無能為也。陳亨素擄誠於我，但為卜萬所制。兵法有當用奇者。若以計去卜萬，亨必來。」適邏騎獲大寧二卒至，上曰：「計可行矣。」乃作貽卜萬書，盛稱獎萬，而極毀底亨，緘識牢密。召一卒飲之酒，且厚貲之，而置書其衣中，俾歸與萬。其同獲之卒竊窺之，問守者曰：「彼何為者？」守者曰：「遣歸通意，故得厚貲。」卒跪告守者曰：「能為我請得偕行，惟命是從，不敢望貲。」守者如所言為請，遂俱遣而不與貲。不得貲者終不平，至即發其事。劉真、陳亨搜卒衣得與卜萬書，遂疑萬，執下獄，籍其家。

　　建文元年八月丙寅　初，谷王橞遁還京師，齊泰等慮遼王植、寧王權為上之助，建議悉召還京，惟植至，遂遣敕削權護衛。

　　建文元年九月壬辰　上議攻大寧，諸將咸曰，攻大寧必道松亭關。今劉真、陳亨守關，先破真等，然後可入。而關門險塞，猝恐難下，遲留日久，李景隆必攻北平，恐城中不安，莫若回師破景隆，徐取大寧，萬全之計也。上曰：今從劉家口徑趨大寧，不數日可達。大寧將士悉聚松亭關，其家在城，皆老弱者居守，師至，不日可拔。城破之日，撫綏其家屬，松亭之眾不降則潰矣。北平深溝高壘，守備完固，縱有百萬之眾，未易窺也，吾正欲使其頓全兵堅城之下，還師擊之，如拉朽耳，諸公第從予行，無憂也。

　　建文元年十月戊戌　師至劉家口。路極狹隘，人馬單行可度。守關百餘人。諸將欲破關門而入。上曰不可。攻之則棄關走報大寧，得預為計。乃命鄭亨領勁卒數百，卷斾登山，斷其歸路，而從後攻之。悉擒守關者，師遂度關。

　　建文元年十月壬寅　師抵大寧。城中不虞我軍驟至，倉卒關門拒守。上引數騎循繞其城，適至西南隅而城崩。上麾勇士先登，眾蟻附而上，遂克之。獲都指揮房寬，撫綏其眾，頃刻而定。城中肅然無擾。遣陳亨家奴並城中將士家屬報亨，劉真等引軍來援。軍士聞家屬無恙，皆解甲。時寧王三護衛為朝廷削奪者尚留城中。至是皆歸附，上悉以還寧王。

　　建文元年十月甲寅　拔大寧之眾及寧王皆歸北平。乙卯……以大寧歸附之眾分隸各軍。丁巳，師入松亭關。

　　建文元年十一月　上（自大寧）還北平休息士馬，以前所上

書不報，復上書於朝：「……，蓋今諸王之中，臣為序長，周、齊、代、岷五王已去之矣，獨臣未去，臣去則楚、蜀、秦、晉諸國不難去矣。寧王無罪，比又削齊護衛。譬諸人身，手足皆去，孤身豈能全活乎？」

　　洪武三十五年冬十月壬子　寧王權來朝。

　　洪武三十五年冬十月丙辰　宴寧王權、谷王橞於華蓋殿。

《姜氏秘史》　（明）姜清

　　（建文元年十月）甲寅，靖難兵襲執寧王權，三衛官軍總兵官都督劉真遁還京師，守將都指揮朱鑒死之，行軍都督陳亨等降，以其眾歸。

　　或記曰：文廟初起，兵猶未盛，聞景隆將進攻北平，患之。先是高廟末年嘗命文廟巡邊，大寧軍隸護衛官軍，相與歡甚。大寧領朵顏三衛，多胡人精銳，不靖；而戍卒皆中州遷徙之眾，北方苦寒，日夜思歸。文廟知之，至是命仁廟嬰城固守，獨率千餘倍道趨大寧。遺書寧王，告以窮蹙，求為和解。寧王信之。遂單騎入城，執手大慟，祈請甚切。寧王為之草表陳謝。居數日，情好甚篤。從官稍稍入城，門結諸胡，並思歸之士皆許之。既行，寧王餞送郊外，伏兵擁寧王偕行，招諸胡及戍卒皆從，大寧城空，靖難兵自是愈盛矣。

　　世傳文廟善戰，寧王善謀，一時章檄多出其手。嘗有「事成中分」之約。後京城平，寧王欲建國，遂上奏迄巡視，許之。寧王出，以飛旗諭有司治道。文廟聞之大怒，詔禁飛旗，治有司罪。寧王不自安，悉屏從兵，與老弱中官數人偕往南昌，稱疾臥城樓，乞封南昌。詔即布政司為府，屋舍無所更。歷武廟，殿閣

尚黑雲。寧王既得請，遂放志神仙，以善終。

　　貞，合肥人。洪武中，寧獻王封大寧，貞為總兵官。北平兵入大寧，寧王盡以護衛官軍之北平。意貞亦降，籍其家，下之獄。俄而貞由海道自福建還京師，家人遂得釋。大寧在喜峰口外，古惠州地。國初設大寧行都司，與遼東、宣府二鎮相為聲援，自後棄大寧與朵顏諸虜。都司遷保定，而東邊遂失一藩籬矣。貞女，為文廟昭順德妃。

（卷四下）

《國朝典故》　（明）鄧士龍

　　建文元年壬辰，吳高等聞上將至，盡棄輜重，遁回山海，上遣輕騎追之，斬首數千級。俘降者稱是。盡散遣之。

　　上議攻大寧，諸將咸曰：「大寧必道松亭關，今劉真、陳亨守之，破之然後可入。關門險塞，猝亦難下。遲留日久，李景隆必來攻北平。恐城中驚疑不安，莫若回師破賊，徐取大寧，萬全之計也。」上曰：「今取劉家口，徑趨大寧，不數日可達。大寧軍士聚松亭關，其家屬在城，老弱者居守，師至不日可拔。城破之日，撫綏將士家屬，則松亭關之眾，不降則潰。北平深溝高壘，守備完固，縱有百萬之眾，未易以窺。正欲使其頓兵堅城之下，歸師擊之，勢如拉朽。爾等第從予行，勿憂也。」

　　乙未，師行，敕太子嚴為守備，賊至慎勿戰。十月丁丑朔，戊戌，師至劉家口。路極險隘，人馬單行可渡。守關者百餘人。諸將欲攻破關門而入。上曰「不可。攻之則彼棄官，走報大寧，得以為計。」乃命鄭亨領勁卒數百，卷旆登山，斷其歸路，從後攻破之。悉擒其眾，師遂渡關。

王寅，抵大寧，城中不虞大軍驟至，倉促閉門據守。上引數騎循繞其城，適至西南隅，城忽崩，上麾勇士先登，眾蟻附而上，遂克之，獲都指揮房寬，撫綏其眾，頃刻而定，城中肅然無憂。遣陳亨家奴並城中將士家屬報亨，劉真等引軍來援，軍士聞其家屬無恙，皆解體。時寧王散護衛為允炆削奪，至是悉來降。上盡遣還寧王。

丁未，劉真、陳亨回至亂塔、黃崖，亨與營州中護衛指揮徐理、右護衛指揮陳文議曰：「觀於天命人心，成敗可見，不如從順。」理曰：「此正我意。」夜二鼓，亨等襲破真營，真單騎走廣寧，亨等率眾來降。

李景隆聞上征大寧，領軍來渡盧溝橋，意氣驕盈，有輕視之志，以鞭擊馬鞊曰：「不守盧溝橋，吾知其無能矣。」直薄城下，築壘九門。遣別將攻通州。時太子嚴肅佈置，整飭守備，城中晏然，不知有兵。數乘機遣勇士縋城，夜斫其營，殺傷甚重。賊營中驚擾，或自相蹂躪而死者。賊攻麗正門急，時城下婦女皆乘城擲瓦石以擊之，賊勢益沮。王子報至，上語諸將曰：「李九江懸軍深入，徼眾趨利。兵法曰：『不知進退，是謂糜軍』，今其祗自投死耳，孺子何能為也。」

甲寅，援大寧之眾與寧王皆回北平。

（卷一）

《資治通鑑綱目》三編

冬十月，棣誘執寧王權，奪其眾及朵顏三衛，歸北平。

權國大寧在喜峰口外。東連遼左，西接宣府，為巨鎮。所屬朵顏三衛騎兵，皆驍勇善戰。燕兵起，朝廷慮權與燕合，召權及

遼王植歸京師。植泛海還，權不至，坐削護衛。棣聞之喜，為書貽權，至是以單騎入大寧，詭言窮蹙求救，執權手大慟，求代草表謝罪，而門令吏士結三衛部長及諸戍卒，乃辭去。權祖之郊外，伏兵起，擁權行，三衛驍騎及諸戍卒一呼畢集，守將朱鑒不能禦，力戰死。寧府長史石撰每以臣節諷寧王，城陷，憤罵不屈，支解死。都指揮卜萬，都督劉真、陳亨帥兵扼松亭關。亨欲降，畏萬不敢發。燕行反間，貽萬書，盛稱萬詆亨，亨執萬下獄死，籍其家。亨降，真由海道遁還京師，王府妃妾世子皆隨入松亭關歸北平。棣以其眾分隸各軍，大寧城為空。

四　改封南昌

〈三月二日陛辭欽蒙賜寶〉　　（明）胡奎

賢王開國大江西，侍從朝辭白玉墀。
曙色飛回雙闕鳳，春聲唱徹五門雞。
煙霏縹緲凝丹扆，天語從容降紫泥。
慚愧微臣蒙賜寶，姓名親向御前題。

（《斗南老人集》卷三）

〈扈王駕出都城〉　　（明）胡奎

三月三日天宇晴，千官扈從出瑤京。
桃花水動黃龍舫，柳絮風揚翠羽旌。
寶曆萬年宗社固，金城百雉瘴塵清。
白頭奔走慚何後，載筆題詩紀遠行。

（同上）

〈次徐指揮韻〉　　（明）胡奎

賢王開國樹旌幢，上將西來鎮大江。

天上麒麟今有幾，斗間龍劍本成雙。

歌回金縷風生席，讀罷青編月到窗。

賴有麻姑酒價賤，興來何惜玉為缸。

【注】胡奎為寧王府教授，與朱權同赴南昌。詩中所記當屬實
　　　情。明姜清《姜氏秘史》記朱權離開南京說：

　　　　後京城平，寧王欲建國，遂上奏乞巡視，許之。寧王
　　　出，以飛旗諭有司治道。文廟聞之大怒，詔禁飛旗，治有
　　　司罪。寧王不自安，悉屏從兵，與老弱中官數人偕往南
　　　昌，稱疾臥城樓，乞封南昌。詔即布政司為府，屋舍無所
　　　更。歷武廟，殿閣尚黑雲。寧王既得請，遂放志神仙，以
　　　善終。

　　　此說與以上胡奎詩所寫不同，姑繫於此。

《太和正音譜》　　朱權

知音善歌者。

　　李良辰，淕陽人也。其音屬角。如蒼龍之吟秋水。予初入關
時，寓遵化，聞於軍中。其時三軍喧轟，萬騎雜遝，歌聲一遏，
壯士莫不傾耳，人皆默然，如六軍銜枚而夜遁。可謂善歌者也。

【注】此文描述的是建文元年朱權被迫隨朱棣靖難南下途經遵化
　　　時的情景。

　　蔣康之，金陵人也。其音屬宮。如玉磐之擊明堂，溫潤可

愛。癸未春渡南康，夜泊彭蠡之南。其夜將半，江風吞波，山月銜岫，四無人語，水聲淙淙。康之扣舷而歌「江水澄澄江月明」之詞，湖上之民莫不擁衾而聽。推窗出戶，見聽者雜合於岸。少焉，滿江如有長歎之聲。自此聲響愈遠矣。

【注】此文描述的是永樂元年朱權攜家人隨從由南京赴南昌就藩途經鄱陽湖的情景。

《明實錄》

洪武三十五年秋七月庚戌　賜寧王書：吾到京師即遣人將書來迎，不意奄豎胡伯顏邀至兗州，虐害不勝，至擊去其齒，焚所賫書，竟不得達。已將奄豎置之極刑。尚慮盜賊未息，路途猶梗，是以來迎之使近日方發。今聞已啟程。如行未遠，可暫還，待秋涼與宮眷同來。如已行遠，途中凡百謹慎，早至相見，以慰兄懷。

洪武三十五年冬十月丁巳　寧王權奏：「故妃張氏之歿，適際兵旅多事之際，迨今未葬。」命工部給明器儀仗，令所在有司營葬事。

永樂元年二月己未　以大寧兵戈之後，民物凋耗，改寧王府於南昌。是日遣王之國，賜一萬錠，親制詩送之。丁卯改南昌左衛為南昌護衛，隸寧（原書衍「夏」）王府。

永樂元年三月己卯　賜寧王鈔一萬錠。

永樂元年十一月丙子　先是有首寧王權誹謗魘鎮事者，上曰：「此不出王，蓋小人為之以陷王，譬如愛木，必去其毒。凡再，遣人捕之，權皆掩蔽不發。」至是賜書權曰：「兄弟同氣至親數年，躬履艱難，亦為保全骨肉，豈有他意哉！近者之事，既

悉置不問，但欲去其二三小人以示警，爾而固為遮蔽。《易》曰：『開國成家，小人勿用』。蓋用小人，必害家國。所以決欲去之者，為賢弟計也。書至，更不必蔽，亦不得有所蓄疑。」

永樂三年五月丙辰　上以代、寧、秦、晉、永興、高平、平陽諸王所為過失日多，思豫訓誡，以全親親之義，賜書周、楚、齊、蜀等王。

永樂二十二年九月癸巳　寧王權奏欲來朝，又言江西非其封國。上遣書答曰：「叔欲來見，但以聖訓不敢違也，計諒此誠。所云寄居江西，非所封之國，不與封鎮，各王例同，蓋江西之地，叔受之先帝已二十餘年，為國南屏，非封鎮而何？惟叔審之。」

宣德元年五月辛亥　寧王權奏：「諸女將嫁，未有第宅，請以都指揮吳乾等所居處之。」上曰：「乾等皆先朝舊臣，其居處已久，一旦奪之，人必謂朝廷重私親輕舊臣，非所以示天下。」遂貽書王別擇閑曠之地，以護衛軍創造，庶幾得宜。

宣德元年冬十月　寧王權奏男女待婚，未有居第，請免護衛軍士屯種，並力作之。從之。

宣德元年冬十月　賜寧王權樂人二十七戶。

宣德二年二月　寧王權奏已賜樂工，而樂器衣服之類未給，上命行在工部制給之。

宣德二年七月癸丑　給寧府永新郡主及儀賓高鶴齡歲祿共八百石。玉山郡主儀賓方景輝、浮梁郡主及儀賓俞致淵如之。俱於江西布政司倉庫內米鈔兼支。

宣德三年二月癸亥　寧王權奏：「欲令護衛屯軍為臨川等王造居第，今年暫免屯種。」從之。

　　宣德三年閏四月壬寅　寧王權奏：「乞賜南昌府附近灌城一鄉田土，俾眾子耕種，為自給之計。」上諭行在戶部臣曰：「古人云：王者當食租衣稅。今有歲祿，足矣。一鄉之田，民所衣食，奪以與王，民將謂何？且王居國江西，固當恤民，豈可奪民以自養？宜遣人往勘灌城一鄉，果皆閒田否？待報處置。」

　　宣德四年三月　江西新建縣儒學教諭王來言寧王府每年祭祀社稷山川取府縣學生員習樂舞供祀。今生員有定額，務求成效。而以供應王府祭祀，預先演習，動經旬月，有妨學業，宜令於附近道觀選道童充用。命在禮部議。從其言。如選不及數，則於本府軍士余丁內選端謹者。詔從之。命各王府，皆准此例。

　　宣德四年夏四月丙子朔　寧王權奏曰：臣竊念祖宗積德之厚，父皇創業之艱，立法垂訓以傳萬世，錫子孫保全之福，為宗室久安之計。宣德元年八月，江西布政司移文謂「太祖高皇帝子孫以祿米定品級」，臣不勝惶懼。伏惟祖訓所載，祿米蓋親親次序，無有品級。誠以子孫皆祖宗一氣之分，不與異姓同。至今四代，乃定品級，臣恐萬世之下謂自今日始也。昔聞父皇在位時，靖江府將軍比正支減一等，亦無比品。凡朝賀、祭廟，皆與諸王同班，駙馬、儀賓有比品。駙馬比從一品。而冠服與侯同班，列侯下。郡君、儀賓比從四品，常服亦用麒麟玉帶，班列都督之前，蓋亦以至親，不以品級論也。又父皇嘗謂靖江王世子兄弟做將軍，但異姓相見還行君臣禮，其衣服且著穿素。二十年後，諸孫有冠者，袍用四爪龍，冠用唐帽，蓋不欲與外人同也。今定品級，則列於外官之下。聖子神孫，皆祖宗遺體。臣不避斧鉞之誅，甘冒天聽。伏望赦免，誠宗廟之福，骨肉之幸也。

　　上覽奏謂侍臣曰：朕自即位以來，恪遵成憲，蓋祖宗聖智，

立法精審，以維持萬世，非後人所可輕議。昨以祿米定品級，皆出舊制，非出自朕。今行之三年，忽有此語，其意蓋未可量。若不明白，則蓄疑積釁，事將不測，朕當有以復之。

宣德四年四月戊寅日　復寧王權書曰：承諭「以祿米定品級非舊制」，忿切之情，溢於言表。再三披閱，駭愕良深。蓋事有非然，理應明白。所言「太祖高皇帝子孫舊無品級」之說，今考《祖訓錄》內，凡郡王之子授鎮國將軍，三品；孫輔國將軍，四品；曾孫奉國將軍，五品；玄孫鎮國中尉，六品；五世孫輔國中尉，七品；六世孫以下，世授奉國中尉，八品。是郡王子孫未嘗無品級也。

又云：「靖江王府將軍比正支遞減一等，亦無比品，凡朝賀、祭廟皆與諸王同班。」必若此言，則諸王兄弟子侄同為行列，是無尊卑之分，曷為而可？

又云：「太祖高皇帝於郡君、儀賓比從四品，常服用麒麟玉帶，班列都督府，蓋以親親，不論品級。」今考《祖訓錄》《皇明祖訓》及禮制，皆無明文可稽，今之所云，未審載於何典禮也？

又云：「高皇帝嘗謂靖江世子兄弟做將軍，衣裳且著穿素，而郡君、儀賓既比從四品，則令用麒麟玉帶。」如此即是抑族屬而重外親，疏戚倒置，於禮可乎？

又云：「高皇帝謂靖江世子兄弟做將軍，但是異姓相見還行君臣禮。」今考《祖訓錄》《皇明祖訓》及禮制，並無明文可徵。但有洪武二十九年十二月欽定《靖江王庶子鎮國將軍與郡王相見禮儀》云：「鎮國將軍凡與駙馬、儀賓、公侯相見，將軍居左，駙馬等居右，皆再拜。與文武一品官至三品官相見，將軍居

中，各官拜將軍，答拜。與四品以下官相見，各官拜將軍，坐受。凡遇將軍於道，駙馬、儀賓、公侯讓左並行，文武一品至三品引馬側立，四品以下者下馬。凡傳其言曰鎮國將軍齎旨，稱呼之曰官人。」此皆有明著，而別無行君臣禮之說。若必如所云行君臣之禮，是教子孫越禮犯分，不知有君矣。且群臣於靖江府將軍前皆行君臣之禮，是天下紛紛多君也。《春秋》之法，天無二日，上無二王，家無二主；聖人之道，尊尊親親，各有攸當。故知此語決非太祖高皇帝所言。

今郡王庶子以下品級，則載於《祖訓錄》。靖江府將軍與群下相見之禮，則載於洪武二十九年《欽定禮儀》。此皆太祖高皇帝所制，以垂範子孫臣民，所慮者甚遠，所定者甚精，皆非一朝一夕之所成也。

至洪武三十五年八月，太宗皇帝臨御之初，即令禮部申明舊制行此數事。太宗皇帝當時見《祖訓錄》內鎮國將軍等品級與歲祿不相應，遂加鎮國將軍從一品，輔國將軍從二品，奉國將軍從三品，鎮國中尉從四品，輔國中尉從五品，奉國中尉從六品，今行之二十有八年矣。

予自嗣位以來，恭體祖宗之心，恭循祖宗之法，非敢毫末有所增損，況於諸叔祖、諸叔及諸兄弟？上念祖宗之重親親之意，未嘗敢薄，亦未嘗敢有咈逆之事。

往者逆賊高煦在太宗文皇帝時屢造大罪，及予嗣位，加厚待之，而包藏禍心，終謀不軌，然求朝廷之過未得，輒妄稱太祖高皇帝時未嘗頒給群臣敕誥，以為擅改舊制，具本指斥，遂舉兵反。及被執至京，出洪武中諸司職掌示之，逆煦俯首無言，愧悔不及。

今叔祖輒有「不避斧鉞，乞為赦免」之說，宗廟神靈在上，何冤何抑，而忿恨不平？予覽畢以示公、侯、伯、五府六部文武大臣，咸謂叔祖意非在此，蓋托此為名耳。不然何以宣德元年之事，而今始發也？予已悉拒群臣之言不聽，尚望謹之。或復不謹，非獨群臣有言不已，天下之言皆將不已，是時予雖欲全親親之義，有未易能。今故畢陳本末，惟叔祖虛心聽察，庶幾君臣之分定，尊卑之序明，而所議品級又何繫於輕重，何幸於禮法哉？若以謂族屬之長，必誣執為朝廷之過，天理人心不可罔也。惟叔祖亮之。

宣德四年五月丁巳　書與寧王權曰：「所諭欲得灌城一鄉田土與庶子耕牧，朕不吝惜。但於民無損，於禮無違，是為朝廷經久通行之法也。今戶部言灌城之田共一千六百一十七頃六十餘畝，鄉民所賴以足衣食，別非荒閑之田。況庶子郡王自有歲祿，稽之祖訓，亦無撥賜田地之例。若從叔祖所言，百姓必歸怨朝廷，亦必歸怨叔祖矣。今叔祖為諸王表率，使諸王皆仿叔祖所言，豈不皆違祖訓而損賢德？故撥田之諭，不能曲從，惟叔祖亮之。」

宣德四年六月丁丑　敕寧王權奏鎮國將軍以下應有品級，郡君儀賓應服麒麟玉帶。上既引太祖皇帝禮儀復書喻之，權自知非是，具奏深陳悔過之誠。上復權書曰：「向者所喻，必出一時匆促，不及考究，長史又不能以禮開說，今叔祖深自引咎，足見虛己從善之心，夫事理既明，辟之春水既消，湛然無跡，更不用芥蒂於心也。」

正統元年九月己未　寧王權以冠服損弊請於朝。上以有司所造或未稱王意，令具材送至王所，聽王自製。

正統三年二月　寧王權請豫造墳塋，上許其請，命江西三司

經營之。

　　正統七年九月　寧王權奏於遐齡山陵所創屋五間祀南極真人。蒙賜名曰南極長生宮。於附近宮觀擇道童克修戒行者，給度牒住持。上命從之，後不為例。

《欽定續文獻通考》

　　宣宗宣德元年十月，賜寧王權樂人二十七戶。明年二月，寧王權奏已賜樂工，而樂器衣服之類未給。命行在工部制給之。三年七月，權又奏求鐵笛，帝命工制與之，謂左右曰：「古人謂：笛者，滌也。所以滌邪穢，納之雅正。寧王之意其在此乎？鐵笛雖無，當新制與之。」

　　　　　　　　　　　　　　　　　　　　　　（卷一百四）

〈寧獻王朱權壙志〉

　　王諱權，大明太祖高皇帝十六子。母楊氏。王生於洪武十一年五月初一日。二十四年五月十三日冊封為寧王，二十七年三月二十三日之國大寧。永樂元年三月初二日移國南昌府。王天性敦實，孝友謙恭，樂道好文。循禮守法。皇上紹承大統以王至親，恩禮加厚，而王事上，益謹弗懈。正統十三年以疾薨，享年七十又一。訃聞，上感悼，輟視朝三日，賜謚曰「獻」。遣中官致祭。先是預營墳園於其國西山之原。比薨，以正統十四年二月十四日葬焉。妃張氏，兵馬指揮張泰之女，先薨。子六人。長莊惠世子磐烒，次未名，皆先卒。次臨川王磐煇，次宜春王磐㷭，次新昌王磐烇，次新豐悼惠王磐㷆。女十四人，俱封郡主。孫男八人。寧世孫奠培，臨川長子奠埨，宜春長子奠增，鎮國將軍奠墠、奠壘、奠堵、奠埖、奠壏。孫女十二人，封縣主四人，餘在

室。曾孫十人，未封。

於乎！王意帝室至親，藩輔老成，進德之功，逾老不倦。敬上惠下，始終一誠。比之古昔賢王，殆不多讓。正宜屏藩朝廷，永膺多福。而遽至於大故，是故有命。然福壽兼全，哀榮始終，亦可以無憾矣。

謹述大概，納諸幽壙，用垂不朽云。謹志。

正統十四年二月二十一日

（《盱眙朱氏八支宗譜》卷首）

【注】此壙志文字與上墓室出土壙志文字有不同，原因待考。

《寧獻王事實》　（明）朱統鎝

祖諱權，太祖高皇帝第十六子也，母楊妃所生，洪武十年丁巳五月朔日生。諸王表載太祖高皇帝二十六子，趙王未三歲而薨，二十六子楠未逾月而夭，自懿文太子至慶王，其數已滿十六。獻祖，慶王之弟，當稱十七子。王元美《弇山堂別集》亦稱十七子，蓋得其實矣。但文皇御制孝陵碑止載高皇帝二十四子，除趙與楠。故獻王正十六子。《玉牒》《退齡洞天志》皆然，今從之。

王於宮中，天性聰慧，德器夙成。始能言，自稱大明奇士。體貌修偉，智略淵宏，高皇帝獨鍾愛之。洪武二十四年四月冊封為寧王。二十六年三月之國大寧，即兀良哈地方。十月，冊兵馬指揮使張泰女為王妃。大寧在喜峰關外，古會州之地，東連遼東，西接宣府，實為幽燕巨鎮。高皇帝天下初定，而邊土曠遠，勢須藩王控制，故簡諸子英武智略者戍邊。時文皇封北平，谷王宣府，代王大同，晉王太原，秦王西安，慶王韋州，肅王甘州，

而我祖獻王大寧，皆宿重兵備邊。每歲季秋，諸王相會出塞捕虜，肅清沙漠。王所統封疆數十城，廣千餘里，帶甲八萬，革車六千，視諸王最雄。時制親王歲祿石，皇帝以邊土民稀賦薄，隨宜劑量。王與代、肅、遼、慶俱歲給五百石，然胙土廣衍倍於他王。亦以儉約制國，辟圃種樹，廣令衛士疆理荒野，藝植土物之宜，國用饒裕。居常窮究史籍，至廢興存亡之際，三致意焉。二十九年奉敕纂《通鑑博論》，表上之。又與肅、代等五王於西宮內親承聖諭，編集《漢唐秘史》。三十一年春，作《家訓》六篇，曰〈訓語〉，曰〈本孝〉，曰〈樹忠〉，曰〈敷義〉，曰〈保身〉，曰〈嘉言善行〉。

是歲五月乙酉，高皇帝崩於西宮。太孫即位，齊黃輔政，疑忌諸藩。明年四月，召周王橚於河南，逮湘王柏於荊州，湘王合宮自焚。又以上變者言，征齊王榑至京師，幽代王桂於大同，縶岷王楩於雲南，並廢庶人。諸王莫不人人自危。

七月癸酉，文皇靖難兵起，下通州、薊州、遵化、永平諸城，而大寧總兵劉真、都督陳亨、都指揮卜萬請於王，以大寧十萬出松關，駐沙河，進攻遵化，躡靖難之師。燕人間之，貞、亨、萬自相疑沮，縛萬下獄，聞於朝，籍其家。然朝議慮遼、寧二王為燕之助，召還京師。獻王曰：我抱孤忠，謹守我藩封，何以無罪見召？將入朝，會妃張氏病篤，未就道。詔削王護衛，而遼王至京師。燕王聞之喜，為書貽王。至是以單騎入大寧，詭言窮蹙求救，執王手大慟，求代草表謝罪，而陰令吏士結三衛部長及三衛諸戍卒。及辭去，祖之郊外，伏兵起，擁王行，三衛獷騎及戍卒一呼畢集，守將朱鑑不能禦，力戰死。王府妃妾世子皆隨入松亭關，歸北平。燕王以眾分隸各軍，大寧城為之一空。

　　及燕王即位，留之京師，因大寧殘破，已無歸，乃乞封南昌。已而有告王巫蠱事，密探無驗，得已。王自是日韜晦，構精廬一區，讀書鼓琴其間，終帝之世得無患。

　　建文四年六月己巳，文皇帝即位，慶賜諸藩。賜王黃金百兩，白金千兩，彩幣四十匹，紗羅各二十匹，鈔五千錠。七月，賜書於王曰：

　　吾到京師即遣人將書來迎，不意為奄豎胡伯顏邀至兗州，虐害不勝，至擊去其齒，焚所賫書，竟不得達。已將奄豎置之極刑，尚慮盜賊未息，路途猶梗，是以來迎之使，近日方發，今聞已啟程，如行未遠，可暫還，以待秋涼，與宮眷同來，如已行遠，途中凡百謹慎，早至相見，以慰兄懷。

　　八月戊午，王遣人奏請封國，欲得蘇、杭。上賜書報曰：蘇州，昔皇考嘗以封第五子為吳王。後考古制，天子畿內不以封侯，遂改河南。建文不遵祖訓，封其弟允熥為吳王，眾論非之。往昔嘗許弟自擇封國，吾未嘗忘。今博諮於眾，咸謂建寧、荊州、重慶、東昌皆善地，弟可於四郡內擇一郡，遣人報來，庶好經營王府。

　　十月王朝於京師。丙辰，上宴王於華蓋殿。王奏故妃張氏之薨，適逢兵旅多事之時，逮今未葬。命工部給明器、儀仗，令所在有司經營喪事。永樂二年己未（注：有脫字）賜鈔二萬，親制詩送之，改藩司為寧王府，改南昌左衛為王護衛隸焉。

　　五年七月乙卯，皇后崩。八月丙午，遣中官奉祭大行皇后。

　　十五年正月癸巳，王朝於京師，上宴王於華蓋殿。賜從官於申左門。三月，王辭還國，賜賚甚厚。又賜從官鈔幣有差。

　　二十二年七月辛卯，太宗皇帝以征虜還，崩於行在。

八月，仁宗皇帝即位。九月乙酉，詔增諸王祿米九千五百石。通前萬石，悉支本色。又賜王白金千兩，絲四十表裡，錦十匹，西洋布十四匹，紗羅各十匹。

洪熙元年五月辛巳，仁宗皇帝崩。六月庚戌，宣宗皇帝即位。乙卯，王遣世子入賀。

仁廟萬壽時，已至中道，上復書止之。七月庚申，賜王及周、慶、代、沈等各自金五百兩，文綺二十三表裡。錦五匹，西洋布十匹，鈔三萬貫，視晉、楚等十王有加。

宣德元年十月癸亥，王上書言男女將婚，未有第宅，請免衛士屯田，並力營作，詔從之。

甲子賜王樂人二十七戶。

二年二月癸亥，王上書請樂器並樂工衣服之數，命工部制給焉。

乙丑，詔給王清江、奉新、金溪、泰和、彭澤、廬陵、新喻、新城、南豐九郡主及儀賓陳逸塘、橋杜等各歲祿八千石。王以子女婚娶者十二人，請於封內選取婦女給使令，上恐為民擾，遣中官八十四人賜之。既而王復以府中乏內使為請，詔送火者二十人供使令。

先是諸藩王各有時賜田莊、陂池、蘆州諸利。王之所受在大寧，上書願賜南昌近（郭）灌城田土，俾諸子耕種自給。上以王當食租衣稅，無事田土，優詔罷之。

三年七月丁卯，王請中官進扇，並請鐵笛。上顧左右曰：「笛者，滌也。所以滌邪穢，納之雅正，寧王意在此乎？」命所司特製予之。

四年夏四月丙子朔，王上書言：

　　有司移文，太祖高皇帝子孫以祿米定品級，不勝惶懼。伏惟《祖訓》所載，祿米蓋親親次序，無有品級。誠以子孫皆祖宗一氣之分，不與異姓同，至今四代，乃定品級，臣恐萬世之下謂自今日始也。

　　上報書大略謂：

　　以祿米定品級乃舊制。朕自嗣位以來，盡其友恭，體祖宗之心，循祖宗之法，非敢毫末有所增損。況於諸叔祖、諸叔、諸兄弟。上念祖宗之重親親之意，未嘗敢薄。惟叔祖虛心體察。

　　王得書，遂上書謝過。上復書慰諭曰：

　　向所諭必出一時匆促，未及考究，長史又不能以理開說，今叔祖深自引咎，足見虛己從善之心。夫事理既明，譬之春水始消，湛然無跡，更不存蒂心也。

　　王自是益簡默恬淡，惟以著書為樂。嘗悅西山秀麗，數駕往遊。正統三年奏建生墳，英宗皇帝遣使劉通敕詣郡牧，為作南極長生宮於西山之緱嶺。王自撰碑樹於其上。

　　王自作《儀範》七十四章以訓子孫及臣庶，盟諸山川社稷之神，有弗率教者，俾受顯戮。箋評云：「《儀範》一書，效法《祖訓》，儼然純臣孝子之心，列祖哲王之行。厥謚曰『獻』，良有以哉。」

　　四年三月辛亥，王以府中子女眾多，遇有疾病，缺醫治療，請撥已使用。上命禮部選醫士三人與王，仍遣致意。

　　五年正月甲寅，王上書言本府教授游宗，年七十五，例當致仕。其子堅，通曉醫學，堪代其父。上從王請為本府教授。九月戊午，王奏臣第二子臨川王磐燁，第三子宜春王磐姚，第四子新昌王磐炷歲祿各二千石，然拆鈔者四之三，日用不足，請中半支

給。詔從之。

六年十一月乙卯，王以子女俱長，欲令護衛屯田軍士造宅居住，優免籽粒。上命戶部撥王軍，三之二與王用工，免徵籽粒。

十三年九月癸巳，王上書言本府蒙賜醫生張時成、馬文貞病故，袁霖年老，時成男檗、文貞男睿、霖男德潤俱通醫藥，願賜代役為使，詔從之。

九月戊戌，王薨。在位五十八年，壽七十又二。

訃聞，禮部奏，差官掌行喪祭禮，翰林院撰祭文、諡冊文、壙志文，工部造銘旌，差官造墳，欽天監遣官一員卜葬，國子監生八名報訃各王府。御祭壇用牛犢羊豕，餘祭止用羊豕。太皇太后、皇太后、東宮在京文武衙門各一壇，及封內文武衙各一壇，本國內禁屠宰三日，禁音樂嫁娶至葬畢乃止。英宗輟朝三日，遣官致祭，賜諡曰「獻」。敕葬緱嶺。妃張氏，端莊貞靜。先王薨，合葬緱嶺，即今緱齡山。

王降生洪武丁巳，建文元年己卯，永樂元年癸未，洪熙元年乙巳，宣德元年丙午，正統元年丙辰，十三年戊辰九月十五日巳時薨，十四年己巳葬。身事六朝，享壽七十又二。有才略，多智數，博綜技藝，尤好鼓琴。其在邊境，屢立大功。王自撰〈化域碑〉云：「統封疆九十餘城鎮，龍朔三千餘里，逐單于於陰山，拒契丹於遼水。翰海肅清，疆域寧謐，父皇太祖高皇帝有詩以壯之，慨夫一世之雄也。」

及居江右，深自韜晦，宮廷無丹彩之飾，瓴甋不請琉璃，晚節托志黃冶，自號臞仙。敬禮士大夫，無間遠近。博學好古，於諸書無所不窺。王著書百有三十餘種，今不能盡錄。其他農圃、醫卜、養生、修煉之術，俱有思致。又造博山爐、古瓦硯、琴、

阮、書燈等器，皆極精巧云。

《藩獻記》云：「江右俗固質樸，儉於文藻，士人不樂聲譽。王乃弘獎風流，增益標勝。海寧胡虛白以儒雅著名，王以延為世子師，七年告老而歸，王為輯其詩文，序而傳之。凡群書有繫風教及博物修辭，人所未見者莫不刊佈國中。所著纂數十種。經史九流星曆醫卜黃冶諸術皆具，古今著述之富無逾獻王者。」

《醫統》云：「寧獻王天性穎敏，有過人之資，經史百家諸子之書，無不該覽。過門輒解奧旨而各造其妙。」誠哉，古今賢王宗室之白眉也！然尤以生物為心而獨精於醫理方藥。嘗謂人稟化於天，君與人均皆同於榮悴之理，則人之有身，七情交集於內，六淫相蕩於外，而疾生焉。苟不濟於醫藥，則猶顛危而不知扶持也，其可乎哉！

所著有三十二種，皆行於世。

嫡子磐烒洪武二十八年乙亥九月一日……（以下缺）

（《盱眙朱氏八支宗譜》卷首）

【注】《盱眙朱氏八支宗譜》所收《寧獻王事實》未標明作者。此書名已見〈錢遵王書目〉。注「國朝抄本」，也未標作者。乾隆《南昌縣誌》錄朱統鍫傳，載其著作有《寧獻王事實》，當即此文。統鍫，字時卿，封奉國中尉。朱權八世孫。

《明一統志》

寧獻王墓　在西山緱嶺。

（卷四十九）

〈江西新建明朱權墓發掘報告〉　　陳文華

　　朱權墓在新建縣西山坷里鄉黃源村西約 500 米的緱嶺東麓，距南昌市八一橋約 30 公里。江西省文管會於 1958 年 10 月 29 日－11 月 20 日，進行了發掘工作。墓外表為一大封土堆，長約 50，寬約 15 米。封土之前有一道用青磚砌的攔土牆，封土堆的頂部又有一道用石塊砌的攔土牆（後經發掘知磚牆下面即墓門，石塊牆下即墓之後室）。在兩道攔土牆之間以及石塊攔土牆後面，保存有一些牆基和柱礎，地面及土中散有磚石及琉璃瓦飾殘片。

　　在磚砌的攔土牆前面為一平地，地面有柱礎六列，分佈整齊，證明當時曾有建築物。平地的左、右、後三面有牆基，後牆基之外尚有柱礎三個，似乎說明這座建築物的後面還有廊子。平地前面又有方形平地向前突出，可能是站臺的遺跡。站臺之前，有磚砌的礓磜。據明國史總裁胡儼〈敕封南極長生宮碑〉一文的記載，現有柱礎的地方是當時的長生殿，而左右前三面的牆基，在前面的為南極殿，在左面的為泰元殿及沖霄樓，在右面的為璇璣殿及凌漢樓。

　　在南極殿廢基前十餘米處，有碑座一座，碑座前數十米亦有廢屋基及琉璃瓦片，證明當時這裡也有房屋。胡儼說「宮門外有醉仙亭」。這裡可能就是亭的遺址。再前數十米有單孔小橋，橋面橋上均為泥土壅塞，成一涵洞。橋前左右各有八棱形的石華表一個，高 6.9 米，每面寬 0.26 米。頂上各有石獅一隻。華表各面均刻符籙。在北的一個，正東一面刻有「紫清降福天尊永劫寶符」。符形之下有文云：「此宮之作，因極降靈，今建是宮為生民祈壽，於是奉聞大廷，敕封南極長生宮，上祝聖壽萬年，宗支悠久。」在南的一個，正東面刻「青華丈人護世長生真符」。符

形之下有文曰：「皇明天曆正統柒年歲在壬戌拾貳月拾陸日，南極沖虛妙道真君立，永鎮是宮，與天長存。」石華表前數十米的水田中，左右各有石碑座一，相對陳列，惟無碑身。

（一）墓室結構

該墓埋在封土堆下面，墓頂離表面約 5 米。全部用素面青磚結砌而成，只有少數地方使用石料。

墓坐西朝東。墓門外面左右兩側各有磚牆一道向前伸出，兩牆相距 1.6 米，兩牆之間有礓磋，自牆的前端牆頂下 0.6 米處起，逐漸向內下斜以達墓門之外。發掘時，在礓磋之上，兩牆之間發現一土臺，臺上鋪方磚，磚上置壙志一方，壙志之上又鋪以方磚。在建築上，這副壙志與墓室無關。

在兩牆之間，自礓磋的下端起，砌兩道封門牆，高與兩側牆同。

墓門寬 2.2，高 2.6 米，門板為插板式，用寬各 2.4 米的青石板三塊上下相接，高與門的拱頂相齊，而左右兩端插在立於門拱兩側的石柱槽溝之內。中間一塊石板，已經斷裂為二。

門內為前室，寬 3.3，深 2.2，高 4.55 米。

前室之後為二道門，為雙扉樞軸式。各用大青石板一塊製成，表面磨制光滑，門上各有鋪首。門扉後面用一石柱斜撐著。此石係將下端放落在槽裡，上端依靠門板上，自外關門，石即自動落下，外面無法推開，即所謂自來石。

二門門內為次前室，寬 3.5，高 4.5，深 4.3 米。

次前室後為三門。三門構造與二門同，但門後未用自來石，只掩闔而已。門外有踏跥二級。

三門門內為中室，深 5.9，寬 4.6，高 4.5 米。

中室左右各有券門可通左右耳室。耳室地上靠後半部分，各有一棺臺。

中室之後也有券門以通後室，後室即本墓主室。

深 10.18，寬 4.58，高 4.3 米。後室中有棺臺高 0.45，長 3.3，寬 2.4 米。左右兩壁距棺臺的左右前角不遠之處，各有一圓拱形壁龕。深 0.65，高 1，寬 1 米，龕底距地面 0.7 米。後牆正中距地面 1.05 米也有一壁龕，龕兩旁用紅石作八棱柱，柱下有礎，柱上有正心枋，枋上有斗栱以支持出簷。簷椽、飛簷椽、瓦椽及正心枋均用紅石雕成，線條剛勁，雕工精美。

該墓自礓礤的前端起到後室壁龕後牆為止，全長 31.7 米。自左耳室後牆至右耳室後牆通寬是 21.45 米。除礓礤部分不算，包括大小六門構成一個平面。

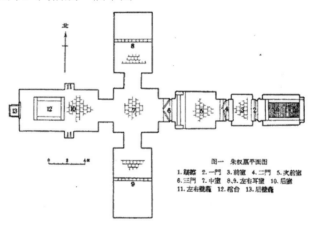

图一　朱权墓平面图
1. 礓礤　2. 一門　3. 前室　4. 二門　5. 夾券室
6. 三門　7. 中室　8,9. 左右耳室　10. 后嶺
11. 左右壁龕　12. 棺台　13. 后壁龕

十字形的大墓室（圖一）。各間俱為券頂，地面鋪方磚，牆基全用長方形石塊。各間地面及牆壁表面都有一層自牆外滲透而來的石灰質粉末，潔白如雪，疏鬆輕脆。

（二）隨葬器物

此墓雖大，但器物不甚豐富。前室、次前室及右耳室空無一物。中室地面上散佈著一些腐朽了的木俑和木俑手中所執的器物，如刀、小宮燈等。後室棺臺上僅放朱權棺木一具，已腐朽潰裂，僅可看出兩頭用大杠朱漆，顏色鮮豔。棺蓋、底和兩側的末端刻有折曲，即俗稱荷葉頭的圖案。朱權屍體腐而未潰，手足伸直，仰身而臥。口內含一小金錢。屍體下墊有木柵，柵下有木屑，似為檀木或柏木木屑。柵上鋪布帛，帛上排有大金錢二行，每行六枚。頭髮插有金簪，肋部有銀挖耳器，右手扶一手杖。腰圈玉帶，胸部有兩頂道冠。頭部亦戴漆制道冠。身穿金線雲紋道袍，但已腐爛如泥，只剩殘片。

棺臺左前方地上有些殘碎漆皮，似為一張七弦琴的輪廓。可能是朱權生前使用的樂器。

棺臺前地面上亦有腐朽的木俑。棺臺左右兩側放有 6 件木牌匾，後室左壁龕放有 5 個白瓷罐，內有黃棕色液體，似為油類。右壁龕內有銅質小暖鍋、湯匙、套杯等飲食用器。棺臺後面壁龕上放有小銅鏡、剪刀及錫制鎏金明器十餘件。

1.金銀器

金錢 13 件。均無文字圖像。

金簪 2 件。呈釘形。

手杖 1 件。杖身已腐爛。杖上端有金飾，形如圓蓋，頂端有半球形藍色寶石一顆。手杖下端有銀質，呈筒狀。

銀挖耳器 1 件。

2.玉器

玉片 20 件。用白色羊脂玉製成，有長方形、心□形、小長

方形、一端方形一端呈圓形數種。各玉片均出現於死者腰部，但次序零亂，已不成帶狀。各玉片背面每一角隅都有孔一對，一自左斜穿向右，一自右斜穿向左，兩孔相通，繫穿引絲帶之線孔。同時還出現一些木片，形狀與玉片相似，也是腰帶上的飾物，已腐朽如泥。

3.錫器

此墓出土錫器較多，但都是特製明器，形體很小，高度和直徑多在 5 釐米以內，最大不超過 10 釐米，外表均鎏金。

鼎　4 件。一件無蓋，其餘均有蓋。蓋旁各有二環，並有短鏈小提梁。

煮壺　1 件。剖面為凸字形，上端為口，口旁兩耳，把較高。

有托茶杯　2 件。托有喇叭形圈足。

高足杯　1 件。有喇叭形圈足。

套杯　1 件。裡面套有一杯，上有蓋。

燭臺　2 件。足為喇叭形，中間有盤，盤上有插燭管子。

燈檯　1 件。足為喇叭形。

板鼓　1 件。周圍有小圓點表示鼓釘，受擊一面向上凸起，與現在打擊樂器中的板鼓相似。此外尚有爵 1、盤 11、碗 2、筷子 4、勺 1、瓶 4、茶杯 2、壺 4、盆 1 及一些小甲片。

4.銅器

亦為明器，形體甚小，如同玩具，外表多鎏金。

馬燈　1 件。樣式與現在馬燈一樣，高只 3 釐米。

鏡　2 件。一大一小。大的出於棺內死者頭前，直徑 18.2 釐米。背面有蘆雁浮雕，並有一人披衣席地而坐，抬首遙望，一童

子侍立其後。小的出於壁龕內，徑 5.7 釐米，無紋飾。

　　盤　1 件。直徑 12.2 釐米。

　　剪刀　1 件。與現在剪刀相似。

　　鑼　1 件。與現在所用的平鑼相似。

　　箱飾　11 件。為小木箱上的銅飾，木箱腐爛，只剩銅片。

　　斗形器　3 件。銅片製成，下大上小，略如四方形的斗，不知何用。

　　此外，有銘旌頭、鎖、勺各一件。

　　5.鐵器

　　匕首　6 件。長 16.5 釐米。

　　鎖　2 件。長 9 釐米。各有鑰匙。

　　不知名鐵器　4 件。以 30 釐米長的鐵絲於一端繞成環形，中穿形如製錢的鐵片四個。推想可能是小宮燈的柄。

　　鐵環　4 件。每環之上有銅絲紐的小鉤四個，用途不詳。

　　6.木器

　　木牌匾　6 件。兩件已無柄。柄直徑 4.5，長約 118 釐米。上端有木板，寬 28，厚 1.3，長 40 釐米。兩下角成圓形，上橡成三尖狀。板面或繪雲紋或繪成「亞」字，或繪斧鉞，為出殯時之儀仗。

　　木俑均已腐爛，不知數目。木俑殘跡旁邊有鐵匕首、小馬燈、小鐵環和小宮燈等器物殘件，推想當時這些木俑應有的執刀，有的騎馬，有的提宮燈，當為儀仗、女使、武士等俑。

　　7.瓷器

　　白瓷罐　6 件。五件出於左壁龕，一件出於後壁龕。係裝油類之用。出土時，罐內尚有黃色液體。

8.壙志　志、蓋各一。用青石板製成。二者相貼，用二道鐵箍套着，置於門外礓磋上。志、蓋都是 91 釐米見方，四周有 6.5 釐米寬的花邊，以龍戲珠為圖案。蓋正中書：「故寧獻王壙志」六個篆字。

【注】壙志文見前，此略。

9.其他冠 2 件。一件用絲麻織制，如古時的玄端。金梁金緣（皆用金紙），口呈橢圓。一用漆制，與現時道士所戴無異。從棺內的衣服殘片觀察，知為道袍。可知朱權入殮時是道家裝束，這與他晚年好道以及所謂「南極九十宮」之說有關。

關於朱權的生平，由於壙志的發現，可糾正史書上的幾個錯誤。《明史‧朱權傳》稱朱權為朱元璋第十七子。《朱氏八支宗譜》則說是十六子。壙志載明朱權是十六子。《朱氏八支宗譜》《寧獻王事實》都說朱權生於洪武十年，享年七十二。今壙志則說生於洪武十一年，享年七十有一。壙志應較可信。朱權至大寧之年，《宗譜》及《寧獻王事實》均作二十六年，壙志作二十七年。

朱權改封南昌之月，《明史》作「永樂元年二月」，《寧獻王事實》作「二月己未」。壙志別為「三月初二」。

【注】原壙志拓片略。

（《考古》1962 年 5 期）

貳　寧惠王朱磐烒

《明實錄》

洪武二十八年閏九月癸亥　皇第四十五孫磐烒生，寧王世子

也。

永樂二年夏四月甲戌　冊立世子為皇太子。封寧王長子磐烒為寧世子。

正統二年春正月己酉　寧世子磐烒薨。世子，寧王之嫡長子，母妃張氏。洪武二十八年生，永樂二年封為寧世子，至是薨，享年四十有三。訃聞，上輟視朝三日，遣官致祭，諡曰莊惠，命有司營葬。

天順元年秋七月己丑　封石城王奠堵生母趙氏為寧惠王夫人，賜誥命。

《藩獻記》　（明）朱謀㙔

世子諱磐烒，孝友仁厚，洞達理學，有淵騫之譽。正統二年正月十有九日先獻王薨，世孫奠培嗣爵，追諡為寧惠王。

《弇山堂別集》　（明）王世貞

莊惠世子磐烒以正統二年先薨，壽四十三。

（卷三十二）

《盱眙朱氏八支宗譜》

獻王長子，磐烒，號半仙，襲封寧王，諡曰惠。明洪武廿八年乙亥又九月初一日未時生，明永樂二年甲申四月初二日冊，封世子。明正統二年丁巳正月十九日戌時薨，享壽四十三，諡曰莊惠。……明景泰元年庚午二月追封王爵。

叁　新昌安僖王朱磐烒

《明實錄》

永樂十七年冬十月辛卯　寧王權第四子生，賜名磐烒。

宣德五年冬十月庚午　封寧王第四子磐烒為新昌王。

正統二年二月甲戌　命駙馬都尉井源……持節冊孝陵衛指揮使葛覃女為寧府新昌王磐烒妃。

《弇山堂別集》

新昌安僖王磐烒，獻第四子。薨，壽四十一。無嗣除。

（卷三十五）

《紹興府志》

新昌王磐烒，寧獻王子。惟他郡人受封越郡者，姑仍通志之例，略存其名如右。

（卷四十一）

肆　信豐悼惠王朱磐煤

《明實錄》

永樂十九年八月丙午　寧王權第五子生，賜名磐煤。

正統四年春正月戊戌　寧府信豐王磐煤薨。王，寧王庶第五子。母尤氏。永樂十九年生。宣德七年冊封。至是薨，年十九。訃聞，上輟視朝一日。遣官致祭，諡曰悼惠。命有司營葬。

《弇山堂別集》

信豐悼惠王磐㷍，獻第五子。薨，年十九，無嗣除。

（卷三十五）

伍　信豐悼惠王妃劉氏

《藩獻記》

信豐悼惠王妃劉氏，九江都指揮使劉瑛女弟也。正統四年正月戊戌悼惠薨，無子。妃感慟甚，遂絕口不復飲食。閱三旬乃卒。獻王上其事。詔諡貞烈妃。

（卷二）

陸　寧靖王朱奠培

《明史》

世子磐烒先卒，孫靖王奠培嗣。奠培善文辭，而性卞急，多嫌猜。景泰七年，弟弋陽王奠壏訐其反逆，巡撫韓雍以聞。帝遣官往讞，不實。時軍民連逮者六七百人。會英宗復辟，俱赦釋，惟讁戍其教授游堅。奠培由是憾守土官，不為禮。布政使崔恭積不平，王府事多持不行。奠培遂劾奏恭不法。恭與按察使原傑亦奏奠培私獻、惠二王恭人，逼內官熊璧自盡。按問皆實，遂奪護衛。逾三年，而奠壏以有罪賜死。初，錦衣衛指揮逯杲聽詗事者言，誣奠壏烝母。帝令奠培具實以聞，復遣駙馬都尉薛桓與杲按問。奠培奏無是事，杲按亦無實。帝怒，責問杲，杲懼，仍以為實，遂賜奠壏母子自盡，焚其屍。是日雷雨大作，平地水深數

尺，眾咸冤之。

弘治四年，奠培薨。

《明實錄》

正統二年二月甲戌　冊濟川衛指揮使郭謙女為寧世孫奠培妃。

正統四年冬十月壬寅　冊封孝陵衛指揮蕭昱女為寧世孫奠培妃。

正統十四年六月辛未　遣隆平侯張福等為正使、給事中蘇霖為副使持節冊封寧世孫奠培為寧王，妃蕭氏為寧王妃。

弘治四年六月己巳　寧王奠培薨。王，惠王之子。母，妃俞氏。永樂十六年生，宣德七年封為世孫。正統十四年襲封寧王，至是薨。年七十有三。訃聞，輟朝三日，遣官諭祭，命有司治喪葬，諡曰靖。

《江西通志》

天順元年（丁丑）秋七月革寧王護衛。（英宗本紀）

按寧王奠培傳云：景泰中，弋陽王奠壏訐其反逆，罪於巡撫韓雍，雍以聞。帝遣官往讞，逮軍民六七百人。遇天順改元，赦不治。第謫戍誘王為惡者教授游堅。奠培由是憾守土官，不為禮。布政司崔恭拒奠培請囑，遂誣劾恭不法。恭亦奏奠培私事，按問恭奏皆實，奪奠培護衛，改為南昌左衛，以都司明書一事兩載，郭子章〈大事記〉亦沿訛，今正之。

（卷三十二）

寧王奠培與弋陽王奠壏交構，恭會三司核實以狀上，王銜

之。又欲增造宮殿及派歲祿於近府縣，恭不從。護衛軍校有犯輒治之。升右副都御史，巡撫蘇松。《安志》。

（卷五十八）

《書史會要》　（明）陶宗儀

寧靖王奠培，號竹林懶仙。獻王孫。軀幹疏髯，尤敏於學。修文辭，造語驚絕，書法矯潔遒勁，必自創結構，不肯襲古。每書成，盡搜古帖，偶一字同，棄去更書。

（卷三百十四）

《畫史會要》　（明）朱謀垔

寧靖王奠培號竹林懶仙，寧獻王孫。寫山水若草草不經意，自然神妙。

（卷二十七）

《四庫全書總目提要·陳忱《讀史隨筆》》

成化十三年，樂安王奏寧王奠培慘酷貪淫不軌等事。命太監羅吉祥往勘多實，擬罪。姑從寬典，革去祿米一年，更不論斷一字，亦不知何所取。蓋其立名似乎史評，實則雜記之類也。

《盱眙朱氏八支宗譜》

磐烒長子，奠培，號梅仙，襲封寧王，諡曰靖。明永樂十六年戊戌六月廿五日亥時生。明宣德七年壬子十二月廿六日封鎮國將軍，明正統十四年己巳七月初一封王。明宏治四年辛亥六月廿四日戌時薨，享壽七十四。所著詩文諸書，史志詳明。

柒　寧康王朱覲鈞

《明史》

弘治四年，奠培薨，子康王覲鈞嗣。十年薨，子上高王宸濠嗣。

（卷一百十七）

《明實錄》

弘治五年十月己酉　上御奉天殿傳制，遣永康侯徐錡……各持節充正使，尚寶司司丞李孔……充副使，冊封：寧府上高王覲鈞為寧王，妃徐氏為寧王妃。

弘治十年六月己亥　寧王覲鈞薨。王，靖王庶長子。母，胡氏。正統十四年生，天順八年封為上高王，弘治五年襲封寧王，至是薨，年四十九。訃聞，輟朝三日，賜祭葬如制，諡曰康。

《弇山堂別集》　（明）王世貞

寧靖王奠培弘治四年薨，庶長子康王覲鈞，以弘治五年自上高王嗣。在位六年，以弘治十年薨，壽四十九。

（卷三十二）

《盱眙朱氏八支宗譜》

奠培長子覲鈞，後改名欽，號衡甫，初封上高王，襲封寧王，諡曰康。明正統十四年己巳九月初三日生，明天順八年甲申九月廿一日封上高王，弘治五年壬子襲封寧王。明弘治十六年癸亥六月廿九日丑時薨，歷年五十五。……子一，宸濠。

《江西出土墓誌選編》　　陳柏泉

　　王諱覲鈞，寧靖王之子也。母胡氏。正統十四年九月初三日庶生。天順八年九月二十一日封為上高王。弘治五年十二月十八日襲封為寧王。弘治十年六月二十九日以疾薨，享年四十有九。妃徐氏，南城兵馬副指揮同知徐洪之女。子一人。女二人。訃聞，上輟朝三日，遣官賜祭，諡曰康，命有司治喪如制。皇慈仁壽太皇太后、皇太后、東宮及文武衙門，皆致祭焉。以弘治十年十二月十七日，葬於西山潤溪之原。惟王宗室至親，享有大國，茂膺封爵，貴富兼隆。茲以令終，夫復何憾。爰述其概，納諸幽宮，用垂不朽云。

　　弘治十年丁巳冬十二月吉日志。

捌　寧王朱宸濠

《明史》

　　（正德十四年）六月丙子，寧王宸濠反。巡撫江西右副都御史孫燧，南昌兵備副使許逵死之。戊寅陷南康，己卯陷九江。秋七月甲辰，帝自將討宸濠。安邊伯朱泰為威武副將軍，帥師為先鋒。丙午，宸濠犯安慶，都指揮楊銳，知府張文錦禦，卻之。辛亥，提督南贛汀漳軍務副都御史王守仁帥兵復南昌。丁巳，守仁敗宸濠於樵舍，擒之。八月癸未，車駕發京師。丁亥，次涿州，王守仁捷奏至，秘不發。

　　（十五年）八月閏月癸巳，受江西俘。丁酉發南京，癸卯次鎮江，幸大學士楊一清第。臨故大學士靳貴喪。九月己巳，漁於積水池，舟覆救免，遂不豫。冬十月庚戌次通州。十一月庚申治

交通宸濠者罪，執吏部尚書陸完赴行在，十二月己丑，宸濠伏誅。甲午還京師，告捷於郊廟社稷。

（卷十六）

　　弘治四年，奠培薨，子康王覲鈞嗣，十年薨，子上高王宸濠嗣。其母故娼也。始生，靖王夢蛇啖其室。且日鴟鳴，惡之。及長，輕佻無威儀，而善以文行自飾。術士李自然、李日芳妄言其有異表，又謂城東南有天子氣。宸濠喜。時時詗中朝事，聞謗言輒喜。或言帝明聖、朝廷治即怒。武宗末年無子，群臣數請召宗室子子之。宸濠屬疎，顧深結左右，於帝前稱其賢。初，宸濠賄劉瑾，復所奪護衛。瑾誅，仍論奪。及陸完為兵部尚書，宸濠結嬖人錢㝆、臧賢為內主，欲奏復。大學士費宏執不可。諸嬖人乘宏讀廷試卷，取中旨行之。宸濠益恣，擅殺都指揮戴宣，逐布政使鄭岳、御史范輅，幽知府鄭巘、宋以方。盡奪諸附王府民廬，責民間子錢，強奪田宅子女，養群盜劫財江湖間，有司不敢問。日與致仕都御史李士實、舉人劉養正等謀不軌。副使胡世寧請朝廷早裁抑之。宸濠連奏世寧罪，世寧坐謫戍，自是無敢言者。

　　正德十二年，典儀閻順，內官陳宣、劉良間行詣闕上變。寧、賢等庇之不問。宸濠疑出承奉周儀，殺儀家及典仗查武等數百人。巡撫都御史孫燧列其事，中道為所邀，不得達。宸濠又賄錢㝆，求取中旨，召其子司香太廟。寧言於帝，用異色龍箋加金報賜。異色龍箋者，故事所賜監國書箋也。宸濠大喜，列仗受賀。復勒諸生、父老奏闕下，稱其孝且勤。時邊將江彬新得幸，太監張忠附彬，欲傾寧、賢，乘間為帝言：「寧、賢盛稱寧王，陛下以為何如？」帝曰：「薦文武百執事，可任使也。薦藩王何

為者？」忠曰：「賢稱寧王孝，譏陛下不孝耳；稱寧王勤，譏陛下不勤耳！」帝曰「然」。下詔逐王府人，毋留闕下。是時宸濠與士實、養正日夜謀，益遣奸人盧孔章等分佈水陸孔道，萬里傳報，浹旬往返，蹤跡大露，朝野皆知其必反。巡撫都御史孫燧七上章言之，皆為所邀沮。諸權奸多得宸濠金錢，匿其事不以聞。

　　十四年，御史蕭淮疏言宸濠諸罪，謂不早制，將來之患有不可勝言者。疏下內閣，大學士楊廷和謂宜如宣宗處趙府事，遣勳戚大臣宣諭，令王自新。帝命駙馬都尉崔元、都御史顏頤壽、太監賴義持諭往，收其護衛，令還所奪官民田。宸濠聞元等且至，乃定計，以己生辰日宴諸守土官。詰旦，皆入謝。宸濠命甲士環之，稱奉太后密旨，令起兵入朝。孫燧及副使許逵不從，縛出斬之。執御史王金，主事馬思聰、金山，參政黃宏、許效廉，布政使胡廉，參政陳杲、劉棐，僉事賴鳳，指揮許金、白昂等下獄，參政王綸、季敩，僉事潘鵬、師夔，布政使梁宸，按察使楊璋，副使唐錦皆從逆。以李士實、劉養正為左右丞相，王倫為兵部尚書，集兵號十萬，命其承奉涂欽，與素所蓄群盜閔念四等，略九江、南康，破之。馳檄指斥朝廷。七月壬辰朔，宸濠出江西，留其黨宜春王拱樤、內官萬銳等守城，自帥舟師蔽江下，攻安慶。

　　汀贛巡撫僉都御史王守仁聞變，與吉安知府伍文定等檄諸郡兵先後至。乃使奉新知縣劉守緒破其墳廠伏兵。戊申，直攻南昌。辛亥城破，拱樤、銳等皆就擒，宮人自焚死。宸濠方攻安慶不克，聞南昌破，大恐，解圍還。守仁逆擊之。乙卯，遇於黃家渡。賊兵乘風進薄，氣驕甚。文定及指揮余恩佯北，誘賊趨利，前後不相及。知府邢珣、徐璉、戴德孺從後急擊，文定還兵乘之，賊潰，斬溺萬計。又別遣知府陳槐、林瑊、曾璵、周朝佐復

九江、南康。明日復戰，官兵稍卻，文定帥士卒殊死鬥，擒斬二千餘級，宸濠乃退保樵舍。明日官軍以火攻之，宸濠大敗。諸妃嬪皆赴水死，將士焚溺死者三萬餘人。宸濠及其世子、郡王、儀賓並李士實、劉養正、涂欽、王綸等俱就擒。宸濠自舉事至敗蓋四十有三日。

　　時帝聞宸濠反，下詔暴其罪，告宗廟，廢為庶人。逮繫尚書陸完，嬖人錢㻞、臧賢等，藉其家。江彬、張忠從與帝親征，至良鄉，守仁捷奏至，檄止之。守仁已械繫宸濠等，取道浙江。帝留南京，遣許泰、朱暉及內臣張永、張忠搜捕江西餘黨，民不勝其擾。檄守仁還江西。守仁至杭州，遇張永，以俘付之，使送行在。十五年十二月，帝受所獻俘回鑾，至通州誅之。封除。初宸濠謀逆，其妃婁氏嘗諫。及敗，歎曰：「昔紂用婦言亡，我以不用婦言亡。悔何及！」

（卷一百十七）

《王文成全書》　（明）王守仁

十五年七月十七日遵奉大將軍鈞帖。

　　照得先因宸濠圖危宗社，興兵作亂，已經具奏請兵征剿。間蒙欽差總督軍務威武大將軍總兵官後軍都督府太師鎮國公朱鈞帖，欽奉制敕內開，一遇有警務要互相傳報，彼此通知，設伏剿捕，務俾地方寧靖，軍民安堵。蒙此，臣看得宸濠虐焰張熾，臣以百數疲弱之卒，未敢輕舉驟進，乃退保吉安。一面督率吉安府知府伍文定等調集軍民兵快，召募四方報效義勇之士，會計一應解留錢糧支給糧餉，造作軍器戰船，奏留回任監察御史謝源、伍希儒分職任事。一面約會該府鄉官，致仕都御史王懋中，養病痊

可編修鄒守益，刑部郎中曾直，評事羅僑，丁憂御史張鼇山，先任浙江僉事、今赴部調用劉藍，依親進士郭持平，軍門參謀驛丞王思、李中、致仕按察使劉遜，參政黃繡，閑住知府劉昭等，相與激發忠義。七月初二日，宸濠探知臣等兵尚未集，乃留兵萬餘，屬其心腹宗支郡王儀賓內官，並偽授都督、都指揮等官，使守江西省城，而自引兵向闕。臣晝夜促各郡兵，期以本月十五日會臨江之樟樹，而嚴督知府等官伍文定等，各領兵於十八日遂至豐城。分佈伍文定等攻廣潤等七門。是日得報，宸濠伏兵千餘，於新舊壙廠以備省城之援。臣遣知縣劉守緒等，領兵從間道夜襲破之。十九日申布朝廷之威，再暴宸濠之惡，約諸將二十日黎明各至信地。我兵四面驟集，遂破江西，擒其居守宜春王拱橡及偽太監萬銳等千有餘人。宸濠宮中眷屬聞變縱火自焚，延及居民房屋。臣當令各官分道救火，撫定居民，散釋脅從，搜獲原被劫收大小衙門印信九十六顆。三司脅從布政使胡濂、參政劉斐、參議許效廉、副使唐錦、僉事賴鳳、都指揮王玘等，皆自首投罪。除將擒斬功次發御史謝源、伍希儒。權令審驗紀錄，及一面分兵四路追躡宸濠向往，相機擒剿。二十二日，臣等駐兵省城，督同知府伍文定等各領兵分道並進，擊其不意。都指揮余恩領兵往來湖上，誘致賊兵知府等官陳槐等，各領兵四面設伏。二十三日復得諜報，宸濠先鋒已至樵舍，風帆蔽江，前後數十里不能計其數。二十四日早，賊兵鼓噪乘風而前逼黃家渡。臣督各兵四面擊賊，遂大潰，擒斬二千餘級，落水死者萬數。二十五日又督各兵殊死並進，炮及宸濠舟，宸濠退走，遂大敗。擒斬二千餘級，溺水死者不計其數。二十六日，臣夜督伍文定等為火攻之，具四面而集，火及宸濠副舟，眾遂奔敗。宸濠與其妃嬪泣別，妃嬪宮人皆

赴水死。我兵遂執宸濠並其世子郡王將軍儀賓及偽太師國師元帥
參贊尚書都督都指揮指揮千百戶等官李士實、劉養正、劉吉、屠
欽、王綸、熊瓊、盧珩、羅璜、丁贖、王春、吳十三、秦榮、葛
江、劉勳、何鎧、王信、吳國七火信等數百餘人被執，脅從太監
王宏。御史王金，主事金山，按察使楊璋，僉事王疇、潘鵬，參
政程昊，布政梁宸，都指揮郟文、馬驥、白昂等擒斬賊黨三千
餘，落水死者萬餘。棄其衣甲器仗財物與浮屍積聚橫亙十餘里。
餘賊數百艘，四散逃潰。二十七日戰樵舍等處，又復擒斬千餘，
落水死者殆盡。二十八日，知府陳槐等各與賊戰於沿湖諸處，擒
斬各千餘級。除將宸濠並其世子、郡王、將軍、儀賓、偽授太
師、國師、元帥、參贊、尚書、都督、都指揮、指揮等官各另監
羈□解；被執脅從等官，並各宗室別行議奏；解被執脅從等官並
各宗室別行議奏，及將擒斬俘獲功次一萬一千有奇。發御史謝
源、伍希儒暫令審驗紀錄。

（卷十三）

《罪惟錄》　　（清）查繼佐

使宸濠遲兩期乃起，大言曰：「昔太宗以孤露劫吾獻王，約
曰事成分天下半。寧出全力共有金陵，輒負諾，但設一座。天下
無不知借寧，無寧安得有燕？天下無不知給寧，既有燕而遂無
寧。吾獻王臥南昌，非封，遺言後世以鐵樹起，吾從旌陽去也。
今豹房燕盡，幸還吾寧一座。寧、燕並外藩，並高皇子，燕獨坐
一百二年所矣，獨不能踐太宗前諾一日乎？」即此時爭立，必獻
王子。以材武，無如濠者。以結納根據，亦無如濠者，天下事未
可知也，而計不出此。

…………

世人言致良知者，始自餘姚王守仁。以宸濠仁孝多聞，視武宗荒淫之主，一堯一桀可知也。而守仁擁戴亂君，以誅賢冑，亦謂效忠天室，良知所行則然。

《盱眙朱氏八支宗譜》

覲鈞之子宸濠，號畏天，封上高王，襲封寧王。明成化十二年丙申六月十二日吉時生，明弘治八年正月（據《明實錄類纂·宗藩貴戚卷》為弘治七年十月戊辰冊封）初八日襲封寧王。明正德十四年六月，因逆革爵為庶人。薨。

《風月錦囊·寧王》（戲文）
引

奈何奈何！自恨我不是，做差了這場事。叫我怎生結果？

【山坡羊】

恨只恨我時乖運蹇，怨只怨凌十一、李士實、王兵備。領那一干強賊，一心心扶我在南京做了帝位。誰知禍起蕭牆內。那時節只有婁氏妻，他左諫不從，右諫不聽，將身跳入黃石磯。為只為忠言直語，到如今只做銜冤鬼。死在黃泉地。他是諫夫不從，萬古標題。傷悲。普天下那一年、那一月、那一個不罵幾句寧王賊。思知。船到江心補漏遲。

【耍孩兒】

洪都本是興賢地。作歹寧王亂施為。六月十四刀兵起。江西要立君王駕，怎奈三司不肯從，鋒刀取斬難容取。也是他時乖運蹇命犯災危。

　　可惜孫都喜富賢，他是忠臣不肯隨。將刀屈殺分天地。聽得一聲聲炮向，嚇得他魂散魄飛。

　　六月三，七月初。領精兵，擺鑾駕，過了鄱陽湖。康山廟裡把真情訴。神明本是分明報，就是鬼使神差不肯休。讒佞賊，令人惱。都怨我自家不是，退悔無由。

　　伍知府，沒道理。黃韭菜，老米飯，叫我怎生吃？陽春書院真難棄。婁妃翠妃在那裡？何時再得和你重相會？

　　上囚車，珠淚垂。從今再不得回轉江西地。你把千歲話兒再休提起。

【附】：孫崇濤、黃仕忠箋校《風月錦囊箋校·寧王》箋

　　它出自《寧王》戲文。《寧王》戲文，《南詞敘錄》「本朝」著錄。題《王陽明平逆記》。……戲文全本已佚。按《堯天樂》收有《陽春記》之〈婁妃諫主〉〈點化陽明〉二齣。《樂府菁華》收有《護國記》之〈點化陽明〉一齣，皆出自本戲傳本，故本戲亦別名《陽春記》《護國記》。此戲以「宸濠之亂」歷史故實為題材敷衍成劇。明正德十四年（1519）六月，寧王朱宸濠起兵反於江西南昌，出鄱陽湖，陷九江，沿江東指，攻安慶，聲言直取南京。奪取帝位。同年七月，為僉都御史王陽明調集各部兵馬所敗，宸濠被俘，歷時四十三天。翌年十二月，宸濠被誅。事載《明史》〈太子諸王傳二〉〈武宗記〉〈王守仁傳〉等及《明史紀事本末》《國朝列卿記》等書。本戲之作，當在明正德十五年（1520）之後。本段寫宸濠兵敗被俘禁時的自悔自責心情。無別本可校，僅據文意與史實予以校錄。

【注】《風月錦囊》全稱《新刊耀目冠場擢奇風月錦囊正雜劇兩

科全集》。明徐文昭編輯。僅存孤本已流入西班牙埃里科
里亞爾的聖·勞倫佐皇家圖書館。中國版本有孫崇濤、黃
仕忠據西班牙藏本製作之中華書局 2000 年《風月錦囊箋
校》本。全書四十一卷，正編二十卷，續編二十卷。續補
一卷。絕大部分不署作者姓名。署名者僅朱權散曲〈黃鶯
兒〉八首，已見前。

玖　宸濠妃婁素珍

《明史》

（婁諒）子忱，字誠善，傳父學。女為寧王宸濠妃，有賢
聲。嘗勸王毋反，王不聽，卒反。

（卷二百八十三）

【注】按〈南京兵部武庫清吏司郎中致仕進階朝列大夫婁君墓誌
　　　銘〉載，寧王宸濠妃之父為婁性，字原善，號野亭。

《續書史會要》　（明）朱謀垔

婁妃。書仿詹孟舉。楷書千文極佳。江省永和門並龍興普賢
寺額，其筆也。後人以其賢，不忍更之。

〈過寧王府弔婁妃〉　（清）李紱

女智莫如婦，吾常聞斯言。
不用婦言敗，宸濠毋乃顛。
聽言及芻蕘，況乃妃匹賢。
戰敗悔心出，無端為禍先。

有來告妃烈，若杵投深淵。

拱手謝虔撫，先生勿棄捐。

是嘗苦口諫，規瑱吾之愆。

吾聞婁一齋，理學承薪傳。

賢淑見諸孫，大節光逆藩。

陽明昔志道，婁公啟先鞭。

於妃宜敬恭，世講明淵源。

鬆櫬葬以禮，彼昏徒拳拳。

寧封自太祖，獻王尤光前。

至濠忽然沒，人也匪由天。

分胙失茅土，窈窕鬱黃泉。

遺宮作官廨，草茂寒秋煙。

炯戒千萬年，忠孝宜弗諼。

（《江城名跡記續補三種》）

《盱眙朱氏八支宗譜》

妃婁氏，冊封王妃。妃生有聰慧、才學，能詩詞。屬以忠貞，規諫寧庶人形於詩句，奈寧庶人不納，妃即以分水犀角簪束髮沉於樵舍江中，自表其忠貞之心。數日後屍尚未損，逆流於黃溪渡之濱。為巡撫王公守仁獲之。事聞於上，諡貞烈賢妃，以禮葬於章江之濱。……鉛山太史蔣公士銓作〈一片石詞〉以垂不朽……所著文字詩集及事蹟，史志詳明，並載《江西通志》。

〈蔣太史表婁妃墓〉

婁妃沉江殉王，邦人欽其賢且烈，私為具厚殮，葬於德勝門外新建、上饒漕倉間，埋沒貧家灶側二百餘年，無有知者。乾隆

辛未，蔣心餘太史省應試，訪得之，告彭青原方伯家屏，會移藩滇南，且戒裝，不得廓清墳域，僅立碑表識而去。後太史每寓書有司，乞擇官地一區，徙破屋以妥妃靈，無有應者。乙未冬，漢陽阮見亭茂才龍光訪太史，執手如平生，叩以故，則於傳抄中心折太史所撰〈一片石〉舊詞，已十餘稔，每以不及訂交為憾。太史亦傾倒見亭不能已。時見亭舅氏吳羲堂山鳳以鹽道權方伯篆，太史乃以妃墓屬告方伯，方伯遂偕新建大令伍省亭魁孝往視，即給墓戶徙屋資，又捐金，屬大令修葺。大令亦捐俸購墓前民居，俾折去。於是兆域夷曠，馬鬣隆起，新坊翼然，以崇賢妃，幽宅至茲奠矣。太史復作第二碑，曲本籍紀其美，見亭敘云：「鴻文補闕，曾志貞妃；彤管分編，仍歸史筆。幸舟藏之未泯，槁葬堪悲；歎墓禁之誰申，堂封將隘。殘碑數尺，忍沒如斯；破屋幾家，實逼處此。何幸重來方伯，擴清一薦香芩；不圖舊日詞壇，傳播再翻新調。碣刊第二，依然一片韓陵；拍按無雙，怕聽三更鬼唱。洵千秋之佳話，慰十載之遐思。賡韻於帝子樓邊，竊愧東鄰之效；尋詩在隆興觀側，車同下澤之遊。嗟乎！曳明璫翠羽以來，香籠夜魄；訪金盆玉魚而至，風滿靈旗。偕仙令以扶持，伍松滋有茲後裔；藉史宮而紀載，蔡陳留應是前身。凡此移宮換徵之清音，要皆揚烈表忠之健筆。是以飲香浴露，韻分中秘之馨；因而構錦粲花，鮮濯西江之水。聲流簡外，都緣文以情生；豔發毫端，寧等老而才盡。宿雲花榭，十手爭傳；牖日芸窗，六么頻按。播雅章於豪竹哀絲之會，誰知我亦登場；開清燕於蟹肥橙熟之秋，共羨君能顧曲。」題詞云：「醉和江樓吊古吟，十年神契卷中深。重勞刻羽移宮手，寫盡依韓慕藺心。」「多君史筆譜綱常，第二碑成水一方。不等降五遺臭骨，幽馨留得墓門香。」香

出墓碑下細竇中，月夜尤烈，士人來告，伍大令親見之。「兩賢相識畫中顏，寄語煩予代往還。清容與蕎堂公未識面時各以小像訂交，遂屬余商榷廓清妃塚。片石因緣總前定，五人同灑涕潺湲。」事始於彭、蔣兩公，予與吳、伍兩公幾成之。「行省門留妙格書，（藩門榜屏翰二字乃妃手書。）延陵人為表幽居。真教別蓋杉皮屋，豚柵雞棲頓掃除。」蔣虞山相國題前〈一片石〉有「可能別蓋杉皮屋，讓出遺壚地十弓」之句。「見說靈乩信有神，第三天女是前身。誰知再譜魚山曲，仍屬操觚舊舍人。」太史昔官中書時，妃曾降乩書謝填詞，自稱天帝第三女。其事甚奇。題後〈鶯啼序〉云：「吟肩漫勞醉聳，怕擔愁萬古，北邙裡，遺恨如山，就中心緒誰語？記當日洪州畫壁，烏絲傳寫新詞苦。歎重遊，拍遍紅牙，一抔黃土。蔣捷歸歟，阮生至矣。忽相投臼杵。渾不是，兒家陵戶，料無人再掃殘邱，但憑侵侮。籛鏗久逝，季札重來，漏天應待補。笑我亦因人成事，謝舅羊甥，恰好攜他湘源明府。方伯題門，令君書碣，人家雞大才移掉。表幽貞墨，淚彈秋雨，可憐詞客，者番白了吟髭。又煩重按新譜。繁音拉雜，逸響乼騷，把舊愁細數。算往事，黃金教伎，胡粉登場，一往情深，風流如許。豪哉太史，桂林蘭谷，傳神自寫人天怨，奮霜毫撾破燈筵鼓。樽前相對掀髯，君試長歌，我為起舞。」又和太史〈滿江紅〉云：「畫戟朱旗，是方伯，重尋荒墓，把一片桃源雞犬，量移他處。築就佳城青塚塞，排開華表香溪渡。倚江雲，坊闕手親題，無差誤。燈火暗，鳥啼樹，環佩響，風吹雨。指裙腰芳草，一彎斜露。掛劍人呼吳季札，巡河曲唱丁都護。畫中樵，魂魄可歸來，江邊路。」又先有和太史〈弔妃詩〉云：「香骨寧沾濁浪腥，水仙來往自揚靈。朱顏畢竟歸黃土，中有神燈一點青。」「豕圈雞塒未遷開，今人才異古人才。

誰能柳下申前禁，應有金龗出墓來。」其原韻云：「如雪崩濤戰血腥，練花堆裡葬湘靈。春泥不得埋香骨，愁煞西山一帶青。」「王氣欃槍黯不開，一時都讓婦人才。風吹蘭麝多成土，誰踏玻璃上塚來。」

（清　朱樂《江城舊事》卷十五）

〈西江絕筆〉　婁素珍

畫虎屠龍歎舊圖，血書才了鳳睛枯。

迄今十丈鄱陽水，流盡當年淚點無。

（《豫章才女詩詞評注》）

拾　安福郡主朱桂華

《明史・藝文志》

安福郡主。《桂華詩集》一卷。

（卷四）

《江城舊事》

寧靖王女安福郡主。能屬文，尤長於詩。配孔景文亦善吟。居常聯章賡和，積成卷帙。主號桂華軒，有《桂華軒集》四卷，五七言詩一百七十餘首，聯句三之一。新喻胡憲副榮云：予觀集中〈夏景〉詩：炎炎赤日景偏長，宮院無風亦自涼。安得片雲彌太宇，清陰幕幕偏遐方。與唐詩「綠樹碧簷相掩映，無人知道外邊寒」者異趣矣。主尤善草法，今集中數幅，筆勢遒俊，無花骨欹斜之態。

（卷十一）

《書史會要》

安福郡主，寧靖王奠培之長女。下嫁宣聖五十八世孫景文。天順元年封安福郡主。工草書，能詩。

（卷二十）

同治《新建縣誌》

孔景文配寧靖王女安福郡主，俱善吟。居常聯章賡和集成卷秩。

（卷六十八）

《御選宋金元明四朝詩》

安福郡主，寧靖王奠培長女，下嫁宣聖五十八世孫景文。天順初封安福郡主。有《桂華詩集》。

《盱眙朱氏八支宗譜》

（奠培）女一，封安福郡主，適孔景文。主能屬文，尤長於詩，景文亦善吟，居常聯章賡和積成卷帙。主號桂華軒，有《桂華軒集》四卷，五言詩一百七十餘首，聯句三之一。新喻胡憲副榮云：嘗觀集中〈夏景〉詩：「炎炎赤日景偏長，宮院無風亦自涼，安得片雲彌太宇，清陰幕幕偏遐方。」與唐詩「綠樹碧簷相掩映，無人知道外邊寒」者異趣矣。尤善草法，今集中數幅筆勢遒俊，無花骨欹斜之態。事入《江城名跡》《新建縣誌》。

卷三　寧藩族裔八支傳記史料

壹　臨川王支

康僖王朱磐燁

永樂元年秋七月丙子　寧王權第二子生，賜名磐燁。

《太宗文皇帝實錄》卷三十三

臨川王磐燁，權庶二子。宣德元年封。天順五年罪降庶人。鳳陽居住。成化二十一年卒。嘉靖三十五年追復王。傳奠埨。磐燁嫡一子。正德七年封長子。天順五年罪降庶人，嘉靖二十五年追封王，子孫不襲國除。

臣等謹按：追復追封宜在一年表中。追復則云三十五年，追封則云二十五年，當有一誤。

《欽定續文獻通考》卷二百八

臨川康僖王磐燁，獻第二子。天順五年坐非其罪，廢為庶人，幽高牆。成化二十一年故，壽六十八。子奠埨亦以不能諫阻送西山祖陵焚修，先父卒。壽三十八。子覲�生宸□，□生拱槌。嘉靖十五年陳情乞襲封，世宗以年遠不許，准封鎮國中尉。三十五年追封燁康僖王，埨恭順王。拱槌又以罪除。

《弇山堂別集》卷三十五

恭順王朱奠塨

寧府臨川王奠塨，追封恭順。

《明諡紀彙編》卷十一

（臨川康僖王磐烽）子。奠塨亦以不能諫阻，送西山祖陵焚修，先父卒。壽三十八。

《弇山堂別集》卷三十五

朱奠坳

明故臨川王府清隱道人壙志

臨川王府清隱道人，余母叔祖也。五世太外相寧獻王第二子始封王也。五世太外祖御諱磐烽，太祖外姚王妃黃氏。生元外祖御諱奠塨，二叔祖御諱奠塹。天順五年，因緣事遷鳳陽，戊子年四月十三日生三叔祖，御諱奠坳。叔祖年方二十一歲，奉敕差官送回省城，給與房屋於羊義巷口高士坊地名居也。弘治八年四月內奏，選娶祖母王氏，奏例娶妾及使女等，俱無生。叔祖幼而孤也，性裏純良，不傲物矣。不事詩書，生而知矣。不糜王爵，高尚志矣。處宗戚，和且睦矣。待妻妾，如賓交矣。御僕下，恩而威矣。待卑幼，慈而愛矣。以至動靜語默，無亦不中禮矣。諸外祖之亡也，臨川府方將賴之而昌厥後也。胡為乎，天又奪其壽矣。於乎痛哉！享年五十一歲，於正德十四年己卯歲，值逆濠之變。六月二十日，官兵入省臨府虜失其身矣。遺叔祖母王氏，孤苦特立於顛沛之中，於正德十五年得內使陳瓚，饒州安仁縣故家人也，相與匡持府事，砥礪名節，迄今年，祖母而與瓚語之曰：

「主君賓天，今十三載矣，何忍負之。欲遵古禮以葬，何如？」
瓚進而對曰：「送死者，人之大事也。善乎！善乎！」於是不取
給有司府庫之財，自出養贍之貲，命瓚同侄婿陳昱，顧任工師，
往於本府古塚京家山，大拓規模，鼎建殿宇，築立一塋雙穴，卜
於是年。閏六月十四日，招厝三叔祖於左穴也，遺右生基以昭叔
祖母王氏萬世同穴之義也。棟，質魯不能文，而叔祖之始終顛
末，不敢不志以傳諸永久。終天之哀，期於茲石於不朽也。於乎
痛哉。噫！若叔祖母者，可謂善事其夫，而瓚亦可謂善事其主者
矣。予於是乎志。

　　嘉靖十年歲次辛卯季夏朔日。外孫新建庠生劉廷棟濡血志。
外孫婿南昌郡庠生胡皋謹書。侄婿陳昱、內使陳瓚同立。

《江西出土墓誌選編》

鎮國中尉朱拱樋

　　（奠埨子）覲鐸生宸□，□生拱樋。嘉靖十五年陳情乞襲
封，世宗以年遠不許，准封鎮國中尉。三十五年追封煇康僖王，
埨恭順王。拱樋又以罪除。

《弇山堂別集》卷三十五

貳　宜春王支

安簡王朱磐㷍

　　宣德五年冬十月庚午　冊金吾後衛指揮劉勳女為宜春王妃。

《宣宗章皇帝實錄》卷七十一

弘治五年八月己未　寧府宜春王磐烑薨。王，獻王第四子。
母，王氏。永樂十二年生，宣德三年冊封宜春王，至是薨。年七
十九。訃聞，輟朝一日，賜祭葬如制，諡曰安簡。

《孝宗敬皇帝實錄》卷六十

宜春安簡王磐烑，獻第三子。薨，壽七十九。子宣和王奠坫
嗣。薨，壽六十一。子覲鐏，以長子先卒，壽四十三。子康僖王
宸澮嗣。進長子懷簡王。康僖薨，壽二十七。子拱橾嗣。坐宸濠
叛逆，解京賜死，年三十五。國除。

《弇山堂別集》卷三十五

宜春王磐烑，權庶三子。宣德三年封，弘治五年薨。

《續文獻通考》卷二百八

獻王三子，號元蘊，封宜春王。諡曰安簡。明永樂十二年甲
午又九月初一日丑時生，明宣德三年戊申七月十三日封王，明弘
治五年壬子八月二十日巳時薨。

《盱眙朱氏八支宗譜》

宣和王朱奠坫

宣和王奠坫，安簡嫡一子，弘治八年襲封。九年薨。

《明史》卷一百二

弘治七年十月戊辰　冊封宜春安簡王嫡長子奠坫為宜春王，
夫人苗氏為宜春王妃。

《孝宗敬皇帝實錄》卷九十三

　　弘治九年六月壬寅　寧府宜春王奠埨薨。王，安簡王嫡子，母，妃劉氏。正統元年生，十二年封為長子，弘治七年冊封宜春王，至是薨，年六十一。訃聞，輟朝一日，賜祭葬如制，諡曰宜和。

《孝宗敬皇帝實錄》卷一百一十四

宜春懷簡王朱覲鐏

　　奠埨長子覲鐏，號喻臺，追封宜春王。諡曰懷簡。

《盱眙八支宗譜》

宜春康僖王朱宸澮

　　弘治十年十一月甲子　寧府宜春王長孫宸澮為宜春王，夫人黃氏為宜春王妃。

《孝宗敬皇帝實錄》卷一百三十一

　　弘治十三年四月己酉　寧府宜春王宸澮薨。王，懷簡王之子。母，夫人王氏。成化十年生。封長曾孫，進封長孫。弘治中封宜春王，至是薨，年二十七。訃聞，輟朝一日，賜祭葬如制，諡曰康僖。

《孝宗敬皇帝實錄》卷一百六十一

宜春康僖王壙志文

　　王諱宸澮，乃追封宜春懷簡王之子。母王氏。成化十年十月初十日嫡生。弘治十一年正月二十八日，封為宜春王。弘治十三年四月二十六日，以疾薨，享年二十七。妃黃氏。子二人。上聞訃，輟視朝一日，遣官諭祭，特諡曰康僖，命有司治喪葬如制。

東宮及文武官皆致祭焉。以弘治十四年九月二十九日，葬於西山之原。嗚呼！王以宗室之親，為國藩輔，茂膺封爵，貴富兼隆，而壽止於斯，豈非命耶。用述其概，納諸幽壙，以垂不朽云。

《江西出土墓誌選編》

奉國將軍朱宸㴓

覲鈰長子宸㴓，號仁山。封奉國將軍。明弘治四年辛亥十一月二十四日申時生，卒葬未詳。子一，拱橙。

《盱眙朱氏八支宗譜》

寧藩宜春府奉國將軍墓誌

江西為天下雄藩，分列十三郡，南昌其首焉。寧獻王始封其地，崇尚詩禮，丕闡人文，垂裕玉牒。若宸㴓，寔太祖高皇帝六世之裔，寧獻王玄孫，安簡王次子鎮國第三子輔國之長子也。母夫人張氏。生於弘治辛亥十月二十四日。自幼穎敏奇特，年數歲，通經小學四書葩經。稍長，留心性理，通鑑百家子史，過目成誦。年十五，蒙孝宗敬皇帝賜封奉國祿爵，別號仁山。擇九江府德化縣知四川岳池縣事劉貫次女為配，誥封淑人。㴓行己雅重，孝以事親，悌以事長，祀先以敬，御下以恩，處閨閣雍雍如也。生平樂善，遠慕唐虞三代洙泗淵源，考究濂洛關閩理趣，重斯文，輕俗務；黜奢靡，辟異端，恤患難，每遇良辰清夜，吟風弄月，有古人襟度。正德癸酉十月二十四日，以疾終於正寢，享年二十有三。省中親疏老稚，凡知其名未識其面者，聞其大故，靡不痛，惜而傷悼之。嗚呼！斯人也，抱拔萃之天資，負博古之問學，操誠篤之行義，使天假之以年，必有大議論以贊皇猷，必

有大製作以式後進，為當代之人物，增玉牒之光輝。惜乎壽不斬德，才未償志，而玉芝早凋也。嗚呼傷哉！訃聞於朝，遣官諭祭，仍命有司營葬焉。子一人，曰拱橙，年稚未請封。茲者卜新建縣西山洪崖鄉之原。癸山丁向。佳城已備，揀正德十二年閏十二月初七日安厝。預述行狀，屬才為銘以志之。自愧問學膚淺，無能讚揚。然宗室至親，不敢辭，姑撮其大者而銘之，銘曰：

振振公子，派衍天潢。聰明穎異，迥出尋常。孝親悌長，尚質黜華。貴而不侈，富而不奢。淹貫經史，探索淵源。旁通今古，企慕聖賢。哲人其萎，梁木其隕。我儀圖之，天不憖遺。聖恩元錫，埋玉高崗。山環水繞，地老天荒。

正德十二年歲次丁丑閏十二月吉旦初七日未時，孤子拱橙泣血立石。

《江西出土墓誌選編》

朱拱㮲

拱㮲，康僖嫡一子，正德二年襲封。十五年坐宸濠反，解京自盡，子送鳳陽，除。

《明史》卷一百二

朱統鈿 （華黼）

謀壋幼子統鈿，官名華黼，歲貢生，任山西隰州大寧縣知縣。

《盱眙朱氏八支宗譜》

朱統鎝

統鎝，宜春王裔，天啟七年舉於鄉。國亡，入鄱陽湖中。永曆二十八年，起兵貴溪詹源，屯洪山。八月復貴溪，李標復都昌。十月復南康。上自吳鎮豬溪，下至青山，舟楫蔽湖。後為清兵所敗，走都昌，又走餘干，入廣信山中散札。二十九年五月，耿精忠參將陳武魁、趙和尚來歸，授都督，以眾數千復萬年。尋不守，南走。十月，復建昌、金溪，斬同知蔣汝霖、知縣吉必兆。十一月，朱三、朱四攻金溪，入上清宮。命都督徐達榮入弋陽，朱三、朱四入閩。三十年，精忠授救遠將軍，稱宜春王。三十一年八月，復貴溪、瀘溪、光澤。九月，金淇、尹文郁敗瀘溪死。十月，入江滸山。總兵陳龍、蔡淑、馮珩、吳萬惠、何應元畔，執統鎝光澤，與子議潛、從子總兵議浙死。兵戰死者四千五百人，降者三千人。同時，許志遠為統鎝犄角，屢敗清兵，至是率官百八，兵九千一百人。武魁都督施建宇，亦率官二百十四、兵萬九千人降於清。

《南明史》卷二十七

（吳興祚）特擢福建按察使，以計擒土賊朱統鎝。

《盛京通志》卷七十八

宜春王朱議衍

宜春王議衍，宜春王拱梂四世孫。拱梂罪繫高牆，國除。議衍，安宗立，得釋，不知何年襲。國變為僧，眾呼大和尚。永曆二年正月，自江西入汀州。四月，鄒華、丘選奉之攻寧化龍上里大坑口，有眾數千。三年十二月，為于永綬所執，遇害薨。李芳

泰以其眾入山，久乃敗歿。

《南明史》卷二十七

叁　瑞昌王支

恭僖王朱奠墠

瑞昌恭僖王奠墠，惠第二子。薨，壽五十八。子榮安王覲鍚嗣。薨。壽四十八。子鎮國將軍宸瀓先卒，壽二十三，子拱栟嗣。進鎮國。悼順王拱栟坐宸濠叛逆先死，年三十二。子多燦，送高牆。樂安王代理府事。

《弇山堂別集》卷三十五

正統四年五月乙卯　封寧府莊惠世子庶子奠墠為鎮國將軍。
《英宗睿皇帝實錄》卷五十五

景泰二年三月壬子　進封寧惠王子鎮國將軍奠墠為瑞昌王，夫人嚴氏為王妃。

《英宗睿皇帝實錄》卷二百二

成化十三年二月壬申　寧府瑞昌王奠墠薨。王，惠王第二子也，母夫人周氏。永樂庚子生，正統庚申封鎮國將軍，景泰辛未進封瑞昌王。至是薨，年五十有八。訃聞，輟朝一日，賜祭葬如制，諡曰恭僖。

《憲宗純皇帝實錄》卷一百六十二

榮安王朱覲錫

榮安王覲錫，恭僖嫡一子，成化十四年襲封，弘治元年薨。

《明史》卷一百二

成化十四年四月庚子　命恭順侯吳鑒、寧陽侯陳瑛、鎮遠侯顧溥、西寧侯宋愷、成安伯郭鎖、武進伯朱霖、懷柔伯施鑒、崇信伯費淮、豐潤伯曹振、寧晉伯劉福為正使……持節，冊封……寧府瑞昌恭僖王長子覲錫為瑞昌王……南城兵馬副指揮袁宏女為瑞昌王妃。

《憲宗純皇帝實錄》卷一百七十七

弘治元年七月戊辰　寧府瑞昌王覲錫薨。王，恭僖王長子。母，妃嚴氏。正統八年生，成化十四年襲封，至是薨，年四十六。訃聞，輟朝一日，賜祭葬如制，諡曰榮安。

《孝宗敬皇帝實錄》卷十六

悼順王朱宸瀴

宸瀴，榮安庶一子，初封鎮國將軍。弘治三年卒。本年追封王，諡悼順。

《明史》卷一百二

弘治三年二月庚子　寧府瑞昌王宸瀴薨。王，榮安王庶長子。母，秦氏。成化四年生，十三年封為鎮國將軍，弘治三年進封瑞昌王，未遣使薨。年二十三歲。訃聞，輟朝一日，賜祭葬如制，諡曰悼順。

《孝宗敬皇帝實錄》卷三十五

弘治十四年五月丁卯　進封寧府瑞昌王拱栟母夫人楊氏為瑞昌悼順王妃，從王請也。

《孝宗敬皇帝實錄》卷一百七十八

朱拱栟

拱栟，悼順嫡一子，弘治十二年襲封，正德十五年坐宸濠反，死，子送鳳陽，除。

《明史》卷一百二

弘治十一年十二月甲寅　封瑞昌悼順王嫡長子拱栟為瑞昌王。

《孝宗敬皇帝實錄》卷一百四十五

奉國將軍朱拱柄

奉國將軍拱柄，瑞昌恭僖王後也。性樸茂好學，善草書。始柄父渠為濠累，逮繫中都，柄請以身代。嘉靖十三年冬，賜敕褒獎。已，復上《大禮頌》一章。年八十有九，乃卒。

《藩獻記》卷二

瑞昌王孫拱柄，號白賁，封奉國將軍。性樸茂好學，嘉靖時上《大禮頌》一章，上賜勅褒獎。行草得晦翁體格，名重一時。

《續書史會要》

朱拱柄，明宗室，瑞昌王府輔國中尉宸渠長子，封奉國將軍。性至孝。年十四，母范氏危疾，翦左手股肉煎湯飲母得愈。父疾篤，藥勿效，又翦臂肉煎湯飲亦愈。正德己卯宸濠變，逮遷

宸渠中土，拱柄請代父遷。越三年復還冠帶，孝養益至。嘉靖十年賜詔褒獎，以為宗藩之勸。後居父母喪，啟酒致奠，酒甕內產異芝，堅實如木，一時當事及縉紳士夫有《孝感異芝詩》傳於世。

《江西通志》卷六十八

　　宸渠長子拱柄，號白賣。封奉國將軍。將軍性朴茂，好學，工大書。……明嘉靖廿九年庚戌十二月初九日丑時卒，享壽六十四。……柄上《大禮頌》，並賜勅褒諭。諸子群從多知名者。多煜、多燉以孝友著。多熠、多炌以秉禮嚴重稱。多熿、多煋、多炘以善詞賦名。而多煜與從兄多熑獨杜門卻掃，多購異書，校讎以為樂。萬曆中，督撫薦理瑞昌王府事，謝不起。

《盱眙朱氏八支宗譜》

奉國將軍朱拱榕

　　奉國將軍拱榕，瑞昌王奠壏四世孫也。父宸渠為宸濠累，逮繫中都。兄拱柄請以身代，拱榕佐之，卒得白。嘉靖九年上書請建宗學，令宗室設壇壖，行耕桑禮，謹祀典，加意恤刑，皆得旨俞允。捐田白鹿洞贍學者。其後以議禮稱旨。

《明史》卷一百十七

　　奉國將軍拱榕，字茂材，瑞昌拱柄弟也。博辯，儒雅，有智數。嘉靖九年冬上書請建宗學，並詔宗室攝壇壖，行耕桑禮。謹祀典，加意恤刑。後以議禮稱旨。賜敕褒諭。又嘗捐田白鹿洞贍來學者。與兄柄並以聲譽致諸貴遊。子鎮國中尉多熿，字宗良，博雅好修，辭賦典麗。始與多煋齊名，晚益折節虛己，獎掖後

偶。草書茂美，有晉法。給事中張應登為薦宗正者，於南昌則首舉燼，後病痿，不廢吟諷。譚藝者並宗尚之。

《藩獻記》卷二

宸渠四子拱榣，號季白，封奉國將軍。明宏治十六年癸亥五月廿八日午時生，明嘉靖四十五年丙寅三月廿六日巳時卒。……享壽六十四。……父宸渠，為濠累，逮繫中都，兄拱枘請以身代，拱搖佐之，卒得白。嘉靖九年上書請建宗學，令宗室設壇壝，行耕桑，禮謹祀典，加意恤刑，皆得旨諭允。捐田白鹿洞，贍學者，其後以議禮稱旨。

《盱眙朱氏八支宗譜》

輔國將軍朱拱樹

宸渥三子拱樹，號龍砂，封輔國將軍。明正德六年辛未十二月初四日酉時生，明萬曆十一年癸未五月十四日巳時卒……享壽七十三。

《盱眙朱氏八支宗譜》

瑞昌王府輔國將軍龍沙公暨元配張夫人合葬志銘　　（明）王世貞

輔國將軍龍沙公諱拱樹者，余友人奉國將軍多煇父也。元配張夫人。公之父曰鎮國將軍宸渥，為瑞昌榮安王覲鍚第七子。榮安王父為恭僖王奠壏、恭僖王父為寧惠王磐烒，惠王父曰獻王權。

獻王，高皇帝之第十七子也。實開國於大寧，已徙南昌，仍故號。

公於高皇帝五代矣。始鎮國娶於李，封夫人。卒，亡子。而

其媵乃舉二子。已娶於戴，亦封夫人。

　　始舉公已，又舉公之弟拱樗，俱封將軍如公號。公行雖叔也，然居嫡。而是時王母鮑夫人猶無恙，愛而育之宮。公少岐嶷，有智量。鮑夫人故能讀《孝經》《論語》諸書。公學語即口授之，俱成誦。五歲就外傳，日臆《毛詩》千言。其明年，進賢舒芬過公父，以公娒好，屬之對立應，舒怪不測。後狀元及第。每每致書鎮國謂：而家第三郎，天上麒麟也。好為我致聲。

　　會寧王宸濠反，盡脅諸同姓子侯從軍，而鎮國抗義不肯從。王怒而幽之金墳廠。是時公九歲矣，獨與王母鮑及母戴俱。二母日夜啼泣，曰：「王一旦有天下，奈而父何？」公笑曰：「反者徒自苦耳，何法得天下？且吾父患不與之異耳，不患異也。」

　　俄而鎮國交關守者得脫，獨身逃投婦家。挾一力走建昌。而會王宸濠困兵安慶城下。王文成公守仁乘間襲南昌下之。市井洶洶。一嫗持公而哭，欲與俱投井。公拂袖入，視二母則梁且繯矣。公亟止之曰：「來破城者義師耶？當誅反者，不誅不反者。且吾雖幼庸，詎不如外黃兒？」已而兵至，其別將曰：「王司理偉公出迎。」攝之曰：「公來誅反者。吾父以不從反囚，吾望義師若雲霓耳。」司理奇其言而質之城人，信，署其門曰「良」，且發一旅衛之。公徐入而慰二母。時坊市多中爇，其焰距公門數步輒熄。念獨不得鎮國耗，而鎮國所之建昌曰方宰鐸者，素善鎮國。鎮國欲詣京，上變。鐸曰：毋庸也。吾聞王公師已下南昌，諜知實身衛之。還邸，鎮國既聞公前後語，大詫曰：「不謂九歲兒能辦此！吾殆弗如也。」

　　亡何，鮑夫人薨。公哀毀稱情。至十五，以例請天子為加封，歲祿八百石，儀衛二十八，給朝服、公服、常服各一襲，冠

履革帶稱是。有司治第擇婚。明年始冠，行三加禮。冠禮之不講久矣，獨公舁鎮國行之。

人謂公故嫡也，何以不居鎮國邸？即鎮國亦留公，公固讓曰：令甲自諸王而上始異封，吾知有吾兄而已，不知誰嫡。竟市東門甌脫，剪棘廬焉。而會鎮國與戴夫人俱以悍王變幽苦，先後得疾。公偕其伯仲晝夜東西奉湯藥，吁天請代。疾寖劇，公念以西劇狀聞東則益鎮國憂，以東劇狀聞西則益戴夫人憂。每見必修容問瘳未，則曰：「行瘳矣。」而戴夫人竟先薨。鎮國時時聞哭聲。又覩公狀墨而甚瘁，強起過喪所凶具飭執事井井，知為公調度也。收淚歎曰：「若爾，吾復何憂？」亡何，鎮國亦薨。公乃大發喪，擗踴號哭，毀瘠骨立。既葬服除，張夫人已被封誥矣，而來歸我。

夫人故名族也，婉嫕有志操。既歸公，與偕之東門廬。將軍拱橒甫九歲，有姊會稽郡君亦從公，與張夫人撫愛之如子女。為郡君擇壻，得儀賓王曉。已又為拱橒擇配，已又請封冊，諸冠昏皆於公乎取。

公素好典籍，積至三萬餘卷，尚以不得《東觀秘書》為恨，上章請之。世宗悅，出御制敬一箴，《五經》《四書》《性理大全》為賜。公拜賜動色，崇閣而嚴之。公他亡所好，唯好讀書吟詠，延賢士大夫折節為歡及好施予而已。賴張夫人勤儉，工治生，累積纖微以寬之，公弗問所從也。

甲辰、乙巳間，江右歲連侵，公悉出藏粟，治粥於邸以唅餓者。所全活眾。

是時張夫人已舉二子，而多焜長，有異質。公敕與余德甫、鍾仲謨兄弟游，為諸生業。人或怪公官豈亦仿趙宋時開朱邸甲乙

榜耶？公笑曰：「此一代典制也。使兒曹習之，豈必藉是而貴？」

亡何，多煓拜封冊，而張夫人捐館。當疾革時，執公手謝曰：「妾幸得尚主君，有二子，庶幾見頭角。為主君室，一弟，嫁一女弟，所以相為亦足矣，實不敢私尺布寸珥之橐以負主君。所歉者始不獲奉舅姑，終不竟侍主君耳。」言絕而瞑。公痛之甚，為文以奠，其辭甚酸楚。既而歎曰：「古稱文生於情，信哉！」

當葬，張夫人請於天子，以多煓幼不任窀穸，欲挾與俱，特賜許。故事諸宗室送葬，僅許一長者往，而公之葬鎮國也，行第三，不克從。又居平不得出城闉，恒心痛之。至是治張夫人葬畢，西馳，以一中牢祀鎮國及戴夫人於新建之石礶山，伏地哭，且絕而蘇。手益封樹。復西馳，謁恭僖、榮安二王園。復西馳，謁獻王、惠王二陵。追感先德與叛者之傾宗社，燦歎悲吒久之，俱有詩以紀。還治家廟修祓。嘗益飭曰：「吾嫡也，不可以他委。」

公故多讀書，而尤邃於天文遁甲奇門，演禽太乙六壬諸家言。當是時，天下北被寇，南中倭，士大夫釋紳衿而談戰陳。大吏之宦於公地者，太宰胡莊肅公松、大司馬凌公雲翼、御史中丞康公朗、涂公澤民，所得於公尤多。而余德甫時已登第為尚書比部郎。郎有李攀龍、徐中行、梁有譽、吳國倫、宗臣及余世貞者與德甫相切劘為古文辭，有譽死而得張佳胤，名籍籍一時，或以比「鄴中七子」。多煓時尚少，聞而歎曰：「銅山西傾，洛鐘不東」，應哉！彼且以我非夫也，強自力，以詩及書紹德甫而先後通，諸公咸賞異之。

其後德甫罷閩臬歸，公治芙蓉園以居多煓。而時召德甫，德

甫兄事公而弟蓄多煃,惟公亦時時解頤曰:「毋論,德甫即吾與兒師友也。」公尤愛余若攀龍詩,每誦則咀吟不絕口,顧謂兒:「何、李於弘正間擅《大雅》,而我江右一熊士選不能當邾莒,然且猶沾沾。今二子主盟壇,以若與德甫齊秦賦也,顧吾偕若王父未嘗一日而忘斯道,乃章章於汝,不亦快哉!」於是乃梓鎮國詩曰《玉降遺稿》。多煃請梓公詩,笑弗許也。

公失張夫人,請於朝得內助。曰:「餘故賢,然少不能省出入。」而公以義俠散之產,盡挫厪厪祿入自守。有傳宗正條者減削益甚,至不能名其半子侯,以下嘩不平。公徐謂諸君:「《易》不云乎?『窮則變,變則通,通則久。』我朱徧天下,且百萬,指悉仰給縣官更二十年。大農之藪蹄浮磬矣。胡可以無變通?且若不見漢同姓諸侯王表乎?王之諸子一輩侯耳,他孫則齊民也。戒諸兒家別有宗正條,毋三簒,毋重喪,毋多臧獲,毋辟丙舍而已。諸子侯以下多佩公訓而守之。」

公少善經術。既善《詩》,至五十而益習養生,然不事服餌御內烹煉之術,超然有諧於《參同》《悟真》之微指者。一日受丹方,姑試而驗,遽毀之曰:「異事果有之,非吾分也。」至六十誦《金剛經》,忽若有得者,為偈贊之。梓以施善信人。築精舍,居高僧其中,歲事八關齋,月事十齋。間召客飲,取諸市沽而已。

四子皆已冠婚封冊,有廬產分月供養。公戒四子:吾不如陸大夫,出橐中千金裝富汝,亦不以肥肉大酒溷汝共養,厪厪足小得余羨飯沙門而已。

七十於精舍傍別築深室,鐍而寶之所。時時晤賞者僧及余德甫、鍾仲謨二三子及德甫之子棐而已。

又二歲，忽屬疾。四子皇恐，召醫且禱，公揮手止之。至稍劇，悉屏謝內助余及諸姬侍，獨四子二孫在側。顧謂：「吾生辰近矣，汝曹慎之。」多煙問所欲言，則曰：「汝在，吾何言？」諸子復問之，則曰：「汝兄在，吾又何言？」季冬之三日，忽起具衣冠，南向拜手默祝已，西向趺坐，舉偈曰：「六根元是幻，三昧本無聲。圓融起覺海，無滅亦無生。」復舉偈曰：「痛覺貪生頂法王，三生無住即金剛。剎那了卻人間事，直至威音大道場。」已而謂：「多煙為我延高僧助我西去。」僧自海上來者召之入，俾對趺坐。夜初更，中庭白光如晝，異香鬱然，踰時始息。而公目閉，唇若微動，手數珠若誦彌陀者。至明而絕。其日即公生月及日也。

公長幾八尺，豐頤修髯，玉立山坐，抗聲若洪鐘。齋莊盛服，儼若神明。其燕處布素而已。與人語煦煦和易，尤不喜置城府。生而孝謹，得父母心。事二兄甚恭。二兄見之悅然自失曰：「此國琛，非吾所得而弟也。」友愛季尤篤。季之服張夫人喪降而子曰：「誰鞠我育我者業夭夭。」公拊棺大慟，以其所佩帶並出藏幣斂而曰：「恨不汝偕也。」撫其三孤，與伯仲之子無異。己子矩度詳雅為朱邸所矜式。既為德於其里久，每出入，人延頸而祝之。所著《龍沙集》凡六卷，藏家塾。

於乎！以公之材行，使得入佐明天子，當坐論作行之任。即不敢論周召，去東平齊獻當何異？又不然而受魯衛之寄，亦可以仁用其民，而僅奉一祠官，祿澤不過九里，名不出一方。雖穹爵高稱胡益哉！陳思之所以厭遠遊而請戎弁，有以也。雖然，公始而好經術，既而好詩，又好玄學，晚乃大掃之決無明網，歸大光明藏，即帝釋輪王不足以殢公目睫，而況區區纖芥宰官哉！臨化

之際厥有光景拘方者以為幻。嗚呼！公之所坦然而自得者，亦寧幻也。內助余能祇若公以公薨，故哭泣哀思，歲餘亦卒。

公自樹德，有子四：長即多煒。攀龍《諸子集》中所謂用晦者也，配車氏。多爆配廖氏，繼配程氏。張夫人出也。多潁配金氏，多頰配王氏，內助余出也。皆拜奉國將軍。配皆封淑人。女四：長高郭縣君，適胡山。次欽江縣君，適黃識。次南懷縣君，適聞一誠。次怡亭縣君，適熊良遂。皆儀賓。孫男九：謀䥴，配鄭氏。謀佳，配王氏。俱拜鎮國中尉，配皆恭人。謀墩、謀垄、謀童、謀圤、謀□未封，餘未名。女廣惠鄉君適冀爕，阮溪鄉君適熊宜，高新浦鄉君適程一豹。俱儀賓。餘未封。曾孫男二，女二。多煒既以合公與張夫人窆於新建之桃花鄉王公岡，而內助余祔焉。天子賜之祭三，而謀志銘於余德甫。德甫卒，乃手事狀累萬言以屬世貞節而志之。且銘曰：

是墓也藏上高皇帝五世之仍孫。貴不敵德，以裕後昆。既碩而蕃，雖則蕃碩，貴逾不敵，何以讎之。曰：令聞世世無斁。

《弇州續稿》卷一百十一

奉國將軍朱拱㮤

朱拱㮤，寧獻王朱權五世孫。瑞昌恭懿王曾孫。封奉國將軍。著有《聖嗣誕慶賦》一卷，《聖嗣頌》一卷。

【注】朱拱㮤生平史料待考。

輔國將軍朱拱栟

皇明瑞昌輔國將軍朱拱栟墓誌銘

輔國將軍梅石公者，鎮國將軍竹鶴公第七子、瑞昌榮安王

孫、太祖高皇帝六世孫也。生於弘治己未十月十四日，薨於今萬
曆甲戌正月二十八日，享年七十有六。其嗣奉國多烱等，卜以是
年閏月三日，奉柩葬於南昌老龍岡之兆。先期以參伯洪湫劉公所
撰狀屬予銘。予適轉轄陝右，迫不遑及，但辱鄉推辭不容固，謹
按而志之。

　　公諱拱棟，號梅石，又號隨仙。先是鎮國公諱濬，娶楊氏，
按察使瑄女，封夫人。次娶謝氏生公，封輔國將軍，謝封夫人。

　　公生而穎異。稍長，即知親師友，無驕侈態，讀書獨觀大義
有關於身心者，輒紬繹玩味之至。暇與二三知己賞花賦詩，怡情
適興。事親能孝敬，居常問安侍膳，月且必冠服而朝。正德己
卯，宗國倡亂，誣逮於鎮國公。公憤然相，伯兄力爭竟白，而封
爵如故。鎮國公逝，敬襄大事，情文兼盡。迨侍二母，曲為承
順，務得歡心。而事楊允篤，無異離里焉。是以壽年百歲，榮膺
存問，雖天與遐齡，而善事之孝足徵矣。初弟輔國將軍水亭公未
舉子，公即仗義以季子烆子之。弟後有子，而子子之如初，蓋不
忍奪夙愛也。公處昆弟中，稍失和者則解之，有急則趨之，其聯
宗盟如此。至於與人交，不諂不瀆，遇賢大夫，必折節倒屣，忘
勢盡情，其篤友義如此。他而有稱貸，則倒囊應之。貧不能償，
即出券焚之。凡舉攝助婚，不問疏戚。修葺道塗，不惜大費。御
下嚴而有恩，處眾寬而且恕，此皆見於居常歷歷可紀者。若某最
大，則家庭訓迪，首以君親恩厚難報為言，而拳拳以祖訓是式。
即公之理家，憂勤警戒若此。使如漢宋制授以秩焉，未必無所建
明也。

　　歲癸酉，會今上御極，上兩宮尊號，詔錫天下宗臣耆德，江
藩舉者數人，而公與焉，亦特典也。碩德雅望若公者，真宗中之

翹楚。縉紳士夫談美德者，必首歸公焉。眾方倚以為重，遽爾不祿，於乎哀哉。訃聞於朝，敕諭有司葬祭如制。

公娶李氏，醫官景順女，封輔國夫人，賢而無子。次娶喻氏、王氏、陳氏，生子男六：多㷜、多烔、多㷉、多烀，俱封奉國將軍。㷜、㷉、烀，喻出；烔，王出；多爍，王出。㷜，娶馬氏，庠生良女。烔，娶胡氏，典膳賈女。㷉，娶余氏，參將恩女。烀，娶張氏，散官鉞女。俱封淑人。爍，聘孫仲議女。㷜、㷉、馬氏，先後卒。女三：長封歸善縣君，配賓黃鎮；次靈壽縣君，配賓李時濟；次吳興縣君，配賓羅翊麟；俱封奉訓大夫。孫男九：謀墢、謀塌，㷜出；謀赾，謀埤、謀□，二幼未名，烔出；謀墠，㷉出。謀呈，烀出。墰，聘彭氏；呈，聘余氏；墢，娶何氏女。墢、墰、呈，俱封鎮國中尉，配皆封恭人。孫女八：長封金溪鄉君，配賓戴邦伯。次晉原鄉君，配賓陳廷詔。俱封承務郎。次封螺峰鄉君，未配。餘未封。

噫！公真全福人也。年躋耄耋，壽亦隆矣。食祿千鐘，富罕同矣。榮歷五朝，康且寧矣。崇雅尚賢，攸好德矣。衍慶全歸，考終命矣。噫！公真全福人也。銘曰：

於赫高皇，奄有萬方。文昭寧獻，肇封豫章。三傳恭僖，藩列瑞昌。

榮安多男，次四竹鶴。實生梅石，玉質金相。種德斂福，世祿世德。

無惡無口，陳橋之陽。老龍之岡，氣鍾靈萃。虯驂鳳驤，窿窿玄室。

良壁永藏。千秋萬禩，徵此民章。

萬曆二年歲在甲戌閏十二月之吉，孝男多烔、多烀、多爍等

泣血瘞石。

《江西出土墓誌選編》

鎮國中尉朱多炘

（拱柄）子多炘，好文雅。以孝行聞。舉宗正，未果。二十二年薦攝瑞昌府事。命始下而炘卒。

《藩獻記》卷二

鎮國中尉多炘，瑞昌王府奉國將軍拱柄之庶子也。拱柄性至孝。父母疾，刲股二次。多炘年七歲，父病嘗糞。十歲刲股愈父病。及長將昏，會生母象氏卒，哀痛廢寢食。宗老援壓適之說，呈巡按批准期年服闋成昏，多炘堅執終喪。啟於樂安王。奉王令旨，庶子於生母之喪壓適之說，第以服色黪澹不敢行悲哀也。今多炘終喪而後成昏，所請甚善，可以厚人倫敦化源，宜依所請。嘉靖末巡撫胡松具題，敕遣官獎諭。

《讀禮通考》卷一百十四

奉國將軍朱多煃

奉國將軍多煃，字用晦，瑞昌拱樹子也。始公族習為豪侈貴倨，樹獨折節縉紳間，以儒素督率子弟，以故煃一意修詩書，工楷特甚，里人余曰德與李攀龍、王世貞遊，煃因德延譽海內。然性簡貴矜莊，舉止多僻，族人莫不矚目而遠之。晚節益嗜黃冶，閉關絕慶吊禮。再舉宗正而毀者益眾。悒悒不樂卒。

《藩獻記》卷二

多煃，字用晦，瑞昌王府奉國將軍。善為詩。與里人余曰德

相倡和。因介李於麟、王元美間。數吟詠往還。以此譽延海內。有《芙蓉園稿》。時建安輔國將軍拱樋亦以文雅知名，著《瑞鶴堂詩集》《爽臺稿》各二卷。

《江西通志》卷六十九

貞吉之從兄多煃，字用晦，與南昌余德甫為詩友，因而入「七子」之社。王元美作〈續五子詩〉，用晦與焉。用晦暾名自矜，舉止多僻，晚節益嗜黃冶。謝絕人事，再舉宗正，毀者益眾，悒悒不樂卒。

《列朝詩集小傳》閏集

瑞昌王支拱樹長子多煃，字用晦，號斗西。封奉國將軍。明嘉靖十三年甲午四月初十日酉時生。將軍善於詩，與里人余曰德相倡和，因介李於麟、王元美間，數吟詠往還，以此譽延海內。有《芙蓉園稿》。明萬曆廿四年丙申七月初八日申時卒，享壽六十三。

《盱眙朱氏八支宗譜》

鎮國中尉朱多熲

朱多熲，字宗良，瑞昌王府鎮國中尉。父奉國將軍拱橖，嘗以議禮稱旨，賜勅諭，有聲貴遊間。熲博雅好詩，始與多煃齊名，晚益精進。評者謂其沉著閎達，有先進典刑云。

《江西通志》卷六十九

（拱橖子）鎮國中尉多熲，字宗良，博雅好修，辭賦典麗。始與多煃齊名，晚益折節虛己，獎掖後儁。草書茂美，有晉法。

給事中張應登為薦宗正者，於南昌則首舉熿。後病瘵，不廢吟諷。譚藝者並宗尚之。

《藩獻記》卷二

朱宗良國香集序　王世貞

朱宗良者，豫章諸王孫名多熿者也。當宗良時，諸同姓子侯居閑鮮事，而豫章無重王填拊之。小不受宗正約束，棄其日於雞狗屧瑟之社。宗良少亦時時中之。已而折節自勉，勵為古文辭。當余之罷青桌歸數歲，宗良諸從中有用晦者，以其所業寓余，因定交焉。宗良年差長於用晦，而通余獨稍遲，得其詩亦晚。然自通余之後，其詩之進如日升而川盈，雖宗良亦不自知其所緜至也。余既以病屏廢，然不能盡謝筆墨，而少年噉名者猶日聊蕭之，顧剽襲蠅擾，譏譽蛙沸，幾令人厭而思唾。偶一念及宗良，走書詢之，謂能以新詩悉貽我乎？我當用唐人詩例而字之曰《國秀》。時宗良方危忌者邑邑不自得，盡裒其所著各體曰《石蘭館稿》者凡如干卷，謂王先生幸賜一言之評，以為異日不朽地。余得而盡讀之，大要氣清而調爽，神完而體舒。其用事切而雅，入字峻而穩，運思深而不刻，結法遒而有餘味。即不能盡捨歷下信陽之筏而登彼岸。要之其發於機而止於成器者，自不可誣也。嗟乎！以獻吉之在大樑，大樑朱邸何啻數百千，日樅金饌玉以客獻吉，而不聞能襲其謦欬小自顯見者，余乃於數千里之外而坐得宗良，抑何幸也！自古稱天子懿戚，若淮南、陳思，貴至戴遠游御朱紱，然猶不勝其瀀瀀。宗良之困極矣，其巨麗固不敢遽望二子，而有以自樂於不朽之地，意固勝之。稿初曰《石蘭》，宗良志也。蘭者，國香也。請更字曰「國香」而為序之。

《弇州四部稿》卷五十二

　　朱多煃，字宗良，號貞湖，一號密庵，拱枘從子，封鎮尉。
博雅好修，以辭賦名。草書宗孫虔禮，筆法茂美。

《書史會要》

　　多煃，字宗良，寧獻王六世孫，輔國中尉。六世孫，奉國將
軍拱橨之子也。博雅好修，與多煌齊名。晚益折節有令譽。被垣
薦堪宗正者，於南昌首推宗良。後病瘁，不廢吟詠。譚藝者推其
佳句，有「太室出雲來署裡，黃河如帶出城頭。」「關山曉月趨
三輔，鴻鴈秋霜度九河。」「路經軒後臨戎阪，山接高歡避暑
宮。」鴻聲亮節，信朱邸之雋也。

《列朝詩集小傳》閏集

　　瑞昌王支，拱橨長子多煃，字宗良，號貞湖，封鎮國中尉。
中尉父拱橨，嘗以議禮稱旨，賜敕諭有聲貴遊間。煃博雅好詩，
始與多煌齊名，晚益精進，評者謂其沉著闊達，有先進典型云，
《省志》詳明。明嘉靖九年庚寅十月十三日卯時生，明萬曆十九
年辛卯七月十七日申時卒。

《盱眙朱氏八支宗譜》

奉國將軍朱多煜

　　朱多煜，字中美，瑞昌榮安王曾孫也。封奉國將軍。行草得
鍾王書法，亦自珍惜之。每一紙出，好事者重價購去，比之《蘭
亭禊帖》云。

《藩獻記》卷二

多煴字仲美，號午溪。閉戶讀書，不交外物。小楷法文衡山，絕精。熕、煴俱封鎮尉。

《續書史會要》

拱樎次子多煴，號午溪。封奉國將軍。明嘉靖六年丁亥七月十九日申時生，明萬曆廿二年甲午正月十七日亥時卒。享壽六十七。

《盱眙朱氏八支宗譜》

輔國將軍朱多熷

輔國將軍多熷，瑞昌悼順王諸孫也。父拱槮，正德中□逆濠事就逮中都。熷時甫十齡，哭走旌門，乞以身代。王文成見而異之。嘉靖二年，熷草疏白父冤，遂得釋歸，復爵。時郡藩統於弋陽，而瑞昌始王不祀。熷自謂小宗宜典宗祐，疏請於朝。特敕許焉。已乃益置祭田為烝嘗費，修飭家政截然有章。宮庭之間，儼若朝典。子塾、壚、垳、垟皆莊謹有門風。而垳暨壚子鐕嗜學。聚書各十餘萬卷，手自讐校籍。撰《古史編年》十卷，尚未行。

《藩獻記》卷二

拱槮長子多熷，號蒙泉。封輔國將軍。明正德五年庚午十月十七日亥時生，明萬曆二年甲戌二月初七日卯時卒。享壽六十五。……父拱槮，以濠事被逮。多熷甫十餘齡哭走軍門，乞以身代。王守仁見而異之。嘉靖二年，疏訟父冤，得釋歸復爵。時諸郡王統於弋陽，而瑞昌始王不祀，多熷自謂小宗，宜曲宗祐，請於朝，特勅許焉。乃益祭田修飭，家政儼若朝典。四子皆莊謹嗜學。

《盱眙朱氏八支宗譜》

鎮國中尉朱謀𣏌

　　瑞昌王支多□子謀𣏌，號元南，封鎮國中尉。明隆慶二年戊辰十一月十一日申時生。以子統鉌官贈國子監祭酒，誥封朝議大夫。著有《樸素居詩集》行世。清順治五年戊子四月十二日申時卒，享壽八十一。

《盱眙朱氏八支宗譜》

輔國中尉朱謀埡

　　朱謀埡，字素臣，號謙山，瑞昌王之枝孫。封輔國中尉。雅好草書。遠宗懷素，近法張東海，間用淡墨枯筆出己意。迫視之若雲篆煙書。口嚀不能讀。（羅治〈十二故人傳〉）

《六藝之一錄》

　　多炆次子謀埡，號謙山。封輔國中尉。明嘉靖十二年癸巳十月廿三日亥時生，明萬曆三十二年甲辰十二月初四日巳時卒。享壽七十二。

《盱眙朱氏八支宗譜》

鎮國中尉朱謀圭 （號岱嶽）

　　多燉次子謀圭，號岱嶽。封鎮國中尉。明嘉靖三十六年丁巳四月十一日亥時生，明萬曆十八年庚申九月廿七日酉時卒。歷年三十四。

《盱眙朱氏八支宗譜》

【注】《八支宗譜》名謀圭者有三人，待考。

鎮國中尉朱謀埲（希甲）

多耿之子謀埲。號希甲。封鎮國中尉。明嘉靖三十七年戊午七月十七日申時生，明天啟元年辛酉三月初八日申時卒。

《盱眙朱氏八支宗譜》

鎮國中尉朱謀堯

多熫長子謀堯，號承玉。瑞昌王支。封鎮國中尉。明隆慶六年壬申七月初三日未時生，明崇禎六年癸酉九月廿一日亥時卒，享壽六十三。

《盱眙朱氏八支宗譜》

輔國中尉朱謀雅

多熻四子謀雅，號崑邱。封輔國中尉。明隆慶三年己巳四月廿八日申時生，明天啟元年辛酉三月十七日寅時卒。歷年五十三。

《盱眙朱氏八支宗譜》

鎮國中尉朱謀墋

多燱三子謀墋，號賴竹。封鎮國中尉。明嘉靖三十二年癸丑又二月初三日酉時生，卒葬未詳。

《盱眙朱氏八支宗譜》

鎮國中尉朱統𨨏（號慎學）

謀㙉之子統𨨏，號慎學。封鎮國中尉。明嘉靖四十年辛酉八月廿一日寅時生，明崇禎九年丙子十月十八日卯時卒。享壽七十六。

《盱眙朱氏八支宗譜》

輔國中尉朱統𨨏（號遐宇）

謀㙉次子，統𨨏，號遐宇，封輔國中尉。明萬曆十年壬午七月十七日戌時生，明崇禎十一年戊寅八月十二日卯時卒。歷年五十七。

《盱眙朱氏八支宗譜》

奉國中尉朱統𨨏（字時卿）

朱統𨨏字時卿，以王孫封奉國中尉。僻處城東，賓客罕至。傾祿入以購秘冊，得輒讀，讀輒歷歷不忘。每舉子試，二三場畢，持試目問所出，□必備註其語出某書某卷某葉，事則出某代某年。取而質之，無片言隻字之抵牾也。由黃帝堯舜迄三代，若蘇轍之《古史》，劉恕之《外紀》，金履祥之《通鑑前編》，並稱該洽。著《古史記》四十卷，志居其半。余寅有《同姓名錄》，僅三卷。□推而廣之得十六卷。又有《六書微》《詩解頤錄》《牡丹志》《寧獻王事實》，皆贍博可觀。

《江西通志》卷七十

鎮國將軍朱統𨰥

　　朱統𨰥，南昌人，系出瑞昌郡王孫某，為鎮國將軍。當宸濠反時，將軍不從。後濠敗誅，而將軍封世不絕。五傳至謀圭，統𨰥父也。統𨰥始棄爵為諸生，崇禎十年成進士，選知江夏縣。在任四年，以守禦為急。江夏城廣周三十餘里，𨰥為增修。蓋計賊窺城必先窺江，而沿江數百里，可竊渡者，興國則富池黃顙口，大冶則西塞山，武昌則道士洑馬橋、三江口、樊口，江夏則白滸鎮、八吉堡、青山砦，縣東則劉家嘴，東北土橋鋪，東南卓刀泉，縣南李家橋、新館，皆與城犄角地也。大江上游則石嘴，又上則金口鎮，宜練土著立水哨船。其大江西岸屬漢陽，東岡白人磯沌口，宜各就對岸設防，令相呼應。若漢口以上宗三廟滇口則宜拒守，下水路則黃花淖、油湖、灄口、五潼口、陽羅當立聲援。陸設保柵，水列竹排。上施拒馬機器伏弩，禁賊舟不得順流近岸。其城內則分為十二營，城西北外近江分五營，東北城倚山立濠，東門外建立大關兵一營南二大營。建石關於漢陽門外曰北關，保安門外曰南關，包羅臨江五門，招致武士，親教技擊，習水師，間語其子議澪曰：流賊徘徊谷城，志且在武昌。吾欲因守禦練成一旅，可以制江之上下，則大江以南安枕亡慮矣。未幾卒，諸務漸廢。後二年流賊果入武昌。（《邱邦士集》）

　　　　　　　　　　　　　　　　　　　　　《江西通志》卷七十

【注】（同治）《南昌縣誌》朱統𨰥傳同《江西通志》。文後附：

　　　宋未有《江人事》載：朱統𨰥，南昌宗室。任鄖陽司理。與城守王光思並力殺賊。實守三年。乙酉，李闖大敗於陝

西，進兵由興安抵鄖陽。王光恩劫統鎮開門迎降，統鎮不屈，大兵繫之舟中，伏舟南下，不知所終。與次傳迥然各別。又：谷應泰《明史紀事本末》云：浙江永康知縣朱露上言有司科罰攫取撫按不以聞，上命申飭各官援露，吏科給事中改名統鎮，亦與此傳出處不合。豈當時又三統鎮耶？抑傳聞有誤耶？

太和縣……崇禎四年，教諭朱統鎮建尊經閣。

《江南通志》卷八十九學校志

箋臆：朱絳岩先生諱統鎮，字太樸。初第，上疏請酌議宗祿漸殺取均，以寬民力。疏下部議覆。江省諸宗哄然攻詈。部亦以事礙親親，難於立議，寢之，外訌始息。閔子曰：「先生以宗臣優先宗社，受切斯民，以培國家元氣於履霜之始，忠孰加焉？彼宗人哄者，特待食犬豕耳。不逾十年，遂有申酉之變。天涯芳草，零落殆盡。欲如先生言，豈可得哉？」

《江城舊事》卷十二

【注】統鎮史料幾種文獻有出入，未知其詳。

輔國中尉朱統鈰

崇禎四年，朱統鈰成進士。初選庶吉士。吏部以統鈰宗室不宜官禁近。請改中書舍人。統鈰疏爭，命仍授庶吉士。七年甲戌知貢舉禮部侍郎。

《明史》卷七十

朱統鈰，字章華，瑞昌王之孫。中天啟辛酉鄉試，崇禎戊辰

會試，選庶吉士，授檢討，充展書官召對。記注編纂六曹章奏，升右諭德經筵日講，纂修《玉牒》《大明會典》《五經注》書。乙亥冊封襄藩，庚辰分禮闈，壬午典試江南，升南國子監祭酒，以父老疏辭。奉旨：南雍亟資造士，不得以私情陳請。遵旨赴任而歿。生平清介自守，居家以孝友稱。每休沐惟閉戶讀書，恂恂如書生。貫穿經史，習國典，熟朝報，能成誦。在宮詹日極承宸眷。凡奏疏幾盈尺。兩試所拔多名儁，著有《我法居集》。

　　按明宗室在江西者多好學，茲所采外尚有石城王孫謀㙔，字藩甫，工詩，有集，今不傳。

《江西通志》卷七十

　　謀㙉次子統鉓，字章華，號甓園。封輔國中尉。明萬曆十九年辛卯九月十二日寅時生，由廩生中式，明天啟辛酉科三十四名舉人。明崇禎戊辰科九十九名進士，授翰林院檢討，歷任詹秉府右春坊，授簡討充展書官，召對記注，編纂六曹章奏，升右諭德，經筵日講。纂修《玉牒》《大明會典》《五經注書》。乙亥冊封襄藩，庚辰分禮闈，壬午典試江南，升南國子監祭酒。以父老疏辭，奉旨：南雍亟資造士，不得以私情陳請。遵旨赴任而歿。生平清介自守，居家以孝友稱。每休沐，惟閉戶讀書，恂恂如書生，貫穿經史，習國典，熟朝報，能成誦，在宮詹日，極承宸眷，凡奏疏幾盈尺，兩試所撥多名傀江西以宗室登科目者，自統鉓始，著有《我法居集》行世。省志府志。

　　清順治元年甲　申正月十三日寅時卒，歷年五十四。贈禮部侍郎。諡文恪公。勅葬施家窯，酉山卯向，事行載於省志。

《盱眙朱氏八支宗譜》

朱統鈒

統鈒，字德符，瑞昌王裔，行五。性豪暴，里中少年多歸之。金聲桓以清兵陷江西，統鈒棄家走廣信，號召諸客，轉戰饒廣間。聲桓憚其威名，不敢犯。永曆元年冬，間歸南昌，為偵卒所執，見清撫章于天，不屈膝。詬之，厲聲曰：「我帝室藩王，豈為若辱！」竟釋不殺。二年，聲桓反正，起兵廣信應之。其夏，譚泰攻江西，統鈒走寧州，督鄧雲龍入援。雲龍見清兵盛，謀納款，而統鈒執藩王禮，使雲龍戎服拜階下。雲龍不能平，執之以獻，大罵遇害。

《南明史》卷二十七

朱統鈒，字德符。瑞昌裔。乙酉棄家入廣信。丁亥歸南昌偵探被執。見巡撫章千天不跪，章竟釋不殺。戊子將軍譚泰圍省，統鈒走寧州，督寧將鄧雲龍入援，鄧見大兵勢張謀納款，而統鈒猶執王禮，令拜戲下，鄧不能平，縛之獻焉。乃大罵而死。

同治《南昌縣誌》卷十七

鎮國中尉朱統釩

統釩，瑞昌鎮國中尉。國變後，撰《崇禎遺詔事實》，其辨野史妄傳遺詔參錯，讀者至聲淚俱下。

《南明史》卷二十七

朱議沥

翼王議沥，字治海，寧瑞昌王拱栟四世孫統鈺子，太祖十世孫。拱栟罪繫高牆，國除。安宗立，議沥得釋，居蘇州。隆武二

年二月，謁福京，襲封瑞昌王。五月，謁監國魯王紹興，晉翼王，命合義師。改姓名許天乙，托為青烏術謀生，與羅光耀至濟寧散札。永曆元年，與董北隆之西山通李赤心，不果。二年二月為僧，與徒月隱游金壇珥村天聖院，遇僧宗岱。五月，至寶應。七月，與董國正至長清五峰山，依孫化庭，自稱許化龍。已魯王使張鳳翔至，識為議汃，化庭禮之。以王英為兵部右侍郎，宗岱為監軍僉事，司馬延焉軍師，陳抒、顧貴寔為將軍，董小鎮等三十人分馳各省號召。旋陳思治、荊富明在亳州被執。三年正月二十二日，山陷，議汃被執，昂然自述義師始末，遇害薨。宗岱從死。宗岱，義烏人，諸生。國正，宣城人，先歸免。延，商丘人。抒，寧陵人。

（同上）

【注】據錢海岳《南明史》載，翼王名議汃，然據《魏叔子文集外篇・彭母朱宜人墓誌》記載，議汃為石城王府奉國中尉，潯州通判。另錢海岳《南明史》記載潯州通判為議泐。

朱議瀝

瑞昌王議瀝，寧藩裔，太祖十世孫也。乙酉，六月，中書盧象觀遇之西湖，相與痛哭，起兵攻南京，謀泄大敗，匿水竇中逸出。會屯田都司方明據廣德，迎議瀝入其軍，連破孝豐、臨安、寧國等縣，軍聲復振。乃於孝豐開府治事，奏捷閩中，封瑞昌王，授明等官有差。無何，明敗，議瀝走匿丹徒諸生喜正家。山東吳儀之、吳純之，義士也，渡江將迎王，值名捕急，遂遷鎮江潘文煥家。邏者猝至，儀之挺身出曰：「吾瑞昌王也。」議瀝及

純之得脫。已而知其偽，執喜正鞠之，正不勝搒掠，具言所在，乃見執。十月十二日，遇害於江寧，丹徒諸生袁鍾、宜興陳用卿、金壇張景潮皆從死。象觀等另有傳。

《小腆紀傳補遺》卷一

瑞昌王議瀝，議汸弟。安宗立，自高牆釋出。弘光元年六月，盧象觀遇之西湖，相與痛哭起兵。閏六月，糾集義師溧陽、宜興、金壇。同時建平兵起，攻城不下。議瀝、朱君兆謀復南京，事泄，匿水竇中逸出。隆武元年十一月，再攻南京神策門不利。二年正月十二日夜，城內民與城外謀起兵，事泄，死者三十人。十八日夜，再合議澺二萬人，三路攻神策門失利。間至蕭縣，與吳任之起兵碭山，攻蕭縣不利，為僧，命酆報國等起兵淮安不克。已與任之至宜興，李闇宇等起兵死。九月六日，議復六合、儀真，合京、嘗、鎮、太、廣義師攻南京，常爾韜敗績，議瀝攻溧陽不克。會方明屯廣德，迎議瀝入其軍，連復孝豐、臨安、寧國，軍聲復振，乃於孝豐開府治事。奏捷紹興，命掛平虜將軍印，福京命襲瑞昌王，魯王封如之。無何，明敗走，依喜正。清兵跡至，任之挺身出代，議瀝遷鎮江潘文煥家，邏者執致南京。十月十二日，遇害薨。子某，永曆元年十二月襲封。十四年九月，從扈緬甸。為人鯁直，每與馬吉翔、李國泰面叱廷爭，力勸召李定國兵出險。二人不可，仰天歎曰：「死無葬身所矣！」嘔血斗許。十五年七月五日薨。

《南明史》卷二十七

朱議汶（字遜陵）

議汶字遜陵，瑞昌王裔，工書。弘光時，奉使淮、揚。

（同上）

朱議汶（號遜寧）

議汶，統鐼三子，號遜寧。封輔國中尉。明萬曆年三年乙未八月初十日酉時生，清順治十七年庚子閏十二日丑時卒，享壽六十六。

《盱眙朱氏八支宗譜》

【注】以上二議汶關係待考。

奉國中尉朱議㵾（別名林時益）

林時益，字確齋，南昌人。本明宗室，名議㵾。與彭士望為友。國初江洪間數被兵，兩人謀卜居。士望亟言金精諸山可為嶺北耕種處，乃變姓名攜家以往。康熙七年。

《江西通志》卷七十

（彭士望）未久辭歸，與林時益徙家寧都。時江右學者星子曰髻山，南豐曰程山，寧都曰易堂，所講習皆以名節詩文相砥礪。

（同上）

林時益墓在寧都冠石東岩上。

（同上）卷一百十

議㵾，字用霖，寧奉國中尉。父統鎮，江夏知縣。議㵾幼

慧，佐司財賦，老胥儡伏。性豪邁，見天下將亂，愈輕財結客。左良玉東下，與毛玨、任濟世謀集眾遏之九江。與當事議不合，散去。及南昌陷，乃與宗室適庵，挈妻子依魏禧翠微峰，變姓名林時益，傭田而耕。子楫孫，門人吳正名、任安世，皆帶經負鋤，歌聲出金石。晚工詩，喜二王草法。適庵，字麗公，以賢聞，後卒大石山中。

《南明史》卷二十七

朱中尉傳　（清）魏禧

　　明季天下宗室幾百萬，所在暴橫奸猾，窮困不自賴，為非恣犯法，而南昌寧藩支子孫尤甚。崇禎末，諸宗強猾者輒結凶黨數十人，各為群，白晝捉人子弟於市，或剝取人衣，或相牽訐訟破人產，行人不敢過其門巷，百姓群相命曰「鏖神」。當是時，奉國中尉議鸑年少，特以賢名，四方豪傑多從之游，諸鏖宗亦畏之。中尉字作霖，父統鑛，中崇禎丁丑進士，知江夏縣，敢言成敗，多奇中。上將用公為兵科給事中，未除而歿。事及世系在邱維屏所作江夏公傳中。

　　中尉幼奇慧，江夏公戒之，小字曰「蠢」。七歲出應賓客，公同年萬公元吉嘗與中尉對奕，中尉立小机上，搤腕指揮攻殺，旁若無人。萬公笑而睨之曰：「非凡兒也。」負則沉思徹夜，且求復，得勝乃已。江夏既劇邑，號難治，又幕無他客，錢賦悉委中尉。中尉創立開收出納法，別有籍法，主每項各為首尾，必不少那借。老胥見之大驚，欲毫髮欺侵不可得。中尉時年二十有一。江夏公既卒於官，推官同年生某攝府印，與公有怨，牒取公在事時修城費十數萬金籍相對勘，而老胥憾公父子，盡匿諸籍，

大索不可得。中尉同公門人邑諸生張若仲及弟議霈，日夜窮思所出入，備記合算，較原數十數萬金無少差，另冊報。老胥及推官見之大驚，以為神。江夏公柩乃得還南昌，而中尉自是得嘔血疾，數十年且瘵且作，以至於死。

中尉性豪邁，敢大言，見天下將亂，專意結客，招致方外異人，冀他日為國家用。江夏公命師事太僕段公然。海內所推三異人，段其一也。段公有異表，鬚長委地數十寸許，以好道術觸神怒，失明。與中尉語，大愛之，更令讀大學衍義諸書，求實用。張若仲亦負奇才，精擊刺，中尉與兄弟交，得其技。僧辨文，道士張還初，深沉有大略，中尉皆委心交之。而辨文往為邊帥，技勇絕倫，肌膚如削玉。甲申，中尉病湖上，寇迫不能行，辨文縛椅為箯輿，同一鄉人舁之。人見辨文狀貌奇偉，咸怪異，而鄉無賴子有妄擬中尉橐中裝者，辨文微覺之。日將夕，挾弓矢為嬉遊，取木樶插百步外射之，十發矢盡中。諸無賴子大驚，皆羅拜請，遂為弟子。而中尉更師事新建歐陽先生斌元，友南昌彭士望、胡以寧，樂平王綱，福清林全春，廣濟舒益其。

乙酉，左良玉謀破九江，悉師數十萬南下，中尉因九江毛玨、帥師、任濟世，集其地雄武士，將用柯陳兵遏左師。柯陳相傳為陳友諒後所居，峭壁廣袤，地跨二省，會明三百年兵征不服，稱悍旅者也。以當事議不合散去，九江亦隨破。六月，金聲桓入南昌，中尉、彭士望兩人相與謀曰：「大亂至矣，坐須此守田宅為乎？」立挈妻子走建昌。士望三至寧都，見寧都魏禧立談定交，遂同中尉往依焉。與諸子結廬金精之翠微峰，講易讀史，為易堂，凡八九人。初，中尉與士望為親歲，各負才不相能。中尉訪士於王綱，綱曰：「子同里彭達生，方今後傑也，而外求士

乎？」中尉曰：「吾固知之。」遂傾身交士望，士望亦故愛中尉，相定交。兩人者交友遂第一。及遷寧都，士望嘗游四方，中尉以病，多家居，並督理二家事。

既日貧，中尉曰：「不力耕不得食也。」率妻子徙冠石種茶。長子楫孫，通家子弟任安世、任瑞、吳正名，皆負擔親鋤畚，手爬糞土以力作，夜則課之。讀通鑑，學詩：間射獵，除田豕。有自外過冠石者，見圃間三四少年，頭著一幅巾，赤腳揮鋤，朗朗然歌，出金石聲，皆竊歎，以為古圖畫不是過也。而中尉酒後亦往往悲歌慷慨，見精悍之色。近十餘年，益隱畏，務摧剛為柔，儉樸退讓，使終身無所求取於人，無惡於世，雖子弟行以橫非相干者，勿與較也。晚又好禪，嘗素食，持經咒，尤嚴殺生戒，見者以為老農為僧，不復識為誰何之人。戊午八月復病，嘔血死，年六十一，蓋中尉以戊午生戊午死云。死之日，士望阻於楚，唯魏禧、彭任親舉屍入棺含殮焉。先是中尉嘗謂士望、禧、禧之弟禮，曰：「吾衰病無所用於世，君輩好為之。」

魏禧曰：中尉來寧都時年二十有八，予與季禮方壯，並願為中尉死也。中尉更姓林，字確齋，所制茶高妙，遠近名曰「林芥」。工二王草書。詩為杜為別出，人咸推服之。然求書者，中尉率書古人詩也，楫孫負志氣，力作，病，先中尉卒。幼子東孫，士望女夫也，以謹願稱。

《寧都三魏全集・魏叔子文集》

統鑽次子議𪋿。邑廪生。明天啟五年乙丑四月廿一日酉時生，清康熙十九年庚申十月初一申時歿，享壽五十六。

……

鼎革初，變姓名林時益，字確齋，攜家居寧都。先是父統鑽以崇禎丁丑進士任江夏知縣，嘗修城支帑數萬金，及卒代者索修城冊籍點，吏匿之，時益覼縷追憶，條寫目算無爽，攝印者歎以為神。自是得嘔血疾。比遷寧都盡破其產，小居冠石傭田而耕。冠、石宜茶，時益以意制之香味，擬陽羨所謂林岕者也。工書喜為詩，晚又好禪，以疾故，未嘗一他適頹然耆龐見者目為老農老僧如足者三十年，卒。南昌府隱逸志。

《盱眙朱氏八支宗譜》

議霶，字用霖，寧藩奉國中尉也。父統鑽，崇禎丁丑進士。議霶幼聰慧。萬元吉與統鑽同年，嘗過其家。議霶時七歲，與元吉弈，攻殺得勝乃已，元吉大奇之。統鑽知江夏縣，縣固劇，號難治，議霶佐其父，財賦出納，悉關其手，毫髮不得侵欺，老胥懾服。已而統鑽卒官，推官某與之有隙，以其嘗支帑金數萬修城牒，取其籍，欲從中有所劾治，老胥匿其籍，大索不得。議霶與友人張若仲日夜窮思，覼縷追憶，條寫而目算之，無纖毫爽。老胥及推官驚以為神，然自是得嘔血疾。議霶性豪邁，見天下將亂，愈輕財結客，招致外方技藝之士，館而禮之。左良玉之內犯也，議霶與九江毛玨、任濟世謀集眾遏之九江，與當事議不合，散去。及金聲桓入南昌，議霶曰：「大難至矣，坐守田廬以待誅夷乎？」立挈妻子走建昌。已乃依寧都魏禧，結廬翠薇峰，變姓名為林時益，字確齋，傭田而耕，非其力不食。子楫孫、門人吳正名、任安世輩，皆帶經負鉏，歌聲出金石，過者如觀古畫圖焉。又種茶售諸遠近，號曰「林茶」。晚工詩，善二王草法，雖居山中，求書者不絕也。年六十一而卒。

《小腆紀傳補遺》卷一

朱中楣

　　夫人姓朱氏，諱中楣，字懿則，號遠山，明瑞昌王裔輔國中尉朱議汶之女。生有異徵，幼聰穎絕倫。女紅之餘，朝夕一小樓，丹鉛披閱於《綱鑑》《史記》及諸家詩集，皆成誦，間為韻語，多警句。父奇其才，不以與常人。適梅公以銓司給假里居，以才名相重，許妻焉。遂隨公之京。生子振裕甫一歲，值國變，南北道梗，家問不通，夫人以為夫婦殉難宜也，不吝棄此呱呱以從君，惟是舅姑未葬，家中長子存亡未卜，可稍俟音耗。而本朝即以人望征梅公為太僕，歷官兵部，繼而以事落職播遷，瘏瘁無稍懟，後雖復起，又以部事牽連下獄，幾中危法。夫人欲上書為公雪冤，倘不得，即自盡井中，幸事明，公獨得邀寬典，遂南歸，僑居甓湖數年終焉。當公遭國變後，夫人即有與公歸老終焉之志，適以事勢不獲起而復蹶者，再屢遭困躓，抑鬱之情得以稍舒者，皆夫人內為慰藉。每相與討論今古，倡和詩歌，怡然如良朋相對晨夕。及公卒，哀毀骨立，不欲生，獨居則兩淚終日，逾年遂卒。初夫人五十初度，諸君子謀制錦稱觴，夫人聞之，乃召其子責曰：「而忘爾父乎？而以爾母為何如母乎？」誕日，衰服詣柩前，拜且泣，家人莫敢以卮酒進者。所著有《唱和隨草詩餘》《鏡閣新聲》《亦園嗣響》諸集。以子醒齋公貴，贈一品夫人。（《縣誌》）

《谷村仰承集》卷之六

〈示兒公車北上〉　　朱中楣

吾門事業始唐開，幾世天教付汝才。

已喜故園新折桂，行看上苑早探梅。

家傳經史精研索，策對軒墀謹體裁。

驛路風霜當自攝，春深應報錦衣回。

《谷村仰承集》卷之九

【注】據《谷村仰承集・醒齋公傳》，朱中楣子李振裕，字維饒，號醒齋。康熙九年進士，官至禮部尚書。

弘恩

弘恩，瑞昌鎮國將軍，為僧廣西。工詩古文。旋主嵩溪萬山古寺卒。

《南明史》卷二十七

【注】弘恩，係法名，無原名。

肆　樂安王支

昭定王朱奠壘

弘治元年十一月戊戌　寧府樂安王奠壘薨。王，惠王庶第三子。母，李氏。宣德二年生，正統七年封鎮國將軍。景泰二年進封樂安王，至是薨。年六十二。訃聞，輟朝一日，賜祭葬如制，諡曰昭定。

《孝宗敬皇帝實錄》卷二十

弘治七年正月樂安王奏，見蒙賜襲祖爵，又蒙將故父鎮國將

軍覲鑑追封為樂安溫隱王，今母夫人黃氏見在，乞比例加封。該
本部議得黃氏例，該加封為樂安王妃。但樂安溫隱王止係追封爵
號，其妃難以遣官行禮合無，請敕該府知會，其冠服本府自備。
其餘子女所封名號原從鎮國將軍所生，亦難進封。以後各王府悉
照此例，庶免紊亂煩擾等因，覆題奉孝宗皇帝聖旨。是。欽此。

《禮部志稿》卷七十四

樂安昭定王奠壨，惠第三子。薨，壽六十三。子覲鑑以鎮國
將軍先卒，年二十二。子靖莊王宸湉嗣，進鎮國。溫隱王靖莊
薨，壽六十四。子端簡王拱權嗣，薨，壽五十。六子今王多㷿
嗣。

《弇山堂別集》卷三十五

磐烑三子奠壨，號棗林。封樂安王。諡曰昭定。明宣德二年
丁未八月廿九日巳時生，明正統七年壬戌六月十五日封鎮國將
軍，明景泰二年辛未六月初四日加封王。明弘治元年戊申十月初
九日申時薨。享壽六十二。

《盱眙朱氏八支宗譜》

昭定王朱奠壨壙志　（明）黃表

王諱奠壨，寧惠王庶第三子。母李氏。宣德二年八月二十九
日寅時生。正統七年六月十五日封鎮國將軍。景泰二年三月十三
日，進封樂安王。弘治元年十一月初九日以疾薨。享年六十二
歲。妃宋氏，生嫡長女上饒縣主，儀賓吳謹，嫡第二女大餘縣
主，儀賓陳淮；嫡長子覲鑲，天順元年十二月初一日未時生，天
順二年三月初四日故，生嫡第四女上猶縣主，儀賓沈永通。夫人

王氏，生庶第四子鎮國將軍覲鑑，夫人黃氏，生嫡長孫宸湳，封輔國將軍，庶第二孫宸渢，未封，生母駱氏；庶第三孫宸瀾，未封，生母章氏。夫人陳氏，生庶第三子覲鍏，天順元年十二月初九日生，天順二年六月二十日故，生女南城縣主，儀賓章鎡。夫人王氏，生第五子鎮國將軍覲鍾。夫人陸氏生女未封，第七子鎮國將軍覲鋌第六女福寧縣主，儀賓張嵩。夫人孫氏，生庶第二子覲錕，天順元年十二月初七日生，天順二年四年初四日故，生第三女武寧縣主，已故。夫人樊氏，生第六子鎮國將軍覲鏈。夫人胡氏。夫人張氏，生第八子覲銼，未封。夫人錢氏，生第七女，未封。上聞訃，輟視朝一日，遣官諭祭，特諡曰昭定，命有司治喪葬如制。在京親王及文武官皆致祭焉。以弘治二年八月十七月，葬於南昌府新建縣洪崖鄉二十九都增壽山之原。

嗚呼！王生於宗室，為國藩輔，茂膺封爵，貴富兼隆。茲以令終，夫復何憾。爰述其概，納諸幽壙，用垂不朽云。弘治二年七月吉旦。四川順慶府通判臣黃表書丹。

《江西出土墓誌選編》

溫隱王朱覲鑑

覲鑑，昭定庶一子，成化四年封鎮國將軍。十七年卒。以子宸湳襲爵郡封，追封王，諡溫隱。

《明史》卷一百二

靖莊王朱宸湳

靖莊王宸湳，溫隱嫡一子，弘治四年襲封。嘉靖二十一年薨。

（同上）

　　弘治九年十一月乙丑　上御奉天殿傳制，遣泰寧侯陳璿、安鄉伯張恂、成安伯郭寧、懷柔伯施瓚、崇信伯費淮、清平伯吳琮、武平伯陳勳、興安伯徐盛、刑部右侍郎屠勳、通政司左通政張璞持節充正使……冊封……東城兵馬副指揮陳思舜次女為寧府樂安王妃。

《孝宗敬皇帝實錄》卷一百十九

端簡王朱拱欜

　　嘉靖二十三年十二月庚寅　命彰武伯楊儒等為正使，戶科莊給事中扈永通為副使，持節冊封……樂安靖莊王宸湤長子拱欜為樂安王，夫人江氏為樂安王妃。

《世宗肅皇帝實錄》卷二百九十三

　　樂安端簡王拱欜，靖莊王子也。靖莊樸訥鮮慧，而王以文雅才辯著稱。兼精繪事。菊石妙絕一時，又能謙和虛己，煦諸宗人。會弋陽端惠王薨，群情更屬王賢。始奏析弋陽王總理。於是建安、樂安、弋陽三王分治八支。王薨，子多煃嗣爵。

《藩獻記》卷二

　　樂安端簡王拱欜，號眠雲，寧惠王四世孫。菊石妙絕一時。雖寄跡筆墨，神氣飄然煙霄之上。然寫似縉紳多郭岩曾東洲麻謹代筆，觀者辨之，雅俗曼別。

《畫史會要》卷四

　　樂安端簡王拱欜，靖莊王子也。以文雅才辨著稱。兼精繪

事。

《御定佩文齋書畫譜》卷二十七

　　宸湉長子拱欏，號眠雲，襲封樂安王。諡曰端簡。明弘治十七年甲子正月十三日申時生。初封鎮國將軍，明嘉靖廿四年乙巳三月初五日嗣封郡王。明嘉靖三十二年奉勅分管本府及瑞昌、石城府事。明嘉靖三十八年己未十月十八日子時薨。年五十六。

《盱眙朱氏八支宗譜》

輔國將軍朱多熒

　　（謀㙩）先從叔多熒，字啟明，號履謙。外樸中慧，得全於酒。其時吾宗作詩多以名附七子間，從其聲調。叔獨宗尚六朝，苦心琢句，鮮秀自異，有《滋蘭堂稿》數卷。後嗣不延，不能行世，惜哉！寫墨竹，醉後頹然，肆筆揮灑，自謂具真草篆隸四法，良足尚也。

《畫史會要》卷四

　　（爌）弟多熒，字啟明，號履謙。亦能詩，著有《滋蘭堂稿》。性嗜酒，所寫墨竹，醉後頹然肆筆，自謂具真、草、隸、篆四法，風格迥異。

《江城舊事》卷十二

鎮國中尉朱多韓

　　拱枕三子多韓，號邅埶。封鎮國中尉。明嘉靖四十三年甲子三月初四日己時生。

《盱眙朱氏八支宗譜》

輔國將軍朱多熿

（謀壄云）先子諱多熿，字垣佐，號崇謙，一號覺庵。樂安靖莊王孫，封輔國將軍。性仁孝，力學不倦，作事不愧衾影。以詞翰為子孫蓄畜。書法初師趙文敏，後進法《聖教》。善畫墨菊。詩有《長嘯亭集》。

《續書史會要》

朱多熿，字垣佐，號崇謙，樂安靖莊王孫。家有清暉樓，法書名畫盈積几架。善寫墨菊，亦喜作仙道人物。

《畫史會要》

朱多熿，字垣佐，號崇謙，一號覺庵。樂安靖莊王孫，封奉國將軍。力學不倦，書法初師趙文敏，後法《聖教序》。

《六藝之一錄》

朱多熿字垣佐，號崇謙，樂安靖莊王孫，能詩文，精於賞鑒。喜作仙道像，超然出塵，兼工墨菊。

《江城舊事》卷十二

【注】熿，他處作爃。

拱樂幼子，多熿，字垣佐，號崇謙。封輔國將軍。明嘉靖廿三年甲辰二月廿五日辰時生，卒葬未詳。

《盱眙朱氏八支宗譜》

樂安王朱多煃

王多煃，端簡嫡一子，嘉靖四十年襲封。萬曆間薨。

《明史》卷一百二

朱謀顗

　王謀顗，多㷝庶一子，萬曆四十三年封長子。天啟二年襲封。

（同上）

　天啟二年十月辛卯　上御皇極門傳制，遣使持節冊封……右春坊右諭德韓日纘、行人同行人呂奇，冊封樂安王謀顗並妃李氏。

《熹宗悊皇帝實錄》卷二十七

奉國將軍朱謀壑

　多爌七子謀壑，號七澤。封奉國將軍。明萬曆七年乙卯十月廿八日丑時生，卒未詳。

《盱眙朱氏八支宗譜》

　朱謀壑，字弘之，多爌子。博學工詩行，草法《聖教序》，楷法歐陽詢。

《書史會要》

　（謀壂云）先兄謀壑，字弘之。博學工詩。嘗曰：作詩不根本騷選，師法六朝以上，終落下格。故於《文選》一書，熟精其理。行草法〈聖教序〉，楷法歐陽詢，而風神不乏，為世所珍。

《續畫史會要》

朱謀㽙

謀㽙，字康侯，寧王裔，工詩。國亡，居南京，不知所終。

《南明史》卷二十七

多㷼長子謀㽙，字天齡，號康侯。封輔國中尉。明萬曆十五年丁亥十一月初四日申時生。

《盱眙朱氏八支宗譜》

朱謀㽙，字公退，初字康侯，寧藩之王孫也。少而英敏。讀書修辭，踵鬱儀之後塵。結廬蛟溪，在龍沙之北，躬耕賦詩。郊居耕釣之作，詞旨婉約。有唐溫、許，宋陸遊之流風。已而才名蔚起，頗事干謁。好游於邦君大夫公族。群絓白簡，疑公退中之。構訟波及，牽連數載，乃得解。出遊金陵吳越，詩篇日富，遂不復進。崇禎中，刻《蕪城》《巾車》二集。牽牽塵氛，如出兩手。人言詩以窮工，而公退以窮退，殊不可解也。兵後未知所終。

《列朝詩集小傳》

奉國將軍朱謀垔 (字隱之)

朱謀垔，字隱之，號八桂，多爛子，封奉國將軍。特擅臨池，鸞鏘虎躍，標幟一家。屏幛榜額，得手筆為重。又喜陶氏《書史會要》有益書家，乃摭有明一代續其卷後。

《隱之先生懿行紀略》

謀垔字隱之，號厭原山人，樂安靖莊王之曾孫，封奉國將軍。

《續文獻通考》卷一八八

多爌八子謀堲。字隱之，號八桂，封奉國將軍。明萬曆十二年甲申二月十八日生。卒葬未詳。……子五。統鏵、銇、元、鉖、鈁。

《盱眙朱氏八支宗譜》

奉國將軍隱之名謀堲，號厭原山人。博雅精六書之學。嘗刻薛尚功鐘鼎欵識，陶南村《書畫史會要》及江西宗派詩《寒玉館帖》，又嘗參學於大通禪師亦一畸人。

《居易錄》卷十二

【注】二謀堲，關係待考。

奉國將軍朱謀䂮

朱謀䂮，字文之，號四溟。多爌子。花鳥得岐雲少谷之神。

《畫史會要》

多爌四子謀䂮，字文之，號四溟。封奉國將軍。明隆慶四年庚午十一月十九日辰時生，卒葬未詳。

《盱眙朱氏八支宗譜》

（爌）子謀䂮，字文之，號四溟，染翰有父風。花卉禽鳥，得岐雲、少谷之神。

《江城舊事》卷十一

奉國將軍朱謀墱

多炯長子謀墱，字惕所。封奉國將軍。明嘉靖三十五年丙辰

九月初九日午時生，卒未詳。……按：公博覽群書，詳入郡志。

《盱眙朱氏八支宗譜》

鎮國中尉朱統鉈

統鉈，號禮園，封鎮國中尉，徙居白果樹，明萬曆三年乙亥十一月廿八日巳時生。

《盱眙朱氏八支宗譜》

鎮國中尉朱統鐺

謀垔長子統鐺，號公美，封鎮國中尉。明萬曆廿七年己亥十月初七日午時生，清順治十年癸巳七月十一日巳時卒，歷年五十五。

《盱眙朱氏八支宗譜》

鎮國中尉朱統鐵

朱統鐵，字佛大，樂安靖莊王裔，授封鎮國中尉。究心古文詞賦，著有《適園詩集》《面壁齋文集》。鐵賦性至孝，父奉國將軍謀墝博極群書。當神廟初，宗齒日繁，祿白匱用。相國李廷機議貴，令親支檢舉宗弊，墝遂許奏族宗謀□以婢產冒濫，奉旨削□爵省祿可萬金。嗣王銜之中，墝以奇禍被逮。鐵痛父冤，叩閽上書奉旨復墝爵秩如初，通國稱鐵為純孝子。議泏、議沌俱明經，議汴中癸未進士。

《江西通志》卷六十九

謀墝三子統鐵，字佛大，號鳳麓。封鎮國中尉。公究心古文

詞賦，著有《適園詩集》《面壁齋文集》。賦性至孝，父奉國將軍謀㙫，博極群書，當神廟初，宗齒日繁，祿日匱用，相國李廷機議，責令親支檢舉宗弊，遂訐奏族宗謀㙫以婢產冒濫，奉旨削㙫爵，省祿可萬金，嗣王銜之中。㙫以奇禍被逮，統鐵痛父冤叩閽，上書復㙫爵秩如初，通國稱為純孝，詳省志〈孝友傳〉。明萬曆十三年乙酉七月初七日酉時生，明天啟五年乙丑十二月初五日亥時卒。歷年四十一。

《盱眙朱氏八支宗譜》

朱統鈾（幼嗣）

謀㙫長子統鈾，號幼嗣，邑貢生，官通判，敕封承德郎。明萬曆廿三年乙未八月十三日丑時生。

《盱眙朱氏八支宗譜》

鎮國中尉朱統鍨

統鍨，字發若，樂安鎮國中尉，諸生，將貢國亡，居南城。工文章。

《南明史》卷二十七

謀㙫次子，號發若，邑廩生。明萬曆四十一年癸丑五月十二日申時生。按：公博學能文，兼長書法，遊寓瑞州高安縣，一時藩忝宋公之繩，觀察秦公斌安安公過鼎後，先禮而賓之。祥入《高安縣誌》。

《盱眙朱氏八支宗譜》

朱議淵

樂安王議淵，樂安王謀𩔖孫。不知何年襲。永曆八年八月，與僧文秀、道士張應和等謀起兵江西不克，遇害薨。弟議浚，十一年十月襲封。依鄭成功東寧。降清，屯田山東。

《南明史》卷二十七

朱議泄

議泄，字潤生，樂安中尉謀𩔖子，副貢，授安縣知縣，調句容。弘光元年六月，與諸生周鍭起兵宜、溧間南新湖，會何成吾茅山。閏六月，同議瀝攻南京，以三百人復句容。紹宗賜璽書曰：「朕自許忠孝為法，受過百折千磨。今為祖宗復仇，有進無退。宗卿朕猶子行，其克悉朕心，出險屯亨，助朕以助祖宗。嗚呼欽哉！高廟亦孚佑爾於無窮。」已劉良佐攻城急，不支，入長蕩湖。隆武元年十一月，再合議瀝攻南京失利，以餘眾數千與盛澂合軍，又敗，入安吉、孝豐。二年正月，合議瀝再攻南京神策門，清兵出朝陽、太平二門截其後。師覆，走徽州，所至成軍。而華堞已先在，有眾萬人，不自安，孑身謁福京。張家玉疏薦浙江道御史，同周定礽出廣信援江西，已擢僉都御史，巡撫、衢、嚴，自稱閣部。六月，衢州陷，死。

《南明史》卷二十七

【注】議泄之父當為統字輩，故原文稱其為謀𩔖子有誤。

朱議泄，寧府宗室。以宗貢任句容令。南都覆，客擁之入徽以表異。所至矚目。諸客從，亦頗自負。漸聯成一軍，而楚宗華

堞已先次鄱郡，有眾及萬。溢內不自安。因去徽入謁天興遂擢臺諫，同侍御周定礽督一旅出信州援結江浙，擢浙江巡撫，戰敗被執死。

同治《南昌縣誌》卷十七

朱議汴

朱議汴，字天中，號卜初，寧獻王十世孫。樂安莊靖王裔。崇禎癸未進士。官行人。甲申棄官挈家徙奉新奉化鄉。後又遷城東。

同治《南昌縣誌》卷二十七

議汴，字天中，崇禎十六年進士，授行人，桂王常瀛薨，命治喪。隱居。

《南明史》卷二十七

統鐵三子議汴，字天中，號卜初。明崇禎十五年壬午舉人，癸未進士，授官行人。明萬曆三十七年己酉十二月廿五日寅時生，清康熙十五年丙辰正月十六日亥時卒，享壽六十八。……公先由省城徙居奉新奉化鄉橫橋，遷縣市鐵葉門，後又遷進城鄉羅坊。著有《郵河遮說》及《得未閣文集》。詳入《奉新縣誌》並《南昌郡志》。

《盱眙朱氏八支宗譜》

朱議澮

議澮，樂安王裔。永曆元年春，趙正及子應捷、應登奉之起兵宿嵩湃池。宿嵩裒有緯、李際遇、趙友祿、朱美中、張向、劉

都、何復圖、吳養龍、陸應星、羅滿、喻斗、許國祥皆拜官。後
兵敗見執，同遇害。

《南明史》卷二十七

伍　石城王支

恭靖王朱奠堵

石城王奠堵，惠王第四子。性莊毅，家法甚嚴。靖王奠培與
諸郡王交惡，臨川、弋陽皆被構得罪，奠堵獨謹約，不能坐以過
失。子覲鎬，孝友有令譽，早卒。孫宸浮嗣。

《明史》卷一百一十七

成化二十二年七月庚戌　寧府石城王奠堵薨。王，寧惠王第
四子也。母，夫人趙氏。宣德丁未生，正統壬戌封鎮國將軍。景
泰辛未進封石城王，至是薨，年六十。訃聞，輟朝一日，賜祭如
制，諡曰恭靖。

《憲宗純皇帝實錄》卷二百八十

石城恭靖王諱奠堵，寧惠王第四子，而謀埠之始祖也。景泰
二年冊封。性莊毅簡貴。寡言笑，家法甚嚴。子孫小違教者，則
繫而笞之，內外日凜凜從事。時諸郡王多坐驕蹇淫虐，見法王獨
謹度秉忠，未嘗有過舉。在位三十六年，成化二十二年正月十有
二年正月十有二日薨。子鎮國將軍諱覲鎬，孝友慈惠。動必以
禮。先恭靖一年卒。子宸浮嗣爵，追封端隱王。

《藩獻記》卷二

磐烌四子奠堵，號懶仙。封石城王。諡曰恭靖。明宣德二年
丁未十一月二十日巳時生，明正統七年壬戌六月十五日，封鎮國
將軍，明景泰二年辛未六月初四日，加封石城王。明成化廿二年
丙午四月十五日申時薨，享壽六十。

《盱眙朱氏八支宗譜》

石城恭靖王奠堵，惠第四子。薨，壽六十。子觀鏑以鎮國將
軍先卒，年三十六。子宸浮嗣，進鎮國，為端隱王。宸浮先與兄
宸潤訐奏，降為庶人。嘉靖二十四年，世宗憫其貧老，准與冠
帶，給歲祿三之一。三十七年故，壽六十七。追封安恪王。無
嗣。樂安王代理府事。

《弇山堂別集》卷三十五

端隱王朱觀鏑

觀鏑，恭靖庶一子，初封鎮國將軍，成化二十一年卒。以子
宸浮襲封。追封王，諡端隱。

《明史》卷一百二

鎮國將軍朱觀釗

奠堵三子觀釗，號叔真。封鎮國將軍。明景泰二年辛未十月
二十三日酉時生，明正德十六年辛巳二月初五日申時卒。享壽七
十一。

《盱眙朱氏八支宗譜》

鎮國將軍朱觀釗墓誌銘　　張良翰

石城恭靖王子，太祖高皇帝五世之孫，寧獻王之曾孫也。生

於正統癸酉七月十四日申時。今弘治十四年四月二十日卯時以疾薨矣。其孤宸濼，以狀命龘志其事，銘其後，弗敢辭。覲鉚賦性聰明，其德優遊，嘗從聖人之教，每遵家訓之嚴，讀書尚禮，出處清新，體周南召南，樂齊家風化，何其盛歟。於成化元年四月二十一日，受封鎮國將軍。毛似鯉趨過庭，學詩學禮，不外朱熹之道乎。於成化七年十月十六日，擇娶南昌左衛指揮徐叔涇嫡長女徐氏，於本年三月十七日，受封鎮國夫人。夫人於成化十三年三月二十八日酉時薨於正寢，無出。再娶九江衛廩膳生員趙鼎女趙氏。庶生長女，庶生長子宸濼。復娶葛氏，生次子宸滋，三子宸況，子女俱未受封。弘治十六年十月二十八日，葬於南昌灌城鄉二都京家山之原。夫人於先年御葬，同得其地。嗚呼！令聞不已，澤慶源流，雖享壽不永，猶以為永也，故銘以垂不朽云耳。銘曰：

鍾山毓秀，天潢以宗。德貫群倫，賦質從容。先已有恩，後裔豐隆。享壽於斯，萬福攸同。京山瑞氣，秀色蔥蔥。刻銘千古，永永無窮。

弘治十六年歲次癸亥之吉，孝男宸濼等泣血立石。

《江西出土墓誌選編》

鎮國將軍朱覲鋸

大明故鎮國將軍墓誌

將軍諱覲鋸，出係我朝。太祖高皇帝封諸王爵，散居天下。將軍即江西寧惠王第四子石城王之二子。生於壬申年九月初三日。娶江西都指揮同知馮鎮之孫女，封夫人，早卒。繼娶江西都指揮同知馮凱之孫女，生子一，請命於朝，賜曰宸淌。

　　不意將軍薨於成化甲辰年三月二十五日，享年三十有三。卜今丙午年十一月十九日出柩。至次年正月一日，葬於城南鄧家鋪地名永福山之原。坐丑向未，兼癸丁三分。惟賴後土氏之神，佑護子子孫孫，爵祿榮華，百千萬世，謹志。

　　成化丙午年十一月十九日立石。

《江西出土墓誌選編》

安恪王朱宸浮

　　弘治二年九月壬戌　上御奉天殿傳制，遣武安侯鄭英、懷寧侯孫泰、陽武侯薛倫、定西侯蔣驥、清平伯吳琮、東寧伯焦俊、興安伯徐盛、建平伯高進、彭城伯張信、修武伯沈坊持節充正使……冊封……寧府輔國將軍宸浮為石城王。

《孝宗敬皇帝實錄》卷三十

　　弘治五年十月己酉　上御奉天殿傳制……冊封生員蘇淳長女黃氏為石城王妃。

《孝宗敬皇帝實錄》卷六十八

　　嘉靖八年十二月癸酉　追封石城王府鎮國將軍拱棧母黃氏為妃，祭葬如例。黃氏弘治中冊封為石城王妃，石城王宸浮坐事革爵，逆濠奪其貲產，妃禁錮死槁，葬城外。至是，拱棧以請，從之。

《世宗肅皇帝實錄》卷一百八

　　覲鏑長子宸浮，號宏毅，初封鎮國將軍，襲封石城王，謚曰安恪。明成化八年壬辰三月初二日午時生，明嘉靖十八年己亥十

二月廿七日卯時薨。享壽六十八。

《盱眙朱氏八支宗譜》

輔國將軍朱宸湘

弘治十年七月乙卯　賜寧府輔國將軍宸湘誥命、冠服如制。

《孝宗敬皇帝實錄》卷一百二十七

明故石城輔國將軍墓誌銘　朱宸江

故兄諱宸湘，號橘坡主人。我太祖高皇帝五世孫，我祖石城恭靖王第二子鎮國將軍觀鏂之子，予同堂兄也。母夫人馮氏，生兄未一歲而父終，孀居鞠育，煢煢孑子。既長，兄讀書樂善，授封輔國將軍，娶夫人張氏。生子一、女一，俱夭殤不育。兄生居親藩，恪循祖典，其檢身治家，肅然不亂。平生事母以孝，奉諸叔兄以誠，撫下以寬，接人以禮，恤孤憐貧，惠利及人者博。更沉靜寡言，胸次坦夷，略無一毫忌克，在宗藩中，如兄者蓋鮮矣。時居母喪，一遵禮制。且念母貞苦，刻木以祀，辰夕所奉如生，可謂孝之至矣。近遭寧濠叛亂，兵火荼毒，清貧數載，蕭然若布衣人，可謂達時變者矣。予髫年失怙，與兄日相親愛，特蒙眷顧。又於浦兄琴松，淪兄守恬，浹兄古梅，瀘弟玉樓，澤弟竹軒，各情誼懇款，終始不倦，可謂友愛至篤者矣。嗚呼！人生兩間，大而君親夫婦，次而昆弟長幼，兄於此數者，循名責實，罔不盡道，誠不孤我祖宗豐爵重祿敦穆親親之意也。今兄不祿且無嗣，予追悼不已，姑述所事，為兄勒銘，用垂不朽云。兄生前成化癸卯四月初一日，享年四十。歿今嘉靖癸未正月初六日。卜是春正月二日之吉，奉柩葬於南昌縣地名陳家橋之原，附父墓也。

坐×向×，於是為銘。銘曰：

溫兮其性，儼乎其儀。友恭兼至，忠孝備推。金玉君子，美德無疵。勒名貞石，千古永垂。皇明嘉靖四年歲在乙酉新春初二日穀旦謹志。

《江西出土墓誌選編》

輔國將軍朱宸澤

石城恭靖王第七孫輔國將軍墓誌銘　豐城　李璣撰

皇明太祖高皇帝，掃除胡元，廓清海內，遂定鼎金陵。法虞周封建之制，大封諸王，俾藩屏天下，以輔翼帝室。乃封第十六子為寧王，國於大寧。成祖文皇帝時，移封今豫章，世稱臞仙者，其號也，諡曰獻。世子早薨，亦追封為王，諡曰惠。王四子封石城王，諡曰恭靖。王之第五子封鎮國將軍，號頤真，輔國君之父也。上系世次，於獻王為高祖，惠王為曾祖，恭靖王為祖也。輔國君號竹軒，母田氏，封夫人；生母許氏，以竹軒君貴，追封夫人。君少孤，以帝胄之貴，既稟美質，又備克養，寡言笑，好信實，故嬉戲之態不形於童稚之年，君子觀童稚之習，已有老成之期矣。甫及弱冠，寵膺封爵，食祿八百石，而尋常不肯妄費，大宴會必請度於田夫人，大經用必疇諮於諸伯仲。閨門以肅，而內外之分見矣。昆弟以睦，而友讓之義彰矣。所凡逮下及賤之禮，罔不用心忠信，平施恩愛，君子觀其長者之度，已有昌後之期矣。是以自天佑之吉無不利，而積善之慶，乃發乎多男之祥。逮夫約齋君諸兄弟盛長，乃大延師友，與夫夙往士夫，隆禮追陪，相與講明聖賢理義，使諸子虛心聽受。每見古人忠孝大節，又必面命之曰：某也忠可以為法，某也孝可以為法，凡所可

以為法者，每訓指之類如此。若夫市井樗蒲，苑囿鷹犬，世俗所好，傷生喪志，非唯己不之好，又必諄諄以戒諸子。故雖食天之祿，尤必教子以道，是以約齋君等，怡怡和氣，充溢門闌，君子觀多男之英而又多壽富之期矣。故積蓋厚而裕焉，居亦渙而輪焉。精思巧智之運，見於鳩工命匠之日，古人謂胸中樓閣，今亦見於竹軒君乎。正宜坐數遐齡，安享鼎養，久待諸予之奉，以廣垂世之先見。而嘉靖二十五年丙午六月二十九日，竟以疾薨於正寢室。距所生弘治癸亥四月二十日，享春秋四十有四。君諱宸澤，配張氏，封夫人。側室徐氏、甘氏、曹氏。子男九人：拱栂，娶李氏，封淑人；拱枌，娶姚氏；拱栒，聘涂氏，俱封奉國將軍。拱樣，乃為輔國兄素峰君嗣。拱梓、拱棟、拱梁、拱椋，俱賜名待封。第十四子尚幼，未賜名。女三人：長寧都縣君，配儀賓於仲山；次廣豐縣君，配儀賓胡運暘；幼信安縣君，未配。栂、樣、廣豐、信安，嫡出也。枌、寧都，栒、梓、棟、梁、椋，十四子，庶出也。孫男三人：祖觀保、細保、華保。奉國君栂等，以今年丁未冬十月十二日，奉柩葬予城南陳家橋之陽。璣素知竹軒君者，敬為之銘曰：

　　皇祖封建，同姓者王。皇子寧獻，移都豫章。獻王之孫，惠王之子。

　　石城恭靖，後嗣益昌。有曰竹軒，器度汪洋。為善最樂，多男發祥。

　　年將半百，乘雲長往。陳橋吉兆，卜焉允藏。千秋萬年，福佑無疆。

　　嘉靖二十六年歲次丁未孟冬月之吉。

《江西出土墓誌選編》

朱宸浮

　　宸澆弟宸浮素方正，宸濠欲屈之不得，數使人火其居，而諷諸宗資給之以示惠，宸浮辭不受。宸濠敗，宸浮得免。子輔國將軍拱概，孫奉國將軍多燫、曾孫鎮國中尉謀埠，三世皆端謹自好，而謀埠尤貫串群籍，通曉朝廷典故。諸王子孫好學敦行，自周藩中尉睦㯫而外，莫及謀埠者。

《明史》卷一百十七

　　弘治十三年六月丙申　賜寧府輔國將軍宸浮誥命、冠服如制。

《孝宗敬皇帝實錄》卷一百六十三

輔國將軍朱拱概

　　先祖輔國公拱概，石城端隱王之孫，鎮國公第二子也。鎮國公性嚴重方正，家法整肅，宸濠欲屈之，數遣人火其居，而諷宗族資佐公以示惠，公固辭不受。以故濠敗獨免污衊。輔國公醇孝篤誠，動以禮義自檢。處暗室屋漏，終無惰容。日稱述先賢懿行訓誨諸子孫。嘗作〈家訓〉一篇，其辭曰：

　　若幸弛負擔而嬰爵祿，毋以世及。罔或僭於禮，汝毋侈於聲，毋湎於酒，毋作驕淫，毋囂於訟，以顛覆全家。汝有子若孫，迪以詩書，毋姑息是肆，以戕厥性。汝友朋以臧，勿邇便佞善柔。勿豐殖貨賄以賈怨，汝禦臧獲群隸，亦維莊厥身。維孝維忠，克昌厥後。毋事巫覡左道，汝祖高皇帝尚有不訓念之哉！

《藩獻記》卷二

輔國將軍朱拱梃

嘉靖三年十月己酉　追封故石城端隱王庶第三子宸潤為鎮國將軍，仍量與葬祭，從其子奉國將軍拱梃請也。

《世宗肅皇帝實錄》卷四十四

宸潤四子拱梃，號樵雲。封輔國將軍。明弘治六年癸丑十一月十二日申時生，明萬曆元年癸酉正月十一日子時卒，享壽八十一。

《盱眙朱氏八支宗譜》

石城王府輔國將軍朱拱樑

石城王府輔國將軍精一君朱拱樑墓誌銘　　（明）涂相

嘉靖三十有三年甲寅五月五日，石城輔國將軍精一君卒之三年，是為丙辰，天子命有司祭奠治葬。遂以其冬之十一月五日，葬南昌縣望水岡原。夫人樊氏合焉。

前事之月，其子灼等以鄉進士王淑甫之狀授予曰：「先君常獲私子丈人，願銘石以教無期耿哉。」予曰：「喏。」君孝行，又帝繫禮葬，宜銘。君諱拱樑，其先，寧獻王自大寧遷國南昌。獻王之孫曰石城恭靖王，於君為曾祖。恭靖生端隱，端隱未王而薨。君之考雲潤公，例封輔國。君世奉國，後二十年，當歲丙戌，而君始具疏所以，由是雲潤公追贈鎮國，君進輔國云。君生八歲而喪其父，殯在堂，會宮火，諸毀且盡，而棺獨存。母劉夫人泣曰：「此幸也。吾不以變憂，而憂吾之孤未立也。」於是攜以教育，苦節以守。君力學，卒聞先聖王，詩書禮樂之教。事母益孝謹，晨昏侍，油油翼翼，若嬰兒之未免於懷，進退一唯母喜

憂。有疾親於為湯藥，至廢食寢。常念其先公，朝夕於陟降，支子得立禰廟，乃立廟其第，歲時朔望，則以大牲享，忌則設影於其堂，事之如生事焉。寧邸濠反，脅宗室以隨。君以母在，心不肯退以愚免。濠誅，天子議親赦宗室，乃復土。君竊喜，以為乃今母子得相保足矣。君謹厚簡默，至是益斂飭，事細大必請於母而行。歲祿之納與出，皆自母手。節時其衣服飲食，而豐其祭祀宴享。既富，悉有諸旁舍地，拓先公之宇，別宮其三子，而以長守祀。又日聚而訓之，或觀書有得，輒指以示。嘗讀資治通訓曰：茲高皇帝、獻祖所以詔來子孫法守與則，又自為文曰勸善。並梓以廣之。君性不喜近治佞，喜賓接學士大夫，故一時學士大夫，皆樂與之遊。遇稱觴慶祥，則爭以文獻。君迎拜必以告於母而頌禱之，乃享客。黃少方伯東松、張給舍東川，嘗感君義高，為之敘《思弦集》。思弦者，思其夫人樊也。樊宜家而早世，君哀之，乃獨處三年，矢不續，已而果然。友梅君，君之異母弟，從其幼友愛之，兄兄弟弟，故鄉國稱孝。歲己酉冬，君晨省，以風得痹疾，幾不起，諸子惶惶，莫可藥而禱以乞生，乃生。君子以為天活君，固亦孝感之素也。明年夏之夜半，宮復火迫，豎負君以走，他不復顧問，問母所及救。先公影《思弦集》不得，則哭之慟，卒卒郁於中。自是或平或不平，遇醫受藥法服之。又五年甲寅二月，適母夫人八十，弟若子若孫宴集奉壽。君就榻呼侍者強披，而以首叩地，祝者三。禮不以病廢，豈孟子所謂大孝終身慕者邪。迄夏，疾大發，五日乃告終。將終，諸子環榻前跪哭，母杖而哭。訣曰：「吾今得從先人於地下矣，而母不及養。兒乎兒乎，在孫惟爾。」此其孩提之愛，固至死而後已也。於戲！其可尚也已。君生以弘治己未年九月七日卒，享春秋五十有

七。子男四：長曰多燠，次曰多㷊，曰多爌，曰多㷉，俱封奉國將軍，皆能折節親師友。燠娶曾氏，㷊娶熊氏，爌娶李氏，㷉，娶陳氏，俱封淑人。女一，封艾城縣君，嫁刑部主事龔進芝男麒，授奉訓大夫、宗人府儀賓。俱樊夫人出。側室徐氏無出。孫男五：謀坤、謀璜，餘幼。女四俱幼。銘曰：

迪德者昌，作善者永。公惟孜孜，聲華炯炯。崇封啟宇，守信懌文。克光前烈，垂裕傳昆。於昭令聞，賣此幽宅。億萬斯年，鎮此山側。我是用銘，繼序思繹。

孤哀子奉國將軍多燠多㷊多爌多㷉泣血立石。

《江西出土墓誌選編》

奉國將軍朱拱梧

萬曆六年十一月戊申朔　先是，石城王府奉國將軍拱梧越關赴京奏事，發閑宅禁住。至是，男鎮國中尉多赭奏乞代父之罪。又，其事在恩詔之前，上允放之。

《神宗顯皇帝實錄》卷八十一

朱多燠妻淑人陳氏

隆慶中石城淑人陳氏，以夫多燠早死，欲自經者。再念子墭、墡幼沖，勉食勤苦，嚴教誨，身靀繰機杼給晨夕者十四五年。兩子竟以文雅著名。督學使沈九疇表其閭曰「貞壽」。

奉國將軍朱多㷉暨妻陳氏

明故石城艮齋偕原配陳淑人墓誌銘　楊汝允撰

按大君諱㷉，別號艮齋，高皇帝七世孫也。自獻王分封，生

恭靖王，恭靖王生端隱王，生雲潤主人。雲潤主人君之祖，而精一翁則君之父也。古云世祿之家，由禮者鮮，豈以貴富移人，驕侈易生然乎。君起宗盟玉牒，累世雲乃，貴富曷加，溯君注行，如狀中語，賢人遠甚。蓋君精一翁第四子，生七齡即失母輔國樊夫人。字於祖母劉太夫人。幼而孤，誰獎姑息之。長就外傳，則受嚴師訓。迄嘉靖二十一年授封奉國將軍。冠裳以飾其外，禮義以養其中，揖讓相先，習殆與性戊也。以故生錦谷之叢，忘奢惰之習，而以古之翊王室、獻雅樂者自期，有以哉！有以哉！如敬事祖母，曲□承順，逮及無母，徐厚為送終，□□父心也。待長兄晉齋爍、仲兄儆齋烕、次兄仁齋爐，居嘗心相敬愛，患難誼相扶持。恫三兄之先逝，而撫孤恤寡，□白骨而生全之，友於也。念母及於舅氏，而歲時問□之禮，不以脫替。執子道，事岳父母生事葬祭之周，不異所生。仁姻配淑人陳。陳，南昌前衛左所戶侯韜長女。姆教素閑，尤警敏多才智，□天風，艮齋君樂得為匹。凡食祿之入，君悉付之不問有無出入，而淑人操紃計贏，酌盈□虛，罔不縷析條□中節。雖屢奉裁祿詔，君之食貨生殖以豐。樂棚賓祭大禮，舉之倍常時，是遵何道哉，良以理財者有人耳。夫淑人與君，自束髮諧伉儷四十餘年，同心共理家政，無一毫拂戾意。凡事之舉□，君曰俞，淑人亦曰俞，君曰咈，淑人亦曰咈。行之久伴，童僕皆安甚令，內外皆知其賢母□也。歲丁丑，雙壽五十，人人華豔其遭而頌美之。自宗戚子弟，以至學士大夫、皆侈之文曰：大德□□如□人，其必□享眉壽哉！必眉壽無害哉！且以創業垂統之道進之，由是大新厥第，為肯構，□課功程□□務□督其外，淑人以病之垂簾綜畫於內，不閱一載，而大工成，藩府稱雄麗焉。君樂之，淑人亦樂之。無何□一夕忽忽

違和，飲食言動猶如常也，乃□棄祿養。訃文聞，遠邇靡不驚怛曰：「天胡奪我善人之速哉！」淑人、大君形影相弔，寢食不自安，未逾年亦並游天府，謝人間事矣。生令嗣一，諱玬；嘉靖四十二年十二月，授封鎮國中尉，娶南昌縣長定鄉王琳女，隆慶元年十月，誥封鎮國恭人。女一，未封聘。孫男二：長諱釧，未封，聘南昌庠生高尚詢女。次繼褓，未名。孫女三：長聘新建儀賓陳介昌子。次尚未聘。末，聘南昌儀賓涂詔子。君生嘉靖七年戊子七月初八日，歿萬曆八年庚辰五月二十二日，享年五十有三。淑人生嘉靖七年戊子八月二十一日，歿萬曆九年辛巳九月十四，享年五十有四。去年癸未，卜得新建龍瑞橋羅家山之原，堪輿良吉。九月二十八日，扶櫬渡江。今年三月初七日，合君與淑人並窆焉。首子趾午。距蓋三十里許也。祖制例有諭祭，有司事聞，天子篤親，舉行如故事，緣嗣君洪所請也。余不文，樸交艮君，又重嘉洪君之孝，乃因學博□君狀而銘之。銘曰：

噫嘻邦君，孝友成□。變彼淑人，壼儀作則。健順相承，□聲振植。並壽同歸，仙遊樂國。西山之原，龍蟠虎踞。卜築玄堂，善人雙□。勒此□□，永光幽隧。

萬曆十二年歲在甲　申二月吉旦，孤哀子鎮國中尉謀玬泣血立石。

《江西出土墓誌選編》

輔國將軍朱多煁

拱檜三子多煁，號荊山，封輔國將軍。明嘉靖廿八年己酉十二月十七日巳時生，明崇禎二年己巳八月十九日未時卒，享年八十一。

《盱眙朱氏八支宗譜》

多熛字知白，寧惠王第四子石城恭靖王奠堵之玄孫。

據朱彝尊《靜志居詩話》：南昌郭外有龍光寺，萬曆乙卯二月，豫章詩人結社於斯，宗子與者十人，知白之外，則宜春王孫謀□文翰，瑞昌王孫謀雅彥叔，石城王孫謀㙔鬱儀，謀圭禹錫，謀㙉誠父，謀垜藩甫，謀埡辟疆，建安王孫謀彀更生，謀㙙禹卿，謀□緝其詩曰《龍光社草》。郡人都察院右都御史掌工部尚書事徐作汝念邢、主事張壽朋沖龢序之。

《明詩綜》卷八十三

奉國將軍朱多熲

拱柏五子多熲，號斗齋。封奉國將軍。明嘉靖四十二年癸亥十月廿三日亥時生，明天啟三年癸亥十月二十日亥時卒，享壽六十一。

《盱眙朱氏八支宗譜》

多熲字以昭，號斗齋，南昌人，寧藩裔也。在萬曆間與利瓦伊楨、曹學佺等倡和。其詩修飾風調，流易有餘而短於精詣。

《古雪齋近稿》

鎮國中尉朱謀㙔

謀㙔，字鬱儀，以中尉攝石城王府事。孝友端直，束修自好。理藩政三十年。堇戶讀書，絕綺紈鮮腆之奉。貫串經史。博覽群籍，通曉本朝掌故。明興以來，宗支繁衍，諸王子孫，好學修行，比西京之劉向者。周藩睦㮮之後，未有如鬱儀者也。著書

百有十二種，皆手自繕寫，稿至數易，未嘗假手小胥。辨論古今，傾倒腹笥。黃貞父為進賢令，投謁抗禮，劇談久之，逡巡改席，次日遂北面稱弟子，如兩稱之。易簀之前，猶與弟子說《易》。分夜不倦。猶星光大如斗墜里中，棲烏皆悲鳴。越二日而逝。南州人士私謚曰「貞靜先生」。子八人：統鋃、統鉙、統鍠、寶符、統鐏、統鉦、統鑲、統鐕，皆賢而好學，時人猶元凱之目。

公留心史事，常貽書告余：「二百年來尚無成史，非公誰任此者？吾老矣，粗有纂述，多所是正，願盡出其藏，以相俠助。」繕寫經歲，卷秩弘多。余干令為余邑子，屬以相寄。令酒人也，儔其書而焚之。至今念之，猶有餘恨。

嗚呼！豈知三十年來，石渠著作之署，遂改為河東之野史亭乎！覽貞靜之詩，追念其墜言，為泫然流涕者久之。

《列朝詩集小傳》

朱謀㙔，字鬱儀，寧獻王七世孫，封鎮國中尉。曾祖宸浫，石城鎮國將軍，卻宸濠饋遺，以方正著。父多煋，奉國將軍，端謹好經術，親課謀㙔經史。謀㙔束修自好，貫串群籍，通曉朝家典故。萬曆中以中尉理石城王府事，典藩政三十年，宗人咸就約束。所著書百二十種，皆手自繕寫。及卒，南州人士私謚為「貞靜先生」。

《欽定大清一統志》卷二百三十九

朱謀㙔，字鬱儀，石城王孫。封鎮尉。萬曆中理藩政。博雅好古，尤研精於六義。所著有《六書貫玉》等書。又考訂大禹碑、周宣石鼓、比干墓銘。手自摹臨而詮釋之曰《三古文釋》。

《書史會要》。

《六藝之一錄》

朱謀㙔，字明父，一字鬱儀。寧獻王七世孫，封鎮國中尉。萬曆辛卯給諫葉初春以學行薦於朝，巡撫邊維垣、巡按陳仿交相推轂，得旨俾縮通侯之章，理石城王府事。公族有所紛競，無不請質，㙔片言剖決，皆屈服而去。

生而天資穎異，目所瀏覽，終身不忘。以先儒譚易尚理，而置象不能獲文周孔子立言之旨，作《易象通》八卷。以晦翁詩注於比興微詞妙旨多郁而未章，乃原本小序，酌諸家得失，作《詩故》十卷。疾緯候之亂三五典墳也，作《窮古記》八卷以糾正圖讖之尨謬。疾李斯之變壞頡誦舊文也，作《古文奇字輯解》追述先聖之製作，以針砭漢世訓詁之沉痼。他若《書》《禮》《春秋魯論》《大戴》各有箋疏。又著《金海》百二十卷，《異林》十有六卷，《駢雅》二卷，《六書本原》一卷，《說文舉要》《水經注箋》四十卷，《豫章耆舊傳》二卷，《藩獻記》一卷。晚成《古今通曆》，用其法推《左傳》僖五年正月辛亥冬至昭二十年二月己丑朔冬至，以為《魯史》所用皆周正故經書春王正月明非夏商之正也，於時諸侯僭竊，天下衰微，鮮行頒朔之禮。晉楚大國或用夏正，未能齊一。魯秉周禮，獨不敢變，故孟獻子稱正月日至可祀上帝是已。其論醫則有取於張子和，論壬遁則有取於祝泌，論陽九百六則有取於王希明，悉鑿鑿見於徵驗。而於堪輿之說尤精。嘗言祖墓病水以語諸父兄弟，咸弗信。會群從暴卒者十餘輩，㙔不能忍，遂自發之，墓中果積水若溪澗。諸父始遜謝自咎，別移吉壤。

太史焦竑嘗曰：「鬱儀製作精微宏博，一依六經，莫可簡選。」湖廣利瓦伊禎、山東邢伺、福建曹學佺屈指江右人物輒首及之。

子統鋌崇禎丁丑進士。詩澹遠高古，稿毀於兵不傳。按鬱儀所著尚有《枳園近稿》。

《江西通志》卷七十

管理石城府事朱鬱儀先生謀堵構（園）。雜花香草，繽紛馥鬱，老樹偃蹇其間，蕭然塵外。先生把卷吟哦，晨窗午夜，矻矻忘疲，雖朱邸猶之蓬戶也。園中藏書甚富，疊架連屋。先生手所著作百餘種，刻有書目，堪與升庵鬥富。予抄得二十餘種，兵亂悉被拋擲。僅存《醫詮》二十二篇，《黃岐鉤玄》三十一篇。其言曰：「戴人張子和探黃岐之妙用，闡醫道之易簡。所制方不過三十餘，而可以該治萬千之病。其要有三，曰吐，曰汗，曰下而已矣。然其書具存，識之者寡。愚夫暗士安於庸術，坐視危篤，乍聞三法，莫不縮頸而咋舌，豈知三法所以治病？其所謂滋補調理之方，助病為虐，藉兵齎盜以糧也。」先生論醫，真稱卓出千古。其他方伎無不析其精妙，而尤深於經學。詳在予《郡乘》傳中。其論曆學，云：「往予觀大統曆，思得其術，弗得也。得顧乃德之說焉，得潘塤之說焉，得袁表之說焉，非術也，揣摩曆故而已矣。乃發二十一史。先之唐大衍曆焉，繼之漢太初曆焉，又繼之宋祖沖之曆焉，隋劉焯、張賓之曆焉，得曆術矣，而於大統之曆未合也。繼乃究夫元史郭氏《曆經》焉，又獲睹我朝夏官正、劉信之《曆法通經》焉。予於曆亦勞苦矣。」其論星學，云：「五行家以日干為主，視月令之休囚王相以裁成焉。甲者陽

木，成林之木也。乙者陰木，方萌之木也。丙者陽火，方焰者也。丁者陰火，伏於木石中者也。戊者燥土，己者濕土，庚者已煅之金，辛者未煉之金，壬者江河之水，癸者雨露之水也。甲恃庚以成材，乙恃戊以得茂，丙恃甲以不滅，丁恃庚以得生，戊能遏壬癸之勢，癸能滋戊己之燥。五行相須，其玄妙有不可勝言者。所謂才官印綬，末世之技耳。大抵五行貴乎中和。失其中，則資運氣以佐之，故運氣亦在所重也。丈夫以官為之子，婦人以食為之男，蓋特封贈奉養之意，誠鄙夫之陋見也。甲無生庚之理，丙無育壬之象。庚不孳丙，乙不乳辛。惟戊己為土，能產甲乙，壬癸為水，能澤戊己而已。然丙乙得土，丙丁得木，戊己得水，未有乏夫嗣續者也。以是而推，其理彰矣。」論奇門遁甲，云：「人有常言：年吉不如月吉，月吉不如日吉，日吉不如時吉。信有之也。選時之例，惟遁甲奇門為上，六壬藏沒次之。藏沒者，一日之中，惟四時可用。若遇甲戊庚日，則六神固藏，四殺固沒矣。他日，則殺可藏，而神不可沒。若遁甲，則十二時中，奇儀星門各有所宜，無施不可。忌五不遇時，避五入墓時而已。其餘若有奇門，無往不吉也。胡舜申以《陰陽備用》《符應經》，類集門要，發其端倪。郇慶長著為《樞要》，分畫演之。僕遂集此，使開卷了然。若奇與門俱不一得，而以藏沒用之，亦庶幾焉。胡郇二公之言如此，非僕臆說也。」

　　謝肇淛曰：今天下藏書之富，王孫則開封睦㮣、南昌鬱儀兩家而已。開封有《萬卷堂書目》，余托友人謝于楚至其所，鈔一二種皆不可得，豈秘之耶？南昌蓋讀書者，非徒藏也，而卷帙不甚備。按睦㮣，字灌甫，號西亭，周定王之後。覃精經學，撰《五經稽疑》《授經圖》若干卷，亦非僅以藏書名者。鬱儀、西

亭皆能於聖學榛蕪之日孜孜魯壁汲塚之遺，真當代劉子政也。吾郡自鬱儀外，宗侯則有時卿，士庶則有熊仲舒、喻季布，而仲舒尤多帳中秘本。滄桑以來，土炕柳牆，處處皆數家墳典，而吾郡弦誦遂至輟響，可勝歎哉。

《江城名跡記》卷二

多熅次子謀㙔，字鬱儀，號海岳。封鎮國中尉，加封資政大夫。敕授管理石城王府事。明萬曆辛卯，給諫葉初春以學行薦於朝，巡撫邊維垣，巡按陳㳺交相推轂，得旨俾縐通侯之章，理石城五府事。公族有所紛競，無不請質，公片言剖決，皆屈服而去。生而天姿穎異，目所流覽，終身不忘，大之九經傳注，諸史異同。次之星緯曆數，農圃醫卜，常言祖墓病水，以語諸父兄弟，咸弗信。會群從暴卒者十餘輩，公不能忍，遂自發之墓中，果積水若溪澗，諸父始遜謝自咎，別移吉坏。太史焦竑常曰：鬱儀製作，精微宏博，一依六經，莫可簡選。湖廣李維禎、山東邢侗、福建曹學佺，屈指江右人物，輒首及之。所著有《周易象》八卷，《詩故》十卷，《春秋戴記魯論箋》《金海》百二十卷，《藩獻記》四卷，《玄覽》八卷，《異林》十六卷，《騈雅》七卷，《豫章耆舊傳》三卷，《邃古記》，八卷，《古文奇字輯解》十二卷，《六書本原》一卷，《說文舉要》一卷，《天運紹統》三卷，《水經注箋》四十卷，《宏雅演》《爾雅》《方國殊語》《古今通曆》《枳園近稿醫詮》二十二篇，《黃岐鉤元》三十一篇諸類。南州人士私謚貞靜先生。生子八，皆賢而好學，有元凱之目，統鉁其一也。崇禎甲戌進士。詩淡遠高古，稿毀於兵不傳。省府縣誌詳明。九世子丙熙敬錄。明嘉靖三十年辛亥十二

月廿五日寅時生，明天啟四年甲子三月十六日辰時卒，享壽七十四，葬新建桃花鄉。

《盱眙朱氏八支宗譜》

鎮國中尉朱謀㙔

多㷡三子，謀㙔，字藩伯，別字藩甫，號浦泉，別號運字，官諱兹生。封鎮國中尉，邑庠生。工詩，有集今不傳。省志原跋。明嘉靖三十七年戊午十月十三日巳時生。明萬曆四十八年庚申十月十一日申時卒，享壽六十三。

《盱眙朱氏八支宗譜》

謀㙔字藩甫，寧藩石城王孫。有詩〈九日誠甫宗侯招登明遠樓燕集分韻得「無」字〉：

有約登高興不殊。天涯朋好接歡娛。寒生南浦楓初落，秋入東籬菊尚無。詩派西江存大雅，賓筵左顧敕中尉。風前剩有參軍帽，醉後終須倩客扶。

《明詩綜》卷八十三

奉國將軍朱謀㻋

多煩三子謀㻋，號體元。封奉國將軍。管理石城王府事。明嘉靖四十五年丙寅十一月初三日子時生，明崇禎十五年壬午三月廿四日丑時卒，享壽七十七。

《盱眙朱氏八支宗譜》

鎮國中尉朱謀墾

多燀長子謀墾，號奎吾。封鎮國中尉。明嘉靖四十三年甲子二月十五日午時生，明萬曆四十七年己未九月十七日巳時卒，歷年五十六。

（同上）

鎮國中尉朱謀圭（敬所）

多燁長子謀圭，號敬所。封鎮國中尉。明嘉靖三十二年癸丑十一月廿五日丑時生，明崇禎十五年壬午九月十四日卯時卒，享壽九十。

（同上）

鎮國中尉朱謀𡎴（號鵝池）

多煐次子，謀𡎴，號鵝池。封鎮國中尉。明隆慶元年丁卯四月廿三日巳時生，明天啟二年壬戌七月初七日申時卒。

（同上）

輔國中尉朱謀墲（號太巓）

多沸之子，謀墲，號太巓。封輔國中尉。明萬曆三十二年甲辰九月十四日戌時生，明天啟七年丁卯十二月十五日辰時卒，歷年二十八。

（同上）

輔國中尉朱謀𨥅 (約禮)

　　多鈴三子謀𨥅，號約禮，封輔國中尉。公篤學力行，兄弟師友精研宋儒之緒。從鍾陵朱以功先生游，講學數十年，布衣之葛巾□然環堵，人不知其為王孫也。詳府志儒林類。明萬曆六年戊寅五月廿七日午時生，清康熙四年乙巳七月十九日申時卒，享壽八十八。

（同上）

鎮國中尉朱謀境

　　多熰次子謀境，號松友，封鎮國中尉。明嘉靖十六年丁酉五月廿八日丑時生，明萬曆四十七年己未十月二十日申時卒。享壽八十三。

（同上）

鎮國中尉朱謀垗

　　多焊長子謀垗，號達仁，封鎮國中尉。明嘉靖十七年戊戌十月十五日辰時生，明萬曆四十八年庚申十二月二十日卯時卒，享壽八十三。子三：統鉞、鈫、鋰。

（同上）

輔國中尉朱統鉞

　　（謀垗）長子統鉞，號體□，封輔國中尉。明隆慶二年戊辰九月廿二日午時生，明崇禎四年辛未十一月二十日酉時卒，享壽六十四。宜人氏喻，明隆慶元年丁卯十二月十八日丑時生，明崇

禎時年丁丑十月戌時卒，享壽七十一。子二：議法、汳。

（同上）

輔國中尉朱統釟

（謀垙）次子統釟，號警仁，封輔國中尉。徙居永和門外。明隆慶五年辛未四月廿六日卯時生，明崇禎十四年辛巳五月廿四日卯時卒，享壽七十一。宜人氏徐，明隆慶五年辛未十二月初二日亥時生，清順治二年乙酉七月十九日辰時卒，享壽七十五。子三：議深、澫、湹。

（同上）

輔國中尉朱統鋥

（謀垙）三子統鋥，號志仁。封輔國中尉。明萬曆四年丙午十二月廿八日子時生，清順治四年丁亥十二月二十日巳時卒，享壽七十二。易人肖氏，明萬曆五年丁丑十二月初二日酉時生，清順治十三年丙申五月初九日辰時卒，享壽八十，子五：議淴、沴、淏、濍、蒗。

（同上）

輔國中尉朱統鋃

謀瑋長子統鋃，號群玉。封輔國中尉。明隆慶三年己巳六月十三日丑時生，清順治五年戊子五月初三日亥時卒，享壽八十。

《盱眙朱氏八支宗譜》

朱統鋃，字伯壘，號群玉山樵，石城王孫，其父謀瑋以著書

名世。鋃承家學，復精於繪事。花鳥初仿陸叔平，後習周服卿。武陵劉奇受以和色之法，花色歷久益新。畫山水，法吳仲圭。

《江城舊事》卷十一

輔國中尉朱統鍠

朱統鍠，字孝穆，謀㙂第三子，封輔尉。博雅能如其父。喜書法，以懸腕中鋒為貴。於諸帖能淹貫，故作字必有所本。蓋以學勝者。《書史會要》。

《六藝之一錄》

（統鍠），謀㙂三子，號幼海。封輔國中尉。明萬曆元年癸酉六月初八日寅時生，清康熙五年丙午七月廿四日丑時卒，享壽九十四。

《盱眙朱氏八支宗譜》

輔國中尉朱統銈

統銈，字夢得，寧中尉謀㙂子。崇禎七年進士，授行人。使蜀，卻饋金，揭重熙薦學冠古今。國亡入山。詩文澹遠。子家相，歲貢，不仕。

《南明史》卷二十七

朱統銈，謀㙂次子。字蔚園，善讀書能文。國典：公姓不得赴制科，遂棄世爵，改名寶符，以民應試。督學駱日升、魏照賞，拔餼於庠貢入京。為禮部所駁。癸酉江西中試。明年成進士，授官行人。奉使蜀藩，馳驅萬里，所過問遺無所受。里居有以請托進者，概謝絕。與寒士無異。為文古奧沉鬱，卓然可傳。

甲申聞變，北望慟哭，隨竄伏荒崖窮谷中，黯然憒惋，若不知有
人間世者。子家相亦以貢生不仕。

《新建縣誌》卷三十五

　　謀㙔四子統鉎，字蔚園，號四嶽，官諱寶符。封輔國中尉。
明崇禎壬申貢士，癸酉科舉人，甲戌聯捷進士。授職禮部行人，
司任滿歸家。著有詩集，因兵毀不傳。誥授資政大夫。公善讀書
能文。國典公姓不得赴制科，遂棄世爵改名寶符，以民籍應試。
明崇禎甲戌進士授官行人，奉使蜀藩不受饋遺，里居有以請托進
者，概謝絕，與寒士無異。為文古奧沉鬱，卓然可傳。甲申聞
變，北望慟哭，隨竄伏荒崖窮谷中。省府縣誌詳明。隱逸類。

《盱眙朱氏八支宗譜》

奉國中尉朱統鈗

　　統鈗，字雪矑，寧奉國中尉。工詩畫。與新昌吳膝交。已，
入洞山，與僧己任居。永曆末卒。子議淰，字子莊，諸生，襲。
善詩書蘭竹小景。國亡，改名容重，隱南昌蓼洲，卒年七十九。

《南明史》卷二十七

　　朱統鈗，號雪矑，明奉國中尉。美姿容，廉介自持，不輕然
諾。工詩，旁及書畫，皆仿古法。事父至孝，戎馬在郊，負土成
墳，不以累諸弟。晚與緇黃作方外友。壽七十卒。

同治《新建縣誌》卷四十九

　　謀㙴長子統鈗，字克甫，號雪矑，封奉國中尉。美姿容，廉
介自持，不輕然諾。工詩文及書畫，皆仿古法。事父至孝。戎馬

在郊，負土成墳，不以累諸弟。晚與緇黃作方外友，有古高士風。壽七十卒，詳府志。明萬曆廿五年丁酉十二月廿三日戌時生，清康熙五年丙午九月初九申時卒，享壽七十。子四：議溢、浠、澔、漸。

《盱眙朱氏八支宗譜》

輔國中尉朱統鐂

謀埊三子統鐂，好仲宣，封輔國中尉。明萬曆三十三年乙巳二月十六日丑時生，清順治十六年乙亥三月初二日寅時卒，歷年五十五。

（同上）

輔國中尉朱統鈿（號次玉）

謀塯次子統鈿，號次玉。封輔國中尉。明萬曆十二年甲申六月廿八日丑時生，順治九年壬辰五月十一日卯時卒。享壽六十九。

（同上）

朱統錡

統錡，寧藩石城王裔，太祖九世孫也。放誕好大言，人目為朱九瘋子。乙酉，王師破南昌，崎嶇渡江。聞英山張福寰據三尖寨，潛至，不得通，授徒自給。繼乃微言：「我宗支也。」福寰知之，即善護焉。戊子間，天堂、埭口山寨蜂起，福寰乃與國學生胡經陵迎統錡入潛山。明年春二月，奉之居飛旗寨，稱石城王。以永曆紀年，造作符印。各寨謁見，以次拜官，自郡縣、監

司、撫按、科道、部院、總鎮之屬咸備。他寨有未謁者，以兵降之。其授部院職者，有傅夢弼、傅謙之、桂蟾、義堂和尚之屬。於是統錡撫有二十四寨，因聯絡蘄、黃間四十八寨。其來謁者，各授職有差。文職則周損、曹胤昌、王爛、胡玉良等，武職則陳如密、李有實、常近樓、侯雲山、劉奉宇、陳元、蕭新等，凡千三百人來謁見云。其夏，王師會剿，諸寨相繼降破。秋八月，進克皖澗寨，傅夢弼等走馬園，惟統錡尚守飛旗不下。冬十一月，王師進至湯池衙前，攻圍十日，縱火箭仰射，寨中大亂。我軍乘之以入，監軍王紳基，總兵儲伯仁、石際可，旗鼓汪托等被執，統錡從後關遁馬園。大兵追至霍汕界寶纛河，執傅夢弼、桂蟾、義堂、唐明勝等十餘人，統錡亡匿英山。庚寅，春正月，胡經文、胡良玉降，受我操江李日芄指，誘執統錡以歸，因遇害。詳見張福寰傳。

《小腆紀傳補遺》卷一

　統錡，石城王裔。放誕，好大言。南昌陷，渡江，聞英山張福寰起兵三尖寨，潛至，不得通，授徒自給。繼乃微言我宗支也，福寰知之，即善護焉。永曆二年，迎入潛山。明年二月，奉之居飛旗寨，稱石城王，造作符印。各寨謁見，以次拜官，自部院、科道、撫按、總鎮、監司、郡縣之屬咸備。他寨有未謁者，以兵定之，於是撫有二十四寨。因聯絡蘄、黃四十八寨，其來謁者，各授職有差，聲威大振。其夏，清兵會攻，諸寨相繼降陷，惟統錡尚守飛旗不下。清攻將軍寨，統錡以四百人間入包家河援之，為褚良輔所截，入山。十一月，清兵攻玄圍、飛旗諸寨，進至湯池衙前，攻圍十日，縱火箭仰射，寨中大亂，清兵乘之入。

統錡從後關走馬園，清兵追至霍山界寶靁河。統錡亡匿英山，收兵五六十人。四年正月十日，胡經文、胡玉良受清操江李日芃指，誘統錡自羊角河來馬園，被執遇害。

《南明史》卷二十七

先是安慶府之桐城、潛山、太湖三縣有賊渠余尚鑒者。以擁立明宗室朱統錡為名，糾金聲桓餘黨據險為巢，凡二十餘寨，時出侵掠。十月，（李）日芃遣副將梁大用等攻皖澗寨，克之。進圍飛旗寨。凡七日，斷賊水道。賊兵四出衝突，日芃分兵為四路合擊之，賊眾大潰。連拔飛旗、桃園等寨，獲朱統錡及余尚鑒斬之。大和山、小和山等十八寨相繼歸順。

《欽定八旗通志》卷二百六

總兵卜從善剿白雲、梅家、英窠諸寨。偽石城王朱統錡糾賊五千餘，由金紫寨赴援。擊卻之，乘勝連破賊寨，擒偽總兵孔文燦。

《盛京通志》卷七十八

降將金聲桓據南昌叛，陷九江，江左告警。（李）日芃督兵扼小孤山磨盤洲，檄同知趙廷臣、參將汪義、游擊袁誠等迎擊之，敗賊於彭澤，賊不敢南犯。（順治）六年裁安徽巡撫命（李）日芃攝其事。桐城、潛山、太湖三縣皆阻。山有余尚鑒者，以擁立明宗室朱統錡為名，糾聲桓餘黨，踞山為巢，結寨二十餘，勢張甚。

（同上）卷八十

鎮國將軍朱統鍫

統鍫，字梅園，石城鎮國將軍，靈山知縣。永曆元年四月，陳瑾兵至，內應復城。十月，與上官星拱復廉州，自稱輔國大將軍。十一月，與孫總兵、王海宇、梁舉人圍雷州，擢僉都御史。八年六月，敗走靈山，遇害，麾下謝天封葬之烏江橋嶺，土人歲祀其墓。

《南明史》卷二十七

石城王朱議㳻

石城王議㳻，石城安恪王宸浮無子，國除，不知何所出，襲年不詳。永曆三年十一月，與德化王慈㷿守將軍寨。寨陷，遇害薨。

《南明史》卷二十七

朱議汭

議汭，歲貢，潯州通判，死豐城。

（同上）

【注】此據同志《南昌縣誌》引彭士望〈感遇詩〉《魏叔子文集外篇·彭母朱宜人墓誌銘》錄。又錢海岳《南明史》錄「朱議汋」為瑞昌王支。又錄有「朱議㳻」為「潯州通判，死於豐城。」或誤。

彭母朱宜人

宜人姓朱氏，江西石城王府奉國中尉、潯州通判朱公議汭長

女也，年十五，歸吾友彭躬庵。躬庵十四歲時，潯州公從館生見其文，曰：「此國士也」，以女字之。父層城公力持不可，公發憤欲削髮為僧，委女去，祖母李宜人解之。蓋宜人年十月而背母，育於祖母，憐愛特甚，故宜人卒歸躬庵。宜人早慧，逮事祖姑及繼姑，克盡婦職。生一女殤，病幾殆，自是絕不復生。而躬庵妹適朱氏，以產女卒，宜人撫之如己出。宜人諸大父、父、諸父以王子侯為州府者七人。及宜人歸，親家政，內外稱其才，皆曰「貴家女顧如是。」崇禎庚辰，黃石齋先生薰禍作，躬庵周旋緹騎間，將詣淮上，詭稱赴南大司馬李公召，以別宜人。明年，太學生涂仲吉以黃故詔獄，辭連躬庵，與友人候逮南下，宜人始知之，相引訣，泣謂躬庵曰：「君逮，我必死。惜先人未葬，且無後耳！」既事解，終未及躬庵。時天下方亂，躬庵大築館舍，居四方客。楊機部先生與友人王乾維、歐陽憲萬、毛二如、朱用霖客皆來屬。每食，主客從者輒十數許人。宜人無寒暑早夜，在庖廚與群婢操作具精饌，必客盡歡，以無逢夫子怒。客留居或數月不去，宜人始終執勤無怠色。乙酉，辟地寧都。會寧都土人大亂，躬庵應機部公召，護軍西行，宜人與其妾劉氏及朱氏女留東村，舉室病臥。宜人或自斯薪行汲、雪涕躬炊飪，未嘗慍恨。庚寅，寧都城破，機部公遺孤璹掠於兵。時躬庵他出，聞兵人索高貲，馳信語宜人傾資裝以應。宜人命女復書曰：「如此，豈惜財物？」所有衣飾，惟祖母金指環一雙未忍棄，餘盡以贖楊公子。

　　宜人既不復生子，益逮下。妾劉生子女三人，男子三人。每斷乳，則宜人使同臥起，推乾就濕無少間。諸兒亦忘所自出，惟宜人是依。自丙戌躬庵旅居翠微，後以變故，數遷三爐冠石，家益貧落。冠石夜被劫盜，宜人與家眾緣峭壁走避，特回覓長兒，

失足折踝骨。時天寒，衣被具盡。則裁敗絮尺餘綴衣，督護諸兒脊上。宜人身襤褸，鶉結紉緝以自溫。躬庵走衣食，恒外出，家常種茶造楮，傭耕人田，皆宜人主饔飧，視鄰田媼無後時，飛塵蒙面，十指皸瘃斜互，見者傷之。及其死也，篋笥間不名一錢，假服以殮。躬庵性卞烈，晚常以米鹽凌雜督過宜人，宜人順受唯諾。然嘗病項下瘻，痰起則暈眩不知人，卒以此死。躬庵痛哭僕地椎膺曰：「吾負斯人矣！」宜人以丁未十二月初八日卒。未卒之六日，自冠石歸翠微，恒自言死事。先二日，躬親烹割，獻先姑忌。明日，躬庵召予兄弟食，猶力疾手自爨雞。死之日，妾及諸子女爨婢皆哀慟失聲。明日，或以果啖小兒厚下，不肯食曰：「吾不忍母也」，人無不哀且頌宜人者。

宜人生癸丑，距今丁未，享年五十有五。所撫朱氏女靜方，適汜水令胡公定男映日，辛丑以產卒。妾劉氏生男厚德，年十六，聘南昌諸生魏君定宸女。次厚本，八歲，聘予季弟禮女。次厚下，四歲。女柔麗，適豐城諸生游君洪紳長男樹德。次引吉，適廣昌諸生黃君運昌長男建。次木旦，許字冠石朱君霶次男東孫。即以是月十一日葬冠石爛泥壟老庵場背，去朱氏女墓不二百武，故宜人志也。

宜人嗜茶飲，性尤愛花。既貧困，常覓花種破缶敗筥中，依時灌滌。花開，持茗杯流連，移日不能去。頃歸翠微，輿中見田夫持山蘭花，貰錢買，手攜登山。既殯，家人皆環蘭花而哭，遂置諸靈幾。

予嫂事宜人，歲時請見，知宜人獨詳。躬庵為狀，命兒子請志其墓，予不敢以不文辭，且銘之曰：

問善御，莫如馬。上之德，視其下。於其死，知其生。永不

磨，宜斯人。

倪闇公曰：公段序云，繩貫鉤連，最零碎閑淡處，正是極悲愴淋漓處。

邱邦士曰：一篇精神，全著宜人事躬庵專一處，以為悲憫，方見宜人為人極難極至處。此亦得《左傳》序事深要處，後人惟歐陽永叔序事能如此用意也。

《魏叔子文集外篇·彭母朱宜人墓誌銘》卷之十八

奉國中尉朱容重（議澪）

朱容重，字子莊。封奉國中尉。能詩，工書法。閑畫蘭竹小景。四方之士游豫章者，以不得子莊筆墨為憾。所居蓼洲，造請無虛日，亦不復仕。卒年七十九。著有《初吟草》，徐世溥為序。今其後人居桃花鄉之青嵐。

同治《新建縣誌》卷四十九

統銳次子議澪，字英儒，號子莊，官名容重。封奉國中尉。邑庠生。公能詩，工書法，畫蘭竹小景四方之士游豫章者，以不得子莊筆墨為憾，所居蓼洲，造請無虛日，亦不復仕。卒年八十七。著有《初吟草》，徐世溥為序。今其後人居桃花鄉之青嵐。明天啟二年壬戌十二月三日四時生，清康熙四十七年戊子十一月二十日亥時卒，享壽八十七。

《盱眙朱氏八支宗譜》

朱統鎠

謀起四子統鎠，號冰玉。明萬曆十二年甲申十一月廿三日申

時生，明天啟六年丙寅十二月三十日戌時歿。享壽四十三。

（同上）

輔國中尉朱統鏷

謀埏四子統鏷，號奪元。封輔國中尉。明萬曆二十年壬辰正月十八日丑時生，清康熙四年乙巳二月廿四日未時卒，享壽七十四。

（同上）

奉國中尉朱議法

統鉞長子議法，號憲章。封奉國中尉。明萬曆四十年壬子七月初一日卯時生，清順治十七年庚子九月十三日申時卒，享壽四十九。

《盱眙朱氏八支宗譜》

奉國中尉朱議汲

統鉞次子議汲，號瀛洲。封奉國中尉。明萬曆四十二年甲寅正月十三日丑時生，清康熙十八年己未四月十三日申時卒，享壽六十六。

（同上）

奉國中尉朱議深

統�長子議深，號資之。封奉國中尉。明萬曆二年甲午二月廿四日戌時生，清康熙四年乙巳三月十三日亥時卒，享壽七十三。

（同上）

奉國中尉朱議澷

　　統鈘次子議澷，號青甫。封奉國中尉。明萬曆三十四年丙午二月初五日丑時生，清康熙十七年戊午三月十二日未時卒，享壽七十三。子一：中梅。

（同上）

奉國中尉朱議渲

　　統鈘三子議渲，號映甫。封奉國中尉。明萬曆三十七年己酉四月十六日辰時生，清康熙三十九年庚辰八月初二日丑時卒，享壽九十二。子二：中桂、棠。

（同上）

奉國中尉朱議滬

　　統鍟長子議滬，號繩祖。封奉國中尉。明萬曆癸巳七月初二日申時生，清康熙十八年己未八月十四日酉時卒，享壽八十四。

（同上）

奉國中尉朱議沶

　　統鍟次子議沶，號武卿。封奉國中尉。明萬曆年三十五年丁未十月初七日巳時生，清康熙年五年丙寅十一月廿四日卯時卒，享壽八十。

（同上）

奉國中尉朱議渶

統鉦三子議渶，號德玉。封奉國中尉。明萬曆年三十七年己酉十月廿六日寅時生，清康熙三十年辛未十月十七日戌時卒，享壽八十三。

（同上）

奉國中尉朱議㳨

統鉦四子議㳨，字生甫，號鸞玉，官諱鶴兆。封奉國中尉。明萬曆年四十年壬子五月三十日午時生，清康熙二十年辛酉六月初九日戌時卒，享壽七十。

（同上）

奉國中尉朱議滰

統鉦五子議滰，字禹浪，號冰玉，封奉國中尉。邑庠生。明萬曆四十四年丙辰三月二十日巳時生，清康熙二十年辛酉六月十一日午時卒，享壽六十六。

（同上）

陸　弋陽王支

榮莊王朱奠壏

磐烒五子奠壏，號碧岩，封弋陽王，謚曰榮莊。明宣德八年癸丑七月初六日申時生，明正統七年壬戌六月封鎮國將軍。明景泰二年辛未六月加封王。王狀貌修偉，丰姿過人。稟性脫敏，尤

能勤學，好古詩文，稱最儒雅素著。誠哉宗室之白眉也。事行雖未詳載《明史》，而手澤猶存，世世子孫咸知。王以貴冑而下交賢士，仁讓著於國中。有才名而不傲，懿親雍睦，成於門內。不幸負才早世。明天順五年辛巳五月初五日未時薨，歷年二十有九矣。王聰敏好學，朝廷誣以有罪，賜死時，錦衣衛指揮逯杲聽詞事者言，誣烝其庶母，遂賜自盡。是日雷雨大作，平地水深數尺，眾咸冤之。明史、省志、府志、縣誌。子一：覲鏷。

《盱眙朱氏八支宗譜》

　　弋陽榮莊王奠壏，惠第五子。坐冤傷死，年二十九。事白追諡。子僖順王覲鏷嗣。薨，壽四十三。子莊僖王宸汭嗣。薨，壽四十。子拱檜初封鎮國將軍，後以逆濠故停襲。嘉靖元年始許以本職攝府事。二年嗣。漸設官屬。薨，壽五十五。諡端惠。子今王多焜嗣，薨。壽（闕）。無子。奉國將軍多煌理府事。

《弇山堂別集》卷三十五

　　景泰三年閏九月壬午　贛州衛千戶劉瑛女為寧府弋陽王妃。賜冊命、冠服。

《英宗睿皇帝實錄》卷二百二十一

僖順王朱覲鏷

僖順王覲鏷，榮莊嫡一子，成化二年襲封，弘治十年薨。

《明史》卷一百二

　　成化元年十月庚辰　命故弋陽王子覲鏷襲封弋陽王。天順間，弋陽王奠壏以事賜自盡，其子幼，久未有封號，至是陳乞。

上曰：罪人不孥，罰弗及嗣，王政所先，況宗室乎。其勿絕王嗣，令襲封焉。

《憲宗純皇帝實錄》卷二十二

　　成化四年十月己丑　命廣平侯袁瑢、駙馬都尉周璟、慶雲伯周壽為正使……冊封……王庸女為弋陽王妃。

《憲宗純皇帝實錄》卷五十九

　　弘治十年二月壬辰　寧府弋陽王覲鍒薨。王，弋陽王奠壏長子。母，妃劉氏。景泰四年生，成化二年冊封，至是薨，年四十五。訃聞，輟朝一日，賜祭葬如制，諡曰僖順。

《孝宗敬皇帝實錄》卷一百二十二

莊僖王朱宸汭

　　莊僖王宸汭，僖順嫡一子，弘治十七年襲封，正德九年薨。

《明史》卷一百二

　　弘治十一年十二月甲寅　冊封弋陽僖順王嫡第三子鎮國將軍宸汭為弋陽王，夫人吳氏為弋陽王妃。

《孝宗敬皇帝實錄》卷一百四十五

弋陽端惠王朱拱樻

　　弋陽端惠王拱樻，莊僖王子也。闓爽有幹局。初封將軍，同藩諸將軍已矚目其賢。會宸濠作逆伏誅，諸郡王勢相頡頏莫能一。上以王守正不阿，詔令統攝府事。嘉靖初上書請復獻、惠二王廟祀，得備禮樂。稍增設審理、奉祠、典儀諸官屬。自藩臬諸

司以下，歲時皆入謁如大藩禮。嘉靖十九年撫按疏舉王忠孝賢良，賜敕獎勵。已，復奏修獻、惠二王陵園。嘉靖二十九年薨。子多焜嗣爵，諸郡王始分治。焜寬和，喜文雅。事嫡母孝謹。每膳必入侍。嘉靖末年藩議興王，奏罷將軍以下冠服房料墳料恩典。萬曆五年薨。無嗣。再從弟多煌奉敕攝王府事。

《藩獻記》卷二

嘉靖二年九月甲申　遣英國公張侖等為正使，翰林院編修黃佐等為副使，持節奉冊寶、冠服，封……弋陽王夫人歐陽氏為弋陽王妃。

《世宗肅皇帝實錄》卷三十一

嘉靖十九年四月丙子　封弋陽王府鎮國將軍多焜生母孫氏為夫人。多焜援靖江王例以請。從之。

《世宗肅皇帝實錄》卷二百三十六

嘉靖三十年九月乙未　弋陽王拱檟薨。賜祭葬如例。

《世宗肅皇帝實錄》卷三百七十七

宸浀長子拱檟，號醒齋，襲封弋陽王。諡曰端惠，明弘治十年丁巳十月二十日卯時生。明嘉靖元年壬午十月奉總理八王府事。二年癸未十二月冊封王。嘉靖三十年辛亥九月初十日酉時薨，歷年五十五。

《盱眙朱氏八支宗譜》

輔國將軍朱拱檜

拱檜，宸瀾三子，字汝楫，號竹隱。封輔國將軍。明正德八

年癸酉正月十八日巳時生，明嘉靖三十年庚申十二月十八日亥時
卒，享壽四十八。著有《負初集》二卷行世。子六：多煌、炡、
爆、炤、燧、燠。

（同上）

弋陽恭懿王朱多焜

　　嘉靖三十三年四月甲戌　遣應城伯孫永爵等為正使，翰林院
編修張春等為副使，持節，冊封……陽端惠王拱樻庶長子多焜為
弋陽王，夫人胡氏為弋陽王妃。

《世宗肅皇帝實錄》卷四百九

　　多焜，拱樻之子，號洪泉。襲封弋陽王。諡曰恭懿。明嘉靖
元年壬午九月十八日寅時生，十五年丙申四月授封為鎮國將軍。
三十三年甲寅六月奉敕管理臨川、宜春、瑞昌、弋陽王府事。明
萬曆五年丁丑十月初四辰時薨。以後推賢管理奉祀。

《盱眙朱氏八支宗譜》

奉國將軍朱多煌

　　奉國將軍多煌，惠王第五子弋陽王奠壏五世孫也。孝友嗜
學。弋陽五傳而絕，宗人舉多煌賢能，敕攝瑞昌府事，諸宗皆屬
焉。性廉靜寡欲，淑人熊氏早卒，不再娶，獨處齋閣者二十六
年。萬曆四十一年，撫按以行誼聞，詔褒之，會病卒，詔守臣加
祭一壇。又多炡者，亦奉國將軍，穎敏善詩歌，嘗變姓名出遊，
蹤跡遍吳楚。晚病羸，猶不廢吟誦。卒，門人私諡曰清敏先生。
子謀墇，亦有父風，時樂安輔國將軍多炡有詩癖，與謀墇等放志

文酒，終其世。

《明史》卷一百十七

　　弋陽奉國將軍多煌，僖順王曾孫也。父拱檜豪爽，喜客善詩。著《負初集》二卷。煌恂謹孝友，與弟炡、爍、照，皆用文雅結友遍遠近。子弟群從，莫不解藝善書，一門之內雝雝焉。弋陽恭懿絕嗣，諸宗人舉煌賢能，兩臺采輿論上之。上遂敕煌攝弋陽府事，瑞昌諸宗皆屬焉。煌性廉靜寡欲，子壯趨重又嫻詞藻，善承父志。政暇颿開逸園燕，賓從雅歌投壺賦詩以為樂。著《委蛇集》四卷。先是熊淑人早卒，將軍鰥，義不更娶，獨處齋閣者二十六年。萬曆癸巳冬，兩臺疏舉煌政績行誼高等。上方欲下詔褒予，會煌病卒。詔遣郡太守加祭一壇，蓋殊典云。

《藩獻記》卷二

　　拱檜長子多煌，字苐斯，號少懸。封奉國將軍。明嘉靖十五年丙申九月十一日申時生，明嘉靖□□年奉敕管理弋陽、瑞昌二府事。公性廉靜寡欲，義不再娶，獨處齋閣者廿六年，著有《委蛇集》二卷行世。卒未詳。特恩加祭，蓋殊典也。

《盱眙朱氏八支宗譜》

奉國將軍朱多炡

　　多炡字貞吉，寧獻王之孫，弋陽多煌弟也。穎敏絕人。善詩歌，兼工繪事。見古人墨蹟，一再臨撫，如出其手。尺牘小札，日可百面。語皆有致。常輕裝出遊，變姓名曰來相如。遠覽山水，蹤跡遍吳楚之間。嘗偕吳明卿入吳，訪王伯谷於金閶，王元美於弇山。歸而掩關卻埽，以「倦遊」名其詩，高僧雪浪為選

定。臨終操筆作帖，命子謀墇以白幘鶴氅斂樽側，並鐫勒名識。
弟子私諡曰「清敏先生」。所著有《五遊編》《倦遊編》凡七
卷。梓行於世。

《藩獻記》卷二

　　朱多炡，字貞吉，號瀑泉。弋陽王孫。爵奉國將軍。工詩
歌。畫山水善摹古跡。其雲山一派，得二米之神，盡脫畫家蹊
徑。子謀卦，字象吉，所畫花石絕類魯岐雲。惜無祿，蚤世。第
六子謀覲，字太沖，號鹿洞。生有喑疾，性穎慧，精於繪事。山
水兼文、沈、周、陸之長。復工花鳥。四方以能事迫促，竟以瘵
終。姪謀趏，字履中，號西澔。寫山水，遠宗吳仲圭，近仿謝樗
仙。筆法皴斲，清老有法。謀趏從弟謀轂，字用虛，善花鳥，纖
秀絕倫。

《江城舊事》卷十一

　　拱檜次子多炡，字貞吉，號瀑泉。封奉國將軍。明嘉靖二十
年辛丑正月二十六日戌時生。公敏善詩歌，嘗變姓出遊，蹤跡遍
吳楚。晚病羸不廢吟誦，人咸稱之曰清遠先生。載《江西通
志》。子五，謀墇、趨、垔、口、卦。

《盱眙朱氏八支宗譜》

　　多炡字貞吉，寧獻王六世孫，封奉國將軍。卒後私諡曰清敏
先生。《明詩綜》注引《詩話》云：貞吉與從兄多煃、用晦並有
詩名。用晦與余德甫交契。王元美入之「續五子」之列，然其詩
無足觀，不若貞吉之有爽氣也。貞吉好遊，變姓名為來相如，蹤
跡遍吳越間。其子謀墇亦效之，變姓名曰來鯤，字子魚。出遊吳

楚,有集行世,臨川湯若士為之序。所傳「溪樓連夜雪,山懸來年春」其警句也。

《明詩綜》

貞吉詩才警敏,行草宗米南宮,雜以古字,自成一體。

《書史會要》

姚旅《露書》:豫章王孫貞吉。負時名慕孫太初,亦易姓名曰來相如,字不疑。浪跡吳越,其詩如:「帆沖山果落,棹惹浪花腥」,「野竹雲千頃,田桑雨一犁」,「野澗蘋花積,田家芋葉香」,「蠟屐沾香絮,單衣繡雨痕」,「山泉供水樂,秋葉逞春容」。又七言「林連北郭藏春色,水過東家作雨聲」。皆興到語。

《明詩紀事》甲籤

奉國將軍朱多炤

拱檜四子多炤字孔陽,號然庵。封奉國將軍。公志潔行廉,雅眈詩古,著有《自娛集》行世。

《盱眙朱氏八支宗譜》

輔國將軍朱多爍

拱椓次子多爍,號存仁,封輔國將軍。明嘉靖十七年戊戌九月廿七日申時生,卒葬未詳。

(同上)

鎮國中尉朱謀㙔

多炡長子謀㙔，字圖南，號天池，封鎮國中尉。明嘉靖三十八年己未二月十九日未時生。卒未詳。葬南昌鄧家埠榆樹山。

（同上）

奉國中尉朱謀劐

多燈次子謀劐，號藩章。封奉國中尉。生卒葬未詳。

（同上）

鎮國中尉朱謀趏

朱謀趏，字履中，號西澗。貞吉侄。嫻於文藻，寫山水用吳仲圭、謝樗仙筆法。《畫史會要》。

《欽定佩文齋書畫譜》卷五十七

多煌次子謀趏，號西澗。封鎮國中尉。明嘉靖四十年辛酉二月十三日子時生。

《盱眙朱氏八支宗譜》

鎮國中尉朱謀轂

朱謀轂，字用虛，貞吉侄。花鳥纖秀，擅名蚤歲。

《畫史會要》卷五十七

多燧次子謀轂，號帶河。封鎮國中尉。明隆慶三年己巳六月廿一日酉時生。

《盱眙朱氏八支宗譜》

朱謀㙔

謀㙔，貞吉之子。效其父，變姓名為來鯤，字子魚。出遊三湘吳越間。有集行世，湯若士為序。

《列朝詩集小傳》

多炡子謀㙔，亦能詩。湯顯祖嘗序其集。字本清，南昌人。年十六即有志聖賢之學，以通天地人曰儒自命。輯自古河圖、太極諸□及天道地道人道，悉以類編次，凡百二十七卷，曰《圖書編》。又著《周易象義》《詩經原體》《書經原始》《春秋竊義》《禮記札言》《論語約言》諸書。弟子從游者甚眾。主白鹿書院。御史吳達可薦之。吏部侍郎楊時喬請遙授順天府儒學訓導，如陳獻章、來知德故事，報可。私諡文德先生。

朱謀卦

朱謀卦，字象吉，貞吉子。花石肖魯岐雲。《畫史會要》。

《御定佩文齋書畫譜》卷五十七

鎮國中尉朱謀鸝

多炡四子謀鸝，號鹿洞。封鎮國中尉。明隆慶五年辛未九月廿七日丑時生。

《盱眙朱氏八支宗譜》

朱謀□，字太沖，號鹿洞。貞吉子。山水花鳥兼文沈周陸之長。

《御定佩文齋書畫譜》卷五十七

奉國將軍朱謀覲

多熒之子謀覲，號孔光，封奉國將軍。明嘉靖三十八年己未十月初七月未時生，卒葬未詳。先是長房恭懿乏嗣，援晉懷仁王例，以祀典屬公。公曰，吾父在，敢僭主鬯之任。當事謀於國相張公位正，遂以公父多熒領敕奉祀管理弋陽府事。榮卒。太守郭公滈舉堪代者曰「孝友親賢，無出公右，復何煩擬議乎？」即日具名登啟事，輿論大快。視事十四載，力革陋規，孤貧封祿，奏請無一失期。訓飭強暴，悉納矩矱之中，宗人畏而愛之。少與貞吉公之子謀墠公同肄業。貞吉以詩文之訣篝燈丙夜，至耋猶然。著《存存齋詩稿》。舒公曰敬敘行於世，事詳府志、縣誌，載〈宦跡傳〉。

《盱眙朱氏八支宗譜》

鎮國中尉朱謀□（號玉淵）

多炡五子謀□，號玉淵。封鎮國中尉。明萬曆九年辛巳正月初六日申時生。

（同上）

鎮國中尉朱謀䮂

多炤三子謀䮂，字幼晉，號芝室，別號退翁。封鎮國中尉。明萬曆元年癸酉正月十三日巳時生，著有詩文行世。

（同上）

輔國中尉朱統鈾（夷庚）

　　謀𧿇長子統鈾，號□□。封輔國中尉。明萬曆十一年壬午十二月三十日亥時生，清順治十二年乙未十一月廿四日申時卒。享壽七十四。

（同上）

　　統鈾，知縣。

《南明史》卷二十七

輔國中尉朱統鋼

　　統鋼，弋陽輔國中尉，中江知縣。

《南明史》卷二十七

朱統𨰥

　　八大山人者，前明宗室也。弱冠為諸生。遭變，棄家遁進賢山中。薙髮為僧。久之，遂發狂疾。忽大笑，忽痛哭竟日。一夕，忽裂其浮屠服焚之，走還會城，獨身猖狂市肆間。常戴布帽曳長領袍，履穿踵決，拂袖翩躚行市中。市兒隨觀嘩笑，人莫識也。其侄某識之，留止其家。久之，疾良已。

　　山人工書法。行楷學大令魯公，能自成家。狂草頗怪偉。亦喜畫水墨芭蕉、怪石花竹、蘆雁汀鳧，修然無畫家町畦，人得之珍藏弄以為重。

　　飲酒不能盡二升，然喜飲。貧士或市人屠沽邀山人飲輒往。往飲輒醉，醉後墨瀋淋漓，亦不甚愛惜。數往來城外僧舍。雛僧多嬲之索畫至牽袂捉衿，山人不拒也，士友或饋遺之亦不辭。然

貴顯人欲以數金易一石不可得。或持綾絹至，直受之曰：「吾以作韈材。」以故貴顯人求山人書畫乃反從貧士山僧、屠沽兒購之。一日，或大書「啞」字署其門，自是不與人交一言。然善笑而善飲益甚。或招之飲則縮頸撫掌，笑聲啞啞然。又喜為藏鉤拇陣之戲。賭酒勝則笑啞啞。數負則拳勝者，背笑愈啞啞不可止。醉則往往唏噓泣下。

有詩藏篋中，秘不令人見。其題畫及他題跋皆古雅間雜以幽澀，語不盡可解。山人面微赦，豐而少髭。初為僧，號雪個，後更號「八大山人」云。（《邵子湘集》）

同治《南昌縣誌》卷十七

耷，字雪個，石城王裔，諸生。國亡，匿其姓名，號八大山人，遁奉新山中為僧。居數年，精其法。臨川知縣聞其名，延至署。歲餘，忽忽不自得，一日，忽發狂疾，或大笑，或痛哭，裂其浮屠服焚之，獨自走南昌市肆間，履穿踵決，拂袖蹁躚，市中兒隨觀嘩笑，人莫識也。喜水墨畫，花竹、怪石、蘆雁、汀鳧，翛然有出塵姿。草書亦怪偉。人得之，爭藏以為寶。然遇貴顯者，則堅拒勿與，雖以數金易一石亦不可得。或持綾絹至，直受之，曰：「此贈我韈材。」貧士山僧置酒招之，飲醉後，潑墨淋漓，雖數十幅不厭，己閉口不復言。人至，則掌書啞字示之。而喜飲愈甚。或饋之酒，持觴笑不休，醉，復欷歔泣下。其他文字，皆古雅幽澀，而秘不示人。

《南明史》卷二十七

朱統𨨗，又名朱耷，號彭祖，別號八大山人。朱權八世孫，弋陽王支，多炡孫，封輔國中尉。幼攻書畫。早年隱居南昌西

山。國變後遁奉新山中，二十三歲在耕香院剃度為僧。二十八歲
於進賢介岡燈社正式皈依弘敏禪師，法名傳綮，又名法堀，字刃
庵，號雪個、個山驢、驢屋驢等。往來南昌奉新間。中年曾得狂
疾，後痊癒，與時流饒宇朴、熊一瀟、裘璉、丁宏誨、蔡秉公、
方世管等交密。一生大量寫作書畫，並售以為生。晚居南昌寤歌
草堂。

輔國中尉朱統鍒

謀𤍚長子統鍒，字嗣宗。封輔國中尉。明萬曆十一年癸未正
月廿五日巳時生，卒葬未詳。

《盱眙朱氏八支宗譜》

統鍒，字葵園，寧王裔。選貢，黃平知州，遷貴州監軍副
使。藍二亂，一門死。

《南明史》卷二十七

輔國中尉朱統鉛

謀趩次子統鉛，號夷堅。封輔國中尉。明萬曆十四年丙戌四
月十四日子時生。

《盱眙朱氏八支宗譜》

輔國中尉朱統鎯

謀𡎚次子統鎯，字仲韶。封輔國中尉。明萬曆廿四年丙申八
月初四日辰時生。

（同上）

輔國中尉朱統錔

　　謀喆長子統錔，字運之，號風伯，別號蓬萊。封輔國中尉。郡廩生。明萬曆廿八年庚子九月十一日子時生。公天性明敏，家學淵源。先是宗藩以爵高祿厚，不與科舉學者，專精古文詩賦而已。著《試草》合刻，膾炙當世。明崇禎十二年己卯錫有誥命三軸。清康熙七年戊申十月十二日申時卒，享壽六十九。

（同上）

弋陽王朱議澳

　　弋陽王議澳，弋陽恭懿王多焜無子，國除，不知何所出。隆武時封。永曆元年三月，與廖文英避兵連陽山中，土人擁戴之。連陽從英德之滄光廠溯流而上，為陽山、連州連山，達於湖廣。地皆深林峭壁。人善用炮，以背負之，發輒命中。李成棟屢攻不克。反正後，遣洪士彭往，亦不得入。王承恩請行，命齎敕往，遇議澳於陽山。其眾皆居奇自恣，不聽赴闕，標下彭鳴京、鐘甲、羅甲願以眾隨承恩自效，亦不果。已居懷集。四年九月，馮天保奉村夫稱天啟太子於陽山。議澳命總兵李友梅、莫杏一執誅村夫。未幾，謀塛至，與友梅執議澳，遇害薨。分其宮眷貲財，誣議澳與村夫通，朝廷不問。懷集人攻城為議澳復仇，謀塛、友梅走。

《南明史》卷二十七

柒　鍾陵王支

恭懿王朱覲錐

鍾陵王覲錐，靖第三子。以罪降庶人，送鳳陽。故，壽五十九。子孫不准襲。建安王理府事。

《弇山堂別集》卷三十五

奠培次子覲錐，號魯夫。封鍾陵王。諡曰恭懿。明天順四年庚辰四月十七日吉時生，明成化九年癸巳九月廿二日封鍾陵王。明正德十三年戊寅十二月十三日未時薨。享壽五十九。

《盱眙朱氏八支宗譜》

成化十四年九月甲子　遣保定侯梁傅、靖遠伯王添、寧晉伯劉福、成安伯郭鎖、武平伯陳能、修武伯沈煜、懷柔伯施鑒充正使……持節，冊封……兵馬副指揮孫智女為寧府鍾陵王妃。

《憲宗純皇帝實錄》卷一百八十二

捌　建安王支

建安簡定王朱覲鍊

建安王覲鍊，奠培庶四子。成化十七年封。嘉靖十七年薨。

《欽定續文獻通考》卷二百八

建安簡定王覲鍊，靖第四子。薨，壽六十九。子莊順王宸瀟嗣，壽六十四。子今王多㶀嗣。

《弇山堂別集》卷三十五

　　奠培幼子覲鍊，號拙夫。封建安王，諡曰簡定。明成化六年庚寅正月十七日寅時生，明成化十七年辛丑封。明嘉靖十七年戊戌二月十七日晨時薨，歷年六十九。

《盱眙朱氏八支宗譜》

　　成化二十一年八月丙午　命恭順侯吳鑒、保定侯梁任、鎮遠侯顧溥、永康侯徐簡、陽武侯薛倫、豐城侯李璽、武安侯鄭瑛、慶城伯孫繼先、懷柔伯施鑒、遂安伯陳韶、修武伯沈祺為正使……持節冊封……南城兵馬副指揮蕭晟次女為寧府建安王妃。

《憲宗純皇帝實錄》卷二百六十九

莊順王朱宸瀟

　　莊順王宸瀟，簡定嫡一子，嘉靖二十一年襲封，三十三年薨。

《明史》卷一百二

　　嘉靖二十年十二月戊寅　遣隆平侯張偉等為正使，翰林院編修趙貞吉等為副使，持節冊封……弋陽王府建安簡定王覲鍊嫡第三子鎮國將軍宸瀟為建安王。

《世宗肅皇帝實錄》卷二百五十六

　　嘉靖三十二年十月癸巳　建安王宸瀟薨。賜祭葬如例。

《世宗肅皇帝實錄》卷四百三

昭靖王朱拱樋

昭靖王拱樋，莊順嫡一子，嘉靖三十六年襲封，隆慶四年薨。

《明史》卷一百二

嘉靖三十六年七月庚午　遣恭順侯吳繼爵等為正使，持節，翰林院編修王希烈等為副使，捧冊，封……建安王拱樋、建安王妃黃氏。

《世宗實錄》卷四百四十九

輔國將軍朱拱樋

宸栿長子拱樋，號匡南。封輔國將軍。明正德八年癸酉三月十六日寅時生。將軍善為文，工詩，海內知名，著有《瑞鶴堂詩集》《爽臺文稿》各二卷，省志、府志、縣誌。明萬曆十一年癸未二月十八日戌時卒。

《盱眙朱氏八支宗譜》

康懿王朱多㸅

拱樋之子多㸅，號支仙。襲封建安王，諡曰康懿。明嘉靖十八年己亥二月初四日未時生，明萬曆元年封。明萬曆三十五年丁未十月初二日巳時薨，享壽六十九。

（同上）

康懿王多㸅，昭靖嫡一子，萬曆元年襲封，二十九年薨。

《明史》卷一百二

輔國將軍朱多熿

拱攏長子多熿，號匡吾。封輔國將軍。有匡吾王府，事實載縣誌。明嘉靖廿九年庚戌七月初八日亥時生，明萬曆四十四年丙辰三月十八日未時卒，享壽六十七。

《盱眙朱氏八支宗譜》

奉國將軍朱謀垔（字尚卿）

多熿五子謀垔，字尚卿，一字禹卿，號衡岩。封奉國將軍，明萬曆九年辛巳六月廿七日戌時生。有匡吾王府在城內。公生多穎異，能為五七言近體，追琢不遺餘力，刻有《深柳居種園譜》《草事行采》，入《新建縣誌》《南昌府志》。清順治六年己丑十二月十七日亥時卒，享壽六十九。

（同上）

惠和王朱謀壠

多爛長子謀壠，號愷軒。襲封建安王。諡曰惠和。明嘉靖三十八年己未二月初四日未時生。明萬曆三十一年封。明萬曆四十八年庚申二月十五日午時薨。享壽六十二。

（同上）

鎮國中尉朱謀圭（震元）

多鸑長子謀圭，號震元，一號鎮元。封鎮國中尉。明隆慶六年壬申十月初六日寅時生，明崇禎十五年壬午二月二十日申時卒，享壽七十一。

（同上）

鎮國中尉朱謀㹀

　　朱謀㹀，字用莊。明宗室。授封鎮國中尉。重封奉直大夫。善詩文書畫，兼工篆隸。著有《閑閑閣稿》《城南草》。並注《六書正譌》。《周史籀文》諸書行世。㹀賦性孝義，志行端謹。第三子統鉦中丙子經魁，庚辰進士。

《江西通志》

　　多薰長子謀㹀，字用莊，號林屋。封鎮國中尉，晉封奉直大夫。公性孝義，制行端謹。善詩文書畫，兼工篆隸。有《閑閑閣》《城南草》《並注六書正譌》，《周史籀文》諸書行世。事載《江西通志》。明萬曆五年丁丑閏八月初三日甲時生，明崇禎十六年癸未四月廿四日丑時卒，享壽六十七。

《盱眙朱氏八支宗譜》

鎮國中尉朱謀㲄

　　多鸞三子謀㲄，號泰元，一號太元，又號更生。封鎮國中尉，有詩集載《龍光社草》縣誌。明萬曆五年丁丑五月廿三日酉時生，明崇禎十年丁丑十月廿九日子時卒，享壽六十一。

《盱眙朱氏八支宗譜》

朱統鉦

　　統鉦，字無外，寧中尉謀㹀子。崇禎十三年進士，授休寧知縣。張獻忠入皖，三日出甲士五百，保守一邑。遷禮部主事，轉

禮科給事中。魯王擢僉都御史、總督，以母老歸隱。

《南明史》卷二十七

朱統鈺，字無外，明宗室。崇禎庚辰進士。知江南休寧縣。前令休寧官負帑金數萬，妻孥皆繫獄。統鈺致力為原請釋之。獻賊犯皖城，巡撫檄屬縣，期以三日，各出甲士五百，統鈺獨督兵往。上官壯之時，中原散亂，統鈺保障一邑民賴以生。未幾擢禮科給事中。致仕歸。

同治《南昌縣誌》卷十五

輔國中尉朱統鈗

謀蓋長子統鈗，號玉臣，官名尚未，後乃本名。封輔國中尉。廩生。明萬曆四十一年癸丑十月廿九日辰時生，清康熙十三年甲寅三月十七日子時卒，享壽六十二。

《盱眙朱氏八支宗譜》

建安王朱統鑲

建安王統鑲，建安王謀壒子，太祖九世孫，萬曆四十五年襲封，弘光末薨。孫中果，國變隱南昌西山，見執死。

《南明史》卷二十七

鎮國中尉朱統鑭

統鑭，建安鎮國中尉。安宗立，以恩貢謁吏部候考。馬士英、阮大鋮謀逐姜曰廣、劉宗周，知統鑭無賴，大鋮自為疏，使上之。疏言曰廣定策時有異志，詞及史可法、張慎言、呂大器。

疏入，高弘圖票擬究治。上坐內殿，召輔臣入，厲聲曰：統鐫，天潢，何重擬也？踰二日，統鐫復疏劾曰廣五大罪：一、引用東林死黨鄭三俊、吳甡等，把持朝政，以劉士禎為通政，沮遏章奏。以王重為文選，廣植私人。二、令楊廷麟出劇盜於獄，交聯江河大俠與水陸奸弁，日窺南京聲息，非謀劫遷則謀別戴。三、庇從賊諸臣。四、納賄。五、奸媳。請並士禎、重、廷麟、宗周、陳必謙、周鑣、雷縯祚俱置之。理，舉朝大駭。士禎、袁彭年劾統鐫誣詆大臣，不聽。曰廣、宗周既去位，以統鐫為行人。統鐫不悅，語人曰：「須還我總憲。」尋訐御史周燦，命不究，蓋上亦厭薄之。或曰統鐫既劾曰廣，大鋮意不厭，復募統鐶為之。再疏劾者，非統鐫也。紹宗立，削籍。終事不詳。

《南明史》卷二十七

玖　支屬未明

朱謀㙷

謀㙷，廩貢，西鄉知縣。

《南明史》卷二十七

【注】謀㙷，原作鐐，當誤。

崇禎二年任知縣。加雉堞之磚四尺，引北山渠水入濠。

《陝西通志》卷十四

朱謀㙔

朱謀㙔，明宗室，江西人。知陽春縣。

《廣東通志》卷二十八

朱謀堡

朱謀堡，江西新建人。十三年任知西寧縣。

（同上）

謀堡，歷西寧知縣、德慶知州，職方主事。

《南明史》卷二十七

輔國將軍朱謀㙔

謀㙔，太祖八世孫，封輔國將軍。與金聲桓反正。南昌急，乞師肇慶，主吉翔，徑擢僉都御史，諭復使何騰蛟催援江軍，後構堵胤錫於曹志建，幾激變，事見胤錫傳。永曆四年七月，命聯絡江右義旅，巡撫南直，為蒙正發所駁，乃去撫銜。已為志建所劾，走懷集，以軍門行事。終事不詳。

（同上）

朱謀㚟

謀㚟，歲貢，無為知州。

（同上）

朱謀㙩

謀㙩，陽春知縣。

（同上）

【注】與謀㙅同為陽春知縣，未知是否為一人。

朱謀墀

謀墀，歲貢，汀州通判，署寧化知縣。黃通突至，受傷免。

（同上）

朱謀理

謀理，選貢，鎮南知州。

（同上）

朱謀埕

謀埕，鎮安知州。

（同上）

朱統鈇

統鈇，嚴州通判。

（同上）

朱統鐇

統鐇，寧王裔。魯王命掛平海將軍印，與宗室慈鯛，前鋒都督葉輔、高儀、王建昌、區美、林大壯等攻福寧，皆歿於陣。統鐇、慈鯛贈太僕少卿，輔等贈總兵。

（同上）

朱統銓

統銓，字敘庭，寧王裔，崇禎元年進士，授來賓知縣。弘光時，遷御史。永曆五年，清兵陷來賓，以天潢義不受辱，一門投井死。千戶方甲，百戶姜甲、吳甲從死。

（同上）

朱統鎀

統鎀，字司烜，寧王裔。舉於鄉。崇禎末，以臨安通判同知遷石屏知州，恤民疾苦。異龍湖有水壩魚梁塞水道，令拆去，為堅堤數百丈砥之，湖水東流，淤田復墾，捐給傭值，合州永食其利。後署蒙化知府，有遺惠，民祀十賢祠。

（同上）

朱統鈴

統鈴，龍泉知縣。

（同上）

朱統釧

統釧，寧王裔，寧波通判。安宗立，疏請行保舉。上以先朝之壞繇於保舉，不允。

（同上）

朱統鐕

統鐕，選貢。魯王授吏科給事中。

（同上）

朱統鐏

統鐏，寧莊裔。隆武時，清流知縣。

（同上）

朱統鉾

統鉾，永曆時以通判從軍，自祁陽知縣累升太僕卿，從守桂林。

（同上）

朱統鐒

統鐒，字德沖，寧王裔。崇禎十六年進士，歷侯官、福清知縣。紹宗立，遷浙江道御史，加太僕少卿。永曆時，以廣東道御史，巡按高、雷。

（同上）

朱統鎮

統鎮，寧王裔，進士，樂至知縣。歲饑，振活無算。調將樂知縣，修城治舟，習水戰，寇不敢犯。卒官。

（同上）

朱統鑰

統鑰，寧中尉。永曆時浙江道御史，與宗室統鎔劾金堡等。

（同上）

朱統鋟

統鋟，廣西驛傳副使。

（同上）

朱統罊

統罊，寧王裔，自廣通知縣遷通判，以侵糧逮。累升府江參議。廣西陷，不知所終。

（同上）

朱統銮

統銮，寧王裔，大姚知縣。

（同上）

朱統晗

統晗，國亡居南昌。

（同上）

朱統鈫

朱統鈫，明宗室，五經舉人。國變，年七十矣。日食一糜，注五經不輟。窮餓以死。

《恥躬堂集》

朱統炆

崇禎間人。《紀行詩》一卷。字增成，貢生，黎陽訓導。

《千頃堂書目》卷二十八

【注】《千頃堂書目》底本作「統炆」，當誤。按統輩名應用「金」作偏旁的字。是否與前統鈘為一人，待考。

朱統鎈

統鎈，字司烜，南昌舉人。崇禎十二年以臨安府別駕署石屏州事。卹民疾苦。異龍湖有水壩魚梁壅塞水道，鎈改築堅堤數百丈以砥之，湖水東流淤田復墾。捐給傭值絕不擾民，合州永食其利，建祠祀之。《雲南名宦志》。

《江西通志》（卷七十）

字司烜，江西南昌人。崇禎間以府通判署石屏州事。恤民疾苦。異龍湖有水壩魚梁壅塞水道，鎈令拆去，更築堅堤數百丈以砥之。湖水東流淤田復墾，捐給傭值，合州永食其利，建祠祀之。

《雲南通志》卷十九

朱統鈾妻萬氏

朱統鈾妻萬氏，南昌人。年二十二夫亡，勤苦守志，歷七十餘年，壽九十三。

《大清一統志》卷二百三十九

統鈾妻萬氏，南昌人。年二十二勤苦守志，壽九十三。雍正四年旌表。

《江西通志》卷九十七

【注】史料中有統鈾三人，此萬氏是哪個統鈾之妻待考。

朱統鏢

朱統鏢，字仲韶，謀壆族侄。寫花卉無塵俗氣。

《畫史會要》

朱統鉞

朱統鉞，庚辰特用禦寇陣亡，贈太僕少卿。二人（原注：二人之另一人張瞻韓，海鹽人。）皆明季良令，而一見斥於上官，一隕身於寇亂，民至今惜之。

《廣東通志》卷四十一

黃州同知軍前監紀朱統鉞，新建人。崇禎十六年拒獻賊陣亡。見《明史》及《輯覽》。

《勝朝殉節諸臣錄》卷八

朱統鉞，寶慶通判。追諡明代忠節。

《皇朝通志》卷五十五

朱統鐏

朱統鐏，新建人。黃平州知州。

《貴州通志》卷十七

朱議浘、朱議漆

議浘、議漆二人，寧藩裔，太祖十世孫。議浘官廣西道御史。孫可望之請王封也，給事中金堡七疏爭之，舉朝方畏五虎

勢，莫敢異同，議混獨劾堡把持誤國。後興於密敕之獄，安龍十八先生之一也。議漆死於緬人咒水之禍。

《小腆紀傳》卷九

朱議漇

　　康熙元年壬寅五月甲申，授投誠故明宗室奉國將軍朱議漇為拜他喇布勒哈番（騎都尉）。

《清實錄‧聖祖仁皇帝實錄》卷六

　　順治十五年戊戌十二月，壬午，江西巡撫張朝璘奏報，故明宗姓朱議漇，偽都督王佑，偽經略彭坤等及偽文武官一百餘員，並從賊三千餘人，詣南昌縣投誠，請加敘錄，下所司議。

《清實錄‧世祖章皇帝實錄》卷一百二十二

　　（康熙四十八年）朱盛華說：「我叫朱盛華。朱議漇是騎都尉，寧古塔賜給我的差事是鷹戶。我的父親朱議漇，是正黃旗張啟龍佐領下人氏，是騎都尉。我的父親朱議漇，是因為有人要贖回賞給他的人未果，被漢軍正藍旗謝□□告發，於康熙元年被流放到寧古塔的。康熙四十五年病故。」

　　《琿春副都統衙門檔案》全宗號三十一‧第一冊‧第十二卷
【注】原文滿文，此為譯文。

　　（康熙元年五月）授投誠故明宗室奉國將軍朱議漇為拜他喇布勒哈蕃（騎都尉）。

（同上）

道人朱一翁，故南昌王後也。

《柳邊紀略・一》

寧古有七廟……曰三官廟，在城西北百步。道人朱一翁，故南昌王後也，年七十二。曰子孫娘娘廟，在三官廟東，朱一翁兼守之。

《柳邊紀略・二》

【注】朱議㴐史料摘自黑龍江省寧古塔（今寧安市）朱德岐文〈寧古塔朱氏家族尋根問祖階段性調研報告〉。

議㴐，寧王裔。江西亡，起兵山中。永曆十二年十二月，與都督王祐、經略彭坤文武百餘人、兵三千餘人詣南昌降清。

《南明史》卷二十七

朱議泻

議泻，字霦峰，寧王裔。選貢，授嘉興同知，民心愛戴。南京亡，與屠象美起兵，遷知府。城陷，自經城樓死。

《南明史》卷二十七

朱議盪

議盪，廣濟知縣，免龍坪兌，戢弁旗。

（同上）

朱議澳

議澳，舉於鄉，霸州知州，降清。

（同上）

朱議淙

議淙，寧王裔，官總兵。金聲桓反正，鄧雲龍奉之起兵武寧山中。已雲龍降，遇害。

（同上）

朱議鎣

議鎣，字聖契。崇禎十三年特用鎮原知縣。國亡，訓蒙為生。

（同上）

朱議洭

議洭，字大匡，恩貢，授富順知縣，有德政，遷敘州通判。

（同上）

朱議泏

議泏，字連山，推官。

（同上）

朱議洋　朱議淋

議洋、議淋，魯王同授僉都御史。

（同上）

朱議黍

議黍，寧王裔，恩貢，衡州推官。

（同上）

朱議霶

議霶、議漆。議霶，永曆時官廣西道御史。孫可望請王封，金堡七疏爭之。舉朝方畏五虎勢，莫敢異同，議霶獨劾堡把持誤國，升僉都御史。後與密敕，死安龍，贈左都都御史。

（同上）

朱議黍

議黍，選貢，衡州推官。

（同上）

朱議潤

議潤，寧王裔。永曆十三年七月，與舒瑛、張定之、李勇士、李讚美、譚武周、陳國輔、魏名觀、徐介、石詩起兵江西，被執皆死。

（同上）

朱議沅

議沅，寧王裔。永曆初，官南寧知府，以墨追贓。改平樂，升府江參議。廣西陷，自刎死。

（同上）

朱議泂

議泂，選貢。歷長寧知縣、興化通判，死廣東。

（同上）

朱議霮

議霮，歲貢，桂陽知縣。

（同上）

朱議洘

議洘，字燕西。諸生。國亡，從母姓熊，名非熊，一名公奭，字野人。入廬山。幅巾嘯詠，不入城市，食貧，充然自得，山居二十年卒。

（同上）

朱議沿

議沿，寧奉國將軍。永曆六年四月，自四川降清。

（同上）

朱議溛

議溛，寧王裔。永曆二十七年十一月以完髮被執，論死，尋免入旗。

（同上）

朱議洞

朱議洞，宗貢知縣，死於廣東。（彭士望〈感遇詩〉注）

同治《南昌縣誌》卷十七

朱議㴂

朱議㴂，廣西道御史。南昌人。大兵破黎平戰死。見《明史》及《輯覽》。

《欽定勝朝殉節諸臣錄》卷四

朱議㴂，御史，以密敕之獄，為孫可望所殺。（彭士望〈感遇詩〉注）

同治《南昌縣誌》卷十七

朱議泂

明知府朱議泂。崇禎間任。

《廣東通志》卷二十八

朱議蟠

朱議蟠，江西南昌人，歲貢十二年任。知龍川縣。

（同上）

朱議彬

朱議彬，江南人，貢生。崇禎十六年任養利州知州。

《廣西通志》卷五十六

議彬，寧王裔，歲貢，養利知州。

《南明史》卷二十七

朱議清妻蔡氏

明宗室朱議清妻蔡氏，年二十，夫亡於亂。有侄中橋，七歲，為騎卒掠之去。氏號哭已，乃奉舅姑歸母家養以老。後中橋官永明丞。迎氏就養，遂嗣焉。氏眼見孫總烑、總烜成立，年八十六乃卒。今家新建。

同治《南昌縣誌》卷二十二

朱中柳

朱中柳，郡城人。少讀書。不遇，乃業岐黃。得其秘。工篆隸體。士多珍藏之。世以方何雪漁文三橋云。

同治《南昌縣誌》卷二十七

奇、熺

奇，字治生，寧王裔，恩貢。南昌陷，遁吳鎮丁家山。隆武元年七月，為絕命詩，痛哭自經死。

熺，寧王裔，依鄭成功東寧。降清，屯田河南。

《南明史》卷二十七

【注】底本奇、熺，《南明史》無全名。

卷四　寧藩族裔著作簡目

○**朱權**　明太祖朱元璋十七子。生於南京宮中。十四歲受封大寧
　　（今內蒙寧城）。後為朱棣挾持參與靖難。永樂初改封南昌。
　　正統十三年卒。畢生著作十數門類，一百一十餘種。
　通鑑博論　三卷。史類。奉太祖敕撰。存本有：
　　　　明萬曆十四年司禮監重刻本
　　　　清宋筠抄二卷本
　　　　《四庫全書存目叢書·史部》影印本
　漢唐秘史　二卷。史類。奉太祖敕撰。存本有：
　　　　明建文永樂間刻本
　　　　明刻本
　天運紹統　一冊，史類。存本有：
　　　　明永樂四年寧王府刻本（殘）
　　　　明天啟元年梁鼎賢刻本
　　　　明抄本
　史斷　一卷。史類。佚。
　史略　二卷。史類。佚。
　異域志　一卷。史類。佚。
　退齡洞天志　四卷。退齡，南昌西山峰名。朱權別墅建在此峰，
　　有室名「退齡洞天」。佚。內容及類別待考。

家訓　六篇。篇目為〈訓語〉〈本孝〉〈樹忠〉〈敷義〉〈保身〉〈嘉言善行〉。儒家類。佚。

寧國儀範　七十四章，一作「寧國儀軌」。儒家類。佚。

聖賢精義　儒家類。佚。

原始秘書　十卷。一名「原始秘譜」。成書於建文二年（庚辰）靖難途中。初刻於永樂九年。存本有：

明萬曆《格致叢書》本

明萬曆二十三年周氏萬卷樓刻本

明刻本

神隱志　二卷。又名《神隱》《神隱書》《臞仙神隱》。內容多取自朱權在南昌的知識與生活。著錄或作「隱逸」、或作「醫家」、「農家」等。卷首有《上天府神隱家書》等。存本有：

明瑞昌王府朱拱枘刻本

明萬曆《格致叢書》胡文煥校本

日本內閣文庫本

《四庫全書存目叢書・子部 260 冊》影印本

古今武考　三卷。兵書類。記敘五帝、三代以來歷朝武事。原本已佚。今存明崇禎間刻本，署「皇明臞仙著，鹿城李輅子素甫參，新都潘虎臣二猷甫閱，元凱舜臣甫、古臨王居德西雲甫校」。今存，稱：

明崇禎刻李輅輯本

注素書　一卷。兵書類。存本有：

清光緒四年刻藍印本

清光緒六年常州道生堂刻本

活人心法 二卷。醫家類。又名《活人心》《活人心書》《活人心方》。上卷為養生之法，下卷收「玉笈二十六方」、「加減靈秘十八方」，兼及攝生養性及服藥治病等，並有氣功導引之術及藥方諸種。明代即傳入朝鮮和日本。存本有：

明正德十年鐵峰居士輯《長生秘訣》本

明嘉靖二十年朝鮮安玹刻本

明崇禎十三年刻活人心訣四卷本

乾坤生意 二卷。醫家類。內容有關用藥大略、各類疾病處方，亦有五運六氣、針灸等。存本有：

明刻本

明初巾箱本

乾坤生意秘韞 一卷。醫家類。《百川書志》載《乾坤生意秘韞》稱其有「三十五類，二百七十九方」。大部亡佚。李時珍《本草綱目》列入「引據古今醫家書目」。今有：

壽域神方 四卷。存本有：

明初刻本（殘）

明崇禎元年青陽閣重刻本

十藥神書 未詳卷數。醫家類。佚。《四庫全書》收明張介賓撰《景嶽全書》卷三十「徐東皋論王節齋」條，云：「經云虛者補之。是以矓仙集之以為《十藥神書》。」

神應經 一名《神應秘要》。不分卷。醫家類。針灸學著作。成化間，朝鮮人將《針灸玉龍經》（元王國瑞著）與流傳日本的《神應經》並收，參合各書校對異同，並詳加評釋，合刻成書。前有朱權序云：「擇劉瑾之經驗者六十四證，

計一百四十五穴，纂為一冊，目曰《神應秘要》。」存本
有：

明成化間朝鮮刻本

臞仙修身秘訣　二卷。佚。

太玄月令經　不分卷。時令類。亦可入醫家類。明高濂《遵生
八箋》多處引「臞仙月占」，皆四時養生之道，或即引自
《太玄月令經》。存本有：

明隆慶五年楚府刻本

地理正言　一卷。內容多說喪葬擇地事，屬堪輿類。存本有：

明弘治龍山童氏樂志堂刊本

明萬曆間胡氏文會堂刻本

曆法通書　三十卷。佚。據考，當是朱權將何士泰《景祥曆法》
宋魯珍《輝山通書》合編而成。原刻已佚。今存本非原刻。
今存：

《續修四庫全書》本

吉星便覽　卷數未知。佚。僅見於《淨明宗教錄・涵虛朱真人
傳》。未詳。

臞仙鬥經　卷數未知。佚。光緒《江西通志》著錄。云：「又
按權所著尚有《臞仙鬥經》。」

黃庭經批註　中國中醫研究院《館藏中醫研究院線裝書目》錄
此書，題涵虛子撰。存本有：

清西湖慧空經房刻本

天皇至道太清玉冊　八卷。道家類。朱權晚年關於道教從思想
理論到宮觀制度建設的著作。與其所建南極長生宮同時進
行並完成。後被收入萬曆《續道藏》。《續道藏提要》云：

「是書條理清晰、內容豐富，足資參考。唯不詳引書出處是一缺點。」存本有：

明《格致叢書》弘治間龍山童氏樂志堂刻本

明萬曆三十七年張進刻本

明張國祥等編《續道藏》本

救命索　一卷。道家類。有人身造化，丹道宗源、初階小乘、性宗、命宗大乘、實躋聖地、煉己五字訣、煉己捷要等章。存本有：

明永樂庚子刻本

明正統六年龍虎山丘斌重刻本

道德性命前集　二卷。一作《道德性命全集》。道家類。為老子《道德經》，朱權為之批註者。上卷「道經」，下卷「德經」。存本有：

明朱宸洪刻藍印本

庚辛玉冊　八卷。佚。道家類。李時珍《本草綱目》列為引據書目。介紹《庚辛玉冊》云：「宣德中，寧獻王取崔昉《外丹本草》、土宿真君《造化指南》、獨孤滔《丹房鑒源》、軒轅述《寶藏論》、青霞子《丹臺錄》諸書所載金石草木可備丹爐者，以成此書。分為『金石部』『靈苗部』『靈植部』『羽毛部』『鱗甲部』『飲饌部』『鼎器部』。」

陰符性命集解　一卷。佚。光緒《江西通志》著錄。《續書史會要》著錄有「陰符經」。

命宗大乘五字訣　一卷。佚。光緒《江西通志》著錄與《內丹節要》合為一卷。未見傳本。

內丹節要　一卷。佚。光緒《江西通志》著錄與《命宗大乘五

字訣》合為一卷。未見傳本。

洞天秘典　佚。僅見於《淨明宗教錄‧涵虛朱真人傳》。未見
傳本。「洞天」為道家所稱神仙居所。當與之相關。

淨明奧論　佚。僅見於《淨明宗教錄‧涵虛朱真人傳》。據書
名，當與闡明道教淨明派教義相關。未見傳本。

肘後神樞　三卷。《明史‧藝文志》著錄在「子部‧五行類」。
明劉若愚《內版經書紀略》著錄「二本」。《江南通志‧
藝文志》著錄，列入「明醫方集宜」目中。高儒《百川書
志》云：「臞仙《肘後神樞》二卷，九章七十七條。」存
本有：

明成化八年餘慶書堂新槧本

明嘉靖三十九年晉府寶賢堂刻本

明嘉靖弋陽王府刻本

肘後靈樞　佚。《太清玉冊》著錄。《續書史會要》錄《肘後
神樞》《肘後靈樞》。

臞仙肘後經　二卷。一作《筮吉肘後經》。朱權著《太清玉冊》
卷二「三十六洞經」著錄。《續書史會要》著錄作《肘後
經》。劉若愚《酌中志‧內版經書紀略》著錄「一本」。
《四庫全書總目》存目有《肘後神經大全》三卷。今《四
庫存目叢書》即在此目下收《臞仙肘後經》二卷本。目錄
注「肘後神經大全」，署「明刻本」。即視二者為一書。
其內容與朱權〈臞仙肘後經序〉內容相符，但卷數不同。
中國國家圖書館藏楚藩刻本卷尾有收藏者潘景鄭手書跋
云：「疑一書遞經傳刻，自有出入耳。」《續四庫總目》
著錄明寫本「《臞仙肘後經》殘本一卷餘」，提要云：「此

殘本應是明代內版之《臞仙肘後經》斷無疑問。」《續四庫提要·臞仙肘後經》提要云：「《肘後經》，同治五年武清侯氏有重刻本，刪省『玄門』一類，別題名《筮吉肘後經》。」存本有：

明初刻本

明正統寧府刻本

明嘉靖三十九年晉府寶賢堂刻本

明刻本

清康熙青雲譜朱傑重刻《筮吉肘後經》本

清同治五年武清侯氏刻本

《四庫存目叢書》影印明刻本

肘後神經大全　三卷。《續文獻通考》卷一八二著錄《肘後神經大全》云：「是編卷帙與史志不合，疑為後人增益，非原本也。」《四庫總目存目提要》作「《肘後神經大全》三卷」，在「術數類」。存目提要所稱「上卷為值日圖，中卷為值時傍圖，下卷為值日時斷例」。存本有：

浙江天一閣藏本

臞仙指南肘後合併神樞經　二卷。存本名「新刊臞仙指南肘後合併神樞經」。存本有：

明秣陵書林舒文泗刻本

造化鉗錘　一名鉗錘，一卷。佚。《太清玉冊·天皇龍文章·道藏三洞經目錄》著錄無卷數。

運化玄樞　一卷。《太清玉冊·天皇龍文章·道藏三洞經目錄》著錄無卷數。《明史·藝文志》著錄在「子部·五行類」。光緒《江西通志》作「《臞仙運化元樞》八百六條」。《百

川書志》著錄云《運化玄樞》五卷，入隱士類。《古今書刻》著錄作「運化玄機」。《讀書敏求記》云：「涵虛子謂飲食起居必順天道以寧化育，故纂此書以備月覽。」存本有：

明宣德九年刻本

明成化八年餘慶書堂刻本

天地卦　佚。《太清玉冊‧天皇龍文章‧道藏三洞經目錄》《盱眙朱氏八支宗譜》著錄，俱無卷數，又見於《續書史會要》。

北斗課　佚。《太清玉冊‧天皇龍文章‧道藏三洞經目錄》著錄，無卷數，《盱眙朱氏八支宗譜》著錄明景泰至萬曆間弋陽王府刻本，又見於《續書史會要》。

重編猶龍傳　無卷數。佚。《太清玉冊‧天皇龍文章‧道藏三洞經目錄》著錄，又見於《續書史會要》。

重編龍虎經　無卷數。佚。《太清玉冊‧天皇龍文章‧道藏三洞經目錄》著錄，《續書史會要》作《龍虎經》。

三教本末　無卷數。佚。《太清玉冊‧天皇龍文章‧道藏三洞經目錄》著錄，又見於《續書史會要》。

丹髓　無卷數。佚。《太清玉冊‧天皇龍文章‧道藏三洞經目錄》著錄，又見於《續書史會要》。

洞天神品秘譜　無卷數。佚。《太清玉冊‧天皇龍文章‧道藏三洞經目錄》著錄，《續書史會要》作《夢稿洞天神品譜》。

批註洞古經　無卷數。佚。《太清玉冊‧天皇龍文章‧道藏三洞經目錄》著錄，《續書史會要》作《洞古經》。

批註大通經　無卷數。佚。《太清玉冊‧天皇龍文章‧道藏三洞經目錄》著錄，《續書史會要》作《大通經》。

批註太上心經　無卷數。佚。《太清玉冊·天皇龍文章·道藏三洞經目錄》著錄，《續書史會要》作《太上心經》。

批註長生久視經　無卷數。佚。《太清玉冊·天皇龍文章·道藏三洞經目錄》著錄，《續書史會要》作《長生久視書》。

唐聖祖傳　無卷數。佚。見於《太清玉冊·天皇龍文章·道藏三洞經目錄》《續書史會要》。

太清玉譜　無卷數。佚。僅見於《太清玉冊·天皇龍文章·道藏三洞經目錄》。

闡道論　無卷數。佚。僅見於《太清玉冊·天皇龍文章·道藏三洞經目錄》。

太誣　無卷數。佚。僅見於《太清玉冊·天皇龍文章·道藏三洞經目錄》。

蓬瀛志　無卷數。佚。僅見於《太清玉冊·天皇龍文章·道藏三洞經目錄》。

玉宸玄範　無卷數。佚。僅見於《太清玉冊·天皇龍文章·道藏三洞經目錄》。

玄範行移式　無卷數。佚。僅見於《太清玉冊·天皇龍文章·道藏三洞經目錄》。

北宸奏告儀　無卷數。佚。僅見於《太清玉冊·天皇龍文章·道藏三洞經目錄》。

水火煉度儀　無卷數。佚。僅見於《太清玉冊·天皇龍文章·道藏三洞經目錄》。

禳五部儀　無卷數。佚。僅見於《太清玉冊·天皇龍文章·道藏三洞經目錄》。

玉樞會醮儀　無卷數。佚。僅見於《太清玉冊·天皇龍文章·

道藏三洞經目錄》。

圜堂儀　無卷數。佚。僅見於《太清玉冊·天皇龍文章·道藏三洞經目錄》。

水府拔幽燈儀　無卷數。佚。僅見於《太清玉冊·天皇龍文章·道藏三洞經目錄》。

祈天讖　無卷數。佚。僅見於《太清玉冊·天皇龍文章·道藏三洞經目錄》。

保命燈科　無卷數。佚。僅見於《太清玉冊·天皇龍文章·道藏三洞經目錄》。

涉世圖　無卷數。佚。僅見於《太清玉冊·天皇龍文章·道藏三洞經目錄》。

神功妙濟丹方　無卷數。佚。僅見於《太清玉冊·天皇龍文章·道藏三洞經目錄》。

焚香七要　一卷。雜藝類。存本有：
宛委山堂刻《說郛三種》本

貫經　貫經一卷，禮記投壺篇一卷，投壺譜一卷合為一冊。雜藝類。光緒《江西通志》《盱眙朱氏八支宗譜》《讀書敏求記》著錄。含「貫禮」「貫樂」「太清樂譜」（十一関）「卜兆」「壺式」「貫律」等。存本有：
明宣德間寧王府刻徐康跋本
清抄本

茶譜　一卷。雜藝類。見於《太清玉冊·天皇龍文章道經》《續書史會要》《千頃堂書目》。存本有：
《藝海匯函叢書》明鈔本

爛柯經　雜藝類。收歷代圍棋史料、圖譜等。含皮日休《原奕》

班固《奕旨》、柳宗元《序棋》、馬融《圍棋賦》、張擬《棋經十三篇》、劉仲甫《棋法四篇》、無名氏《圍棋三十二法》等及棋勢圖五十幅。存本有：

明正德間高巑刻本（不分卷）

明嘉靖刻本（四卷）

清翻刻明高巑刻本

書評　一卷。雜藝類。佚。書法評論。僅見《續書史會要》。

臞仙續洞天清錄　一卷。雜藝類。佚。《江西歷代刻書》著錄，《古今書刻》《述古堂書目》《匯刻書目》《續書史會要》作《洞天清錄》，《四庫全書》收有宋趙希鵠《洞天清錄》一卷，《四庫提要》云「所論皆鑒別古器、書畫之事」。又云「明寧獻王權嘗為刻板於江西，見《寧藩書目》」。

神奇秘譜　三卷。雜藝類，古琴曲譜。《天一閣書目》著錄二卷。《千頃堂書目·禮樂類》載《神奇秘譜》三卷，又有「不知撰人」數種，含有《丹丘子琴譜》二卷。丹丘子，朱權別號，或即《神奇秘譜》之又一版本。存本有：

明洪熙刻本

明嘉靖十六年北京書林汪諒刻本

明萬曆間刻本

太古遺音　二卷。雜藝類，琴學專著。《新刊太音大全集》作五卷。正統間袁均哲改編作《太音大全集》。嘉靖間書商汪諒以《太古遺音》與《太音大全集》合編重刻，書名《新刊太音大全集》。存本有：

明永樂癸巳初刻本

明正德間刊本

明嘉靖弋陽王府刻本

明嘉靖金臺汪氏重刻本

明刻六卷本

續古霞外神品秘譜 無卷數。雜藝類。佚。僅見於《續書史會要》。

琴阮啟蒙 卷數不詳。雜藝類。佚。一作《臞仙琴阮》，《續書史會要》作《琴阮啟蒙譜》。又見於《明史·藝文志》、光緒《江西通志》《讀書敏求記》《述古堂書目》。

唐樂笛色譜 卷數不詳。雜藝類。佚。亦作《唐五調笛字譜》《唐五調曲》《唐樂笛字譜》。《四庫提要·竟山樂錄》云：「是書據明寧王權《唐樂笛色譜》為準。以四、乙、上、尺、工、凡六字循環成七調。夫寧王《笛色譜》果否唐人之舊，未可知也。惟寧王譜今已不傳，存錄是編，俾唐以來教坊舊調，金以來院本遺音，猶有考焉。亦伎藝之一種也。」毛奇齡《皇言定聲錄·唐五調笛字譜》云：「此明寧王臞仙所纂《唐樂笛字譜》也。今只存宮調曲一首，商調曲半首。《樂苑》曰：〈歡疆場〉，宮調曲也；〈大酺樂〉，商調曲也。」

寧府樂錄 歌唱字譜。佚。見於《皇言定聲錄》。

賡和中峰詩韻 一卷。一作《梅花百詠詩》。元馮子振（海粟）與中峰（釋明本，俗姓孫）有唱和《梅花百詠》各百首。後中峰又作「春」字韻百首。朱權和中峰「春」字韻《梅花百詠》詩一百〇八首，合為《梅花百詠》詩集。前有朱權序。存本有：

明嘉靖三十二年朱宸涝刻《梅花百詠詩》本

宮詞　《百川書志》《唐蜀宋元明千家宮詞》《借月山房匯鈔‧宮詞小纂》《列朝詩集》《借月山房匯鈔‧宮詞小纂》均收有不同數目朱權宮詞，存本有：

明萬曆二十八年周履靖編《唐蜀宋元明千家宮詞》本

清嘉慶十一至十七年虞山張氏刻增修本

《借月山房匯鈔》本

《叢書集成初編》本

四體宮詞　四卷。佚。見於《盱眙朱氏八支宗譜》《續書史會要》。

重編海瓊玉蟾先生文集　六卷，續集二卷，附錄一卷。宋葛長庚著，朱權重編。《鐵琴銅劍樓藏書目錄》著錄並引彭序云：「先生屬其校勘纂次，並以前賢時文錄於篇末，凡四十卷，則是不非其舊矣。」存本有：

明正統七年寧藩刻本

明嘉靖十二年白玉蟾摘稿十卷本

明刻澹安居圈點本

明萬曆《漢魏諸名家集》（翁少麓刻）本

明萬曆間金閶世裕堂刻本

明汪千行等刻（李滂跋）本

明藍格抄海瓊白真人文集六卷本

采芝吟　詩集。佚。《千頃堂書目》作四卷。《續修四庫提要》著錄「明刻本，不分卷」。

感興集　佚。《西江詩法‧字眼》中例句有數句注明出自《感興集》。未見存本和著錄。

壺天集　無卷數。佚。《太清玉冊‧天皇龍文章‧道藏三洞經

目錄》《續書史會要》著錄。

回文詩　三卷。佚。一名《璇璣回文詩詞》。《續書史會要》
　　《古今書刻》著錄。《千頃堂書目》作「璇璣回文詩詞」，
　　注：「集古今作」。

西江詩法　一卷。詩論。《續書史會要》作《詩法》。分詩體
　　源流，詩法源流，詩家模範，詩法大意，作詩骨格，詩宗
　　正法眼藏，詩法家數，詩學正法，作詩準繩，律詩法要，
　　字眼，古詩要法，五言古詩法，七言古詩法，絕句詩法，
　　諷諫詩法，榮遇詩法，登臨留題詩法，徵行詩法，贈行詩
　　法，詠物詩法，讚美詩法，賡和詩法，哭挽詩法，作樂府
　　法等二十五目。《百川書志》云「為目二十又二」。存本
　　有：
　　明嘉靖十一年朱覲錬刻本
　　明嘉靖弋陽王府刻本
　　清抄本

太和正音譜　二卷。北曲格律譜，曾被改稱《樂府太和正音譜》
　　《北曲譜》《北雅》等。存本有：
　　明萬曆二十二年何鈜刻本
　　明萬曆《嘯餘譜・北曲譜》本
　　明萬曆三十年張萱黛玉軒刻《北雅》本
　　《四庫全書・御定曲譜》本
　　清鳴野山房藏本
　　民國《涵芬樓秘籍》收藝芸書社藏本
　　續修四庫全書（一四七四冊）影印本

瓊林雅韻　無卷數。北曲曲韻書。光緒《江西通志・藝文志》

《千頃堂書目》著錄。存本有：

清錢塘丁氏刻本

《四庫全書存目叢書·子部 426 冊》影印本

詩譜　一卷。一作《臞仙詩譜》。佚。《明史·本傳》《明史·藝文志》、光緒《江西通志》《寶文堂書目》《古今書刻》《列朝詩集小傳》《續書史會要》著錄。

文譜　八卷。一作臞仙文譜。佚。《明史·本傳》《明史·藝文志》、光緒《江西通志》《古今書刻》《百川書志》《列朝詩集小傳》《續書史會要》著錄。

詩格　一卷。佚。《百川書志》著錄云：「十三格，古今一百二十八體。」又見於光緒《江西通志》。

務頭集韻　四卷。佚。見於《太和正音譜·序》：「余因清宴之餘，搜獵群語，輯為四卷，目之曰《務頭集韻》。」王驥德《曲律》云：「涵虛子有《務頭集韻》三卷，全摘古人好語輯以成之者。」

大雅詩韻　七卷。佚。《西江詩法》目錄後注：「作詩當用《大雅詩韻》，乃國朝《洪武正韻》之正音也。押韻忌其南音多。吳越之聲，太傷於浮，不取。」又見於《續書史會要》《古今書刻》《千頃堂書目》《萬卷堂書目》。

卓文君私奔相如　北曲雜劇。一本。題目作「蜀太守揚戈從後，成都令負弩前驅」，正名作「陳皇后千金買賦，卓文君私奔相如」。《太和正音譜·群英所編雜劇》作《私奔相如》。存本有：

脈望館抄校古今雜劇本

民國涵芬樓秘籍本

清黃丕烈編選《孤本元明雜劇》本

沖漠子獨步大羅天　北曲雜劇。一本。題目作「天寶洞松壇望
聖友，鳳麟洲弱水遇真仙」，正名作「呂純陽同赴瑤池宴，
沖漠子獨步大羅天」，《太和正音譜·群英所編雜劇》作
《獨步大羅》。按雜劇、傳奇為通俗文學類，諸史志及明
清大型書目多不錄；曲目類書中著錄，多有缺失或誤差。
存本有：
脈望館抄校古今雜劇本
清黃丕烈編選《孤本元明雜劇》本
民國涵芬樓秘籍本

瑤天笙鶴　北曲雜劇。一本。佚。《太和正音譜·群英所編雜
劇》《寶文堂書目》《今樂考證》著錄。《元曲選目》作
《瑤天松鶴》，作者作元人柯丹丘。莊一拂《古典戲曲存
目匯考》云：「本事未詳，疑演王子喬（一作王子晉）緱
山笙鶴事，見《列仙傳》。當亦神仙道化劇類。」《列仙
傳》云：「王子晉好吹笙作鳳凰鳴。道士浮丘接之上嵩山
也。」

淮南王白日飛升　北曲雜劇。一本。佚。《太和正音譜·群英
所編雜劇》《元曲選目》《今樂考證》《曲錄》作《白日
飛升》，除《太和正音譜》外，其餘著作作者皆署名元人
柯丹丘。《寶文堂書目》有《淮南王白日飛升》未題作者。

周武帝辯三教　北曲雜劇。一本。佚。《太和正音譜·群英所
編雜劇》《今樂考證》《元曲選目》作《辯三教》，《寶
文堂書目》著錄此劇正名，題目無考。

齊桓公九合諸侯　北曲雜劇。一本。佚。《太和正音譜·群英

所編雜劇》《今樂考證》《元曲選目》作《九合諸侯》。《寶文堂書目》著錄此劇正名《齊桓公九合諸侯》，未題作者，題目無考。

豫章三害　北曲雜劇。一本。佚。《太和正音譜‧群英所編雜劇》《今樂考證》《元曲選目》《寶文堂書目》皆作《豫章三害》，《考證》《選目》署名元人柯丹丘。

肅清瀚海平胡傳　北曲雜劇。一本。佚。《太和正音譜‧群英所編雜劇》《今樂考證》《元曲選目》作《肅清瀚海》。《考證》《選目》署名元人柯丹丘。《寶文堂書目》有《肅清瀚海平胡傳》，未題作者。

北酆大王勘妒婦　北曲雜劇。一本。佚。《太和正音譜‧群英所編雜劇》作《勘妒婦》，《今樂考證》《元曲選目》亦作簡名《勘妒婦》，署名元人柯丹丘。《寶文堂書目》正名作《北酆大王勘妒婦》，題目無考。

煙花判　北曲雜劇。一本。佚。題目正名無考。《太和正音譜‧群英所編雜劇》《今樂考證》《元曲選目》皆作簡名《煙花判》，《今樂考證》《元曲選目》二書署名元人柯丹丘。《寶文堂書目》作《煙花鬼判》。

楊娭復落娼　北曲雜劇。一本。佚。簡名《復落娼》，題目無考。《太和正音譜‧群英所編雜劇》《今樂考證》《元曲選目》皆作《楊娭復落娼》，亦非正名全稱。《今樂考證》《元曲選目》二書署名元人柯丹丘。

客窗夜話　北曲雜劇。一本。佚。正名無考。《太和正音譜‧群英所編雜劇》《今樂考證》《元曲選目》作《客窗夜話》，《今樂考證》《元曲選目》二書署名元人柯丹丘，《百川

書志》云「宋讓著」，或別是一種。

朧仙本琵琶記　南曲傳奇。元高明作。凌濛初所撰〈凡例〉云：
「即今時所撰古曲，如《荊釵》《拜月》，皆受改竄之冤，
惜無從得一善本正之。獨此曲偶獲舊藏朧仙本，大為東嘉
（高明）幸，亟以公諸人，毫髮必遵，有疑必闕，以見恪
守。」凌氏又云：「歷查古曲，從無標目。其有標目者，
後人偽增也。且時本亦相互異同，俱不甚雅。從朧仙本，
不錄。」存本有：
明凌濛初蟬隱廬刻本

荊釵記傳奇　南曲戲文。原題柯丹邱撰，應為朱權重編。存本
有：
汲古閣六十種曲本
《續四庫全書》（1768 冊）本

增奇集　佚。僅見於江西人民出版社 1994 年《江西歷代刻書》。
未詳。

○**朱奠培**　號竹林懶仙。寧獻王朱權孫。卒諡「靖」，史稱「寧
靖王」。

卻掃吟　不詳。佚。

仙謠　不詳。佚。

擬古詩二百篇　不詳。佚。

竹林漫稿　三卷。《千頃堂書目》著錄《懶仙竹林漫稿》。《江
西歷代刻書》著錄《懶仙竹林漫錄二冊》。存本有：
明刻本

文章大模式　一作文章格式。不詳。佚。

松石軒詩評 一卷。《續四庫提要》云：「前冠小序，署成化甲午，為其成書之年。」又云：「刊刻殊草草。白綿紙印。多蛀。范氏天一閣舊籍也。首敘詩之所由起，及正變升降，累數千言。文雜駢散，純駁間出，持論皆失允當。」歷修志書皆作「詩評」。《千頃堂書目》作「竹林懶仙松石軒詩評二卷」。存本有：

明成化十年寧王府刻本

五聲琴譜 署名「懶仙」。前有「天順元年長至日懶仙序」及〈懶仙五聲正變琴訣〉。譜收五調各一弄。《琴曲集成》卷首〈據本提要〉稱此書「與《琴苑要錄》為姊妹本，不分卷」。存本有：

明刻本

古今法書 不詳。佚。

○**朱桂華** 寧靖王奠培女。孔子五十八世孫景文妻。天順元年封安福郡主。

桂華軒集 四卷。詩集。佚。《江城名跡》云：「寧靖王奠培女安福郡主，能屬文，尤長於詩。配孔景文，亦善吟。居常聯章賡和，積成卷帙。主號桂華軒，有《桂華軒集》四卷。五七言詩一百七十餘首，聯句三之一。尤善草法。」又見於光緒《江西通志》，據《明史·藝文志》、陳弘緒《江城名跡》錄。

○**朱宸濠** 明三世寧王朱覲鈞庶子。弘治十年繼位為四世寧王。

浙音釋字琴譜〔編釋〕 今存天一閣藏孤本《浙音釋字琴譜》二冊，卷上僅存四頁；下卷首署「南昌板澤稽古生冀經效

孔編釋」，卷尾有殘缺。全譜殘存三十九曲，每曲首有解題，稱「希仙云」。其中有寧王朱權《神奇秘譜》中曲目二十餘首，譜字與《神奇秘譜》多同，故成書當在《神奇秘譜》之後。個別曲譜為傳統琴歌。存本有：
明刻本／殘

○朱宸渥　寧獻王朱權四世孫。封鎮國將軍。
　玉降遺稿　佚。王世貞〈瑞昌王府三輔國將軍龍沙公暨元配張夫人合葬志銘〉云：「於是（拱樹）乃梓鎮國詩曰《玉降遺稿》。」

○朱宸浮　號宏毅，寧獻王朱權四世孫，明正德間襲石城王爵。
　孤憤詩集　一卷。佚。《千頃堂書目》《徐氏家藏書目》作《孤憤詩草》一卷。

○朱拱桯　寧獻王五世孫，石城王支。封輔國將軍。
　巢雲集四卷　不詳。佚。
　江國風雅　不詳。佚。

○朱拱枘　號白賣。寧獻王朱權五世孫。封奉國將軍。
　望雲〔輯〕　不詳。佚。見於嘉靖《江西通志》。
　孝感異芝詩集〔輯〕　不詳。佚。見於嘉靖《江西通志》。

○朱拱橢　寧獻王五世孫，嘉靖二年襲爵，諡端惠。
　新刊三士錄　四卷。據光緒《江西通志》錄。存本有：
　　明嘉靖四年刻本／存
　東樂軒稿　一名作東樂軒詩集。六卷。據光緒《江西通志》錄。

《東樂軒稿》，《古今書刻》著錄弋陽王府刻本，書名作
「東樂軒詩集六卷」。佚。

訓忠堂集四卷　《徐氏家藏書目》《千頃堂書目》俱錄。佚。

○**朱拱㭼**　字茂材，寧獻王朱權五世孫，瑞昌王裔，封奉國將軍。

天啟聖德中興頌　一卷。《明別集版本志》著錄云：「目錄前
作〈天啟聖德中興頌詩目奏疏附〉，有拱㭼嘉靖十三年『天
啟聖德中興序』十六年『頌九廟皇嗣序』。」《中國古籍
善本書目》著錄。存本有：
明嘉靖十六年刻本

豫章既白詩稿　四卷。《明分省縣刻書》《千頃堂書目》錄七
卷，皆署名朱拱㭼。《江西歷代刻書》署名朱拱橰，待考。
《中國古籍善本書目》錄作者為「朱□□」。存本有：
明嘉靖二十九年朱拱㭼刻七卷本

題贈錄〔輯〕　僅見中國國家圖書館存十五卷，總卷數不詳。
《江西歷代刻書》錄《題贈錄存十五卷》，作朱拱橰輯，
二者關係待考。存本有：
明嘉靖刻本／殘

○**朱拱樹**（1510-1582）　號龍沙。寧獻王朱權五世孫。封輔國將
軍。

龍沙集　六卷。佚。〈瑞昌王府三輔國將軍龍沙公暨元配張夫
人合葬志銘〉著錄，云：「所著《龍沙集》凡六卷，藏家
塾。」

○**朱拱橰**　字子深，號匡南。明寧獻王朱權五世孫，建安王裔，

襲輔國將軍。

瑞鶴堂近稿 三卷。據中國國家圖書館藏嘉靖刻《瑞鶴堂近稿》，有三卷本及一卷本兩種，光緒《江西通志》及歷修《南昌府志》皆作《瑞學堂詩集》二卷，按云：「《天一閣書目》有《瑞鶴近稿》十卷。」《千頃堂書目》《江西歷代刻書》稱有「嘉靖間寧王府刻本」。此稱「寧王府刻書」可疑。存本有：

明嘉靖刻本

匡南先生詩集 四卷。據中國國家圖書館藏本錄。光緒《江西通志》「瑞鶴近稿」按語云：「《天一閣書目》有《匡南詩集》四卷。」《千頃堂書目》錄「《瑞鶴堂詩》二卷」。《明別集版本志》著錄明嘉靖刻本云：「卷端題『豫章朱拱樋子深著，柳溪余弼選』。有嘉靖戊申余弼〈匡南先生詩集序〉。」《盛明百家詩》存嘉靖刻本作「《宗室匡南詩集》一卷」。《江西歷代刻書》著錄作朱拱樋《豫章既白詩稿》四卷，未詳所據。存本有：

明嘉靖刻本

明嘉靖二十九年刻七卷本

盛明百家詩前編一卷本

爽臺稿 二卷。佚。《千頃堂書目》著錄，又見於《南昌郡乘》。

○**朱拱檜** 字汝楫，號竹隱，封輔國將軍。寧獻王朱權五世孫。弋陽王裔。

負初集 二卷。佚。《千頃堂書目》著錄。

○**朱拱梃** 號樵雲。寧獻王朱權五世孫。

　　樵雲詩集　一卷。《中國古籍善本書目》著錄。存本有：
　　明嘉靖二十七年傳弘刻藍印本

○**朱多熴**（1522-1577）　寧獻王朱權六世孫，弋陽端惠王拱橁庶
　　一子。嘉靖三十三年襲爵。萬曆五年薨，諡恭懿。無子，爵除。
　　寧藩書目　一卷。佚。《天一閣書目》曾著錄，後佚。《四庫
　　　總目提要》云：「寧獻王權以永樂中改封南昌，日與文士
　　　往還。所刊刻之書甚多。嘉靖二十年，多熴求得其書目，
　　　因命教授施文明刊行之。所載書一百三十七種，詞曲院本、
　　　道家煉度齋醮諸儀俱匯焉。前有多熴序及啟一通，後有施
　　　文明跋。」
　　忠訓堂集　不詳。佚。僅見錄於光緒《江西通志》。

○**朱多煃**（1530-1607）　字宗良，號貞湖，一號密庵。寧獻王朱
　　權六世孫，輔國將軍拱橢子，封鎮國中尉。與多熴齊名。工書
　　法。後病瘵，不廢吟詠。人稱「朱邸之雋」。
　　石蘭館稿　一名國香集。不詳。佚。明利瓦伊楨〈朱宗良詩序〉
　　　云：「其詩初名《石蘭館稿》，王世貞改題曰《國香集》。」
　　朱宗良集　十二卷。王重民《中國善本書提要》著錄萬曆間刻
　　　八卷本云：「原題『豫章朱多煃宗良著，臨海王士昌永叔
　　　校』。卷內有『汪魚亭藏閱書』『館閣詞臣』等印記，有
　　　利瓦伊楨、喻鈞、王士昌等萬曆二十五年序。」《明別集
　　　版本志》著錄萬曆二十五年刻本為宗良門生游及遠刻，子
　　　謀奎、謀遠等校閱，並有羅治後序。《江西歷代刻書》著
　　　錄版本為「萬曆二十五年寧王府刻本」。
　　　明萬曆二十五年朱謀奎刻本

明萬曆間刻八卷本

○**朱拱榣**　寧獻王朱權五世孫。瑞昌恭懿王曾孫。封奉國將軍。

聖嗣誕慶賦　一卷。《千頃堂書目》錄。佚。

聖嗣頌　一卷。《千頃堂書目》錄。佚。

○**朱多㸅**　字知白，寧惠王第四子，石城恭靖王奠堵之玄孫。

龍光社草　不詳。佚。《明詩綜》云：南昌郭外有龍光寺，萬曆乙卯二月，豫章詩人四十餘人結龍光詩社於此，朱氏宗子與者十人，知白之外，還有謀㓷，謀雅，謀㙔，謀圭，謀𨪐，謀𡐤，謀墾，謀穀，謀堊等，緝其詩曰《龍光社草》。

○**朱多熔**　寧獻王朱權六世孫。建安王裔，封鎮國中尉。

支離市隱集　不詳。佚。僅見於《千頃堂書目》。

北郭子魚樂詞　三十卷。佚。僅見於《千頃堂書目》。

○**朱多豢**　寧獻王朱權六世孫。

龍砂八百純一玄藻　二卷。佚。見於《明史・藝文志》《千頃堂書目》。

○**朱多炡**　字貞吉，號瀑泉。寧獻王朱權六世孫。弋陽王支。封奉國將軍。嘗變姓名曰「來相如」，字不疑。

倦遊草　不詳。佚。僧雪浪編。光緒《江西通志》作《倦遊稿》。

五遊集　不詳。佚。見於《藩獻記》。湯顯祖有〈諷瀑泉王孫四遊詩〉，有「廬嶽歸來即倦遊」句，作於多炡逝世後。《倦遊草》或即《四遊詩》。《五遊集》為後增補。

○**朱多爔**　字桓左，號崇謙，一號覺庵。寧王朱權六世孫，樂安

王支。封輔國將軍。

長嘯亭集　不詳。佚。

○**朱多炡**　字啟明，號履謙。寧王朱權六世孫，樂安王支。封輔
國將軍。

滋蘭堂稿　不詳。佚。《畫史會要》云：「外樸中慧，得全於
酒。其時吾宗作詩多以名附七子間，從其聲調。叔獨宗尚
六朝，苦心琢句，鮮秀自異。有《滋蘭堂稿》數卷，後嗣
不延不能行世，惜哉。」

新詠　一卷。佚。見於《徐氏家藏書目》。

○**朱多炤**　字孔陽，一字臨汝，號默庵、無私道人。寧獻王朱權
六世孫。弋陽王支。

友雅三卷〔選輯〕　一作《八才子詩》，《千頃堂書目》《續
四庫提要》錄，存本有：
明嘉靖依隱亭精刻本
明隆慶三年依隱亭刻本

曹詩二卷〔輯〕　不詳。佚。

五體集唐五卷〔輯〕　卷數不詳。《中國古籍善本書目》著錄。
存本有：
明刻本

默存自娛集　二十二卷。見於《千頃堂書目》《徐氏家藏書目》。
佚。

○**朱多熲**　字以昭，號斗齋。明寧獻王朱權六世孫。封輔國將軍。

古雪齋近稿　一卷。佚。《四庫總目提要》云：「在萬曆間，

與利瓦伊楨、曹學佺等唱和。其詩修飾風調，流易有餘而短於精詣。」民國《南昌縣誌》謂「志皆失載」。

○**朱多鮜** 字齊雲。寧獻王朱權六世孫。石城王支。封輔國將軍。
　鵠齋稿 一卷。佚。《徐氏家藏書目》著錄。
　落花詩 一卷。佚。《徐氏家藏書目》著錄。

○**朱多煭** 字敬甫。寧獻王朱權六世孫。
　謙益堂集 一卷。佚。《徐氏家藏書目》著錄。
　漫遊草 一卷。佚。《徐氏家藏書目》著錄。

○**朱多爡** 寧王朱權六世孫。
　古今錢譜 一卷。佚。《清史稿・藝文志》史部金石類錄。

○**朱多煃** 字用晦，寧獻王朱權六世孫，瑞昌王拱樹子，襲奉國將軍。
　朱用晦集 一卷。佚。《國朝獻徵錄》《藩獻記》作《朱用晦集》，《江城名跡》作《芙蓉園稿》，《千頃堂書目》作《芙蓉園集》。

○**朱多煌** 字芾斯，號少懸。寧獻王朱權六世孫。弋陽王支，封奉國將軍。萬曆五年王嗣絕，詔多煌攝王府事。
　委蛇集 四卷。佚。《千頃堂書目》錄。

○**朱多爍** 號存仁。寧獻王六世孫，弋陽王支，封輔國將軍。
　大司成集 不詳。佚。
　尚書旨 不詳。佚。

○**朱謀埠**　字素臣，號謙山。寧獻王朱權七世孫，瑞昌王支。

　　招仙詩集　不詳。佚。同治《南昌縣誌》引羅治〈招仙詩集序〉
　　有「恥同腐草，志專辟穀。夢寐靈山之勝奇，流連小天之
　　浮景。直欲要羨門於太路，攀天龍於鼎湖。」

○**朱謀㙉**　字崧岑，號達人。寧王朱權七世孫，封鎮國中尉。

　　筮吉肘後經注　不詳。佚。寧王朱權原著，謀㙉注疏。

　　退齡志注疏　不詳。佚。寧王朱權原著，謀㙉注疏。

　　神隱志注疏　不詳。佚。寧王朱權原著，謀㙉注疏。

　　道德經注疏　不詳。佚。

　　陰符經注疏　不詳。佚。

　　素書注疏　不詳。佚。

○**朱謀境**　字佳甫，號松友。寧獻王朱權七世孫，石城王支。封
　鎮國中尉。

　　擊轅稿　五卷。《明別集版本志》卷首題「豫章朱謀境佳甫著，
　　瑞陽陳邦瞻德遠校」。存本有：
　　明刻本

○**朱謀㙔**（1551-1624）　字鬱儀，一字明父。寧獻王朱權七世孫，
　石城王支。襲封鎮國中尉。

　　周易象通　八卷。《四庫總目提要》云：「是書惟釋上下經文，
　　不及十翼。大旨欲稍還古義，而轉生臆說。此書尤為曹學
　　佺所推許，然多屬臆見，不為定論。」湯顯祖〈易象通序〉
　　云：「鬱儀王孫好揚雄氏之學，方言奇字，多所訓明。憮
　　然而歎曰：『文字之所起者，畫也；理義之所變者，易也。

通於《書》而蔽於《易》，不足以診天地人物之變。』乃追而學《易》。凡子夏所傳，九家所為變象互體者，潛測幽討，不遺餘力，久而隱括彷彿，為一家言，名曰『易象通』。」其子朱統鑕萬曆十五年五月五日於其所刻《駢雅》卷首跋云：「鑕學詩賦於家公，恒苦見聞未博，既奉《駢雅》，遂得肆觀夫要妙幽奇之文，若登玄圃，臨昆侖，熊熊魂魂，駭心奪目。鑕敢以自私，以諱我家公之寶哉。遂梓以傳。公著有《周易象學》《五經稽復》《古今通曆》《字統》《宏雅》《皇典》《肇史》《海語》《玄覽》《南昌耆舊傳》四百餘卷。以貧不能遽刻，尚俟他日。」所云《周易象學》當即《周易象通》，不另錄。存本有：

明萬曆刻本

續修四庫全書本

周易瘖言　不詳。佚。

周易占林　不詳。佚。

詩故　十卷。《四庫總目提要》云：「是書以小學首句為主，說詩亦多以漢學為主，與《朱子集傳》多所異同。謀埠深居朱邸，不藉進取於名場，乃得以研究遺文，發揮古義也。」存本有：

明萬曆三十七年刻本

四庫全書本

書箋疏　不詳。佚。見於光緒《江西通志》民國《江西通志稿》。

春秋箋疏　不詳。佚。見於光緒《江西通志》民國《江西通志稿》。

魯論箋疏　不詳。佚。見於光緒《江西通志》民國《江西通志

稿》。

禮箋疏　不詳。佚。見於光緒《江西通志》民國《江西通志稿》。

大戴禮記箋疏　不詳。佚。見於光緒《江西通志》民國《江西通志稿》。

五經稽復　不詳。佚。見於朱統鋟《駢雅》卷首跋。

毛詩草木蟲魚疏集解　不詳。佚。僅見於《冷賞》。

七音通軌　不詳。佚。見於光緒《江西通志》民國《江西通志稿》。

古音考　不詳。佚。見於光緒《江西通志》民國《江西通志稿》《千頃堂書目》。

楚辭古音　不詳。佚。僅見於《冷賞》。

樂語名　不詳。佚。僅見於《冷賞》。

方國殊語五卷　不詳。佚。見於《江西通志稿》。

駢雅　存書七卷，歷修南昌諸志作六卷。《駢雅訓纂》凡例稱「原書七卷十三目（上中下）。今加訓纂。篇數不啻倍之。茲分十三目為十三卷，而分『釋詁』『釋訓』為上下二卷，共十六卷。篇內仍標七卷原目以存其舊」。存本有：

明萬曆十五年朱統鋟玄湛堂刻本

清刻駢雅訓纂十六卷首一卷本

四庫全書本

清嘉慶借月山房匯鈔叢書本

續修四庫全書本

宏雅　不詳。佚。

演爾雅　不詳。佚。

六書著論　不詳。佚。見於《書史會要》光緒《江西通志》民

國《江西通志稿》《千頃堂書目》《冷賞》作《六書緒論》。

六書正義 十二卷。佚。見於《書史會要》光緒《江西通志》民國《江西通志稿》《千頃堂書目》。

六書貫玉 不詳。佚。見於《書史會要》光緒《江西通志》民國《江西通志稿》《千頃堂書目》《冷賞》。

六書本原 一卷。見於《冷賞》《書史會要》，《千頃堂書目》作《六書原本》。

古文奇字解 十二卷。《冷賞》作「古文奇字輯解」。同治《縣誌・名賢》云：「疾李斯之變壞頡誦舊文也，作《古文奇字解》，追述先聖之製作，以針砭漢世訓詁之沉痾。」存本有：

明萬曆四十三年刻本

清抄本

三古文釋 不詳。佚。見於《冷賞》，《書史會要》云：「又考訂大禹碑、周宣石鼓比干墓銘，手自摹臨而詮釋之曰『三古文釋』。」

說文舉要 不詳。佚。見於光緒《江西通志》民國《江西通志稿》。

說文質疑 不詳。佚。見於《書史會要》《冷賞》。

字源表微 不詳。佚。《冷賞》作《字原表微》。

字統 不詳。佚。僅見於朱統鋻《駢雅跋》。

邃古記 八卷。《四庫總目提要》云：「是書所記始於盤古，迄於有虞。提綱計事而雜引諸書以為目。大抵出入劉恕《外紀》胡宏《皇王大紀》。所引多緯書荒誕之說。既非信史，又鮮異聞。謀㙔號為博洽，平生著述一百餘種，今不盡傳。

傳者，此為最劣矣。」存本有：

明嘉靖間刻本

明萬曆間刻本

四庫存目叢書本

藩獻記 四卷。《續四庫提要》云：「是書就明代諸藩中取其事業文章有聲於時者，擇為立傳。敘其事功、行誼、著述等，為藩三十，為傳七十五，總為四十卷。是書久不傳，杭州抱經堂得抄本，梓以行世。」又引魏廣國序，云：「惟魏序謂『為藩二十四，傳六十五，列傳三』，是其書原本三卷，第四卷當係續增者。」又見於《冷賞》。存本有：

明萬曆刻本

說郛本

杭州抱經堂書局印行本

皇明惇史 不詳。佚。見於《冷賞》。

歷代名臣言行錄 不詳。佚。見於《冷賞》。

默記 不詳。佚。見於《冷賞》。

皇圖 不詳。佚。見於《冷賞》，《駢雅跋》記有《皇典》。

皇典 不詳。佚。見於《駢雅跋》。

頤記 不詳。佚。見於《冷賞》。

江右名勝記 不詳。佚。見於《冷賞》。

江右小史 不詳。佚。見於《冷賞》。

豫章耆舊傳 三卷，同治《縣誌·名賢》作二卷。《冷賞》作《南昌耆舊記校注》。

豫章古今記 不詳。佚。見於《冷賞》。

廬山記 不詳。佚。見於《冷賞》。

羈縻合志　不詳。佚。見於《冷賞》。

異域圖說　不詳。佚。見於《冷賞》。（英）劍橋圖書館藏東
　　亞收藏室藏有明孤本《異域圖志》一種，作者及年代不明。

水經注箋　四十卷。見於民國《江西通志稿》，同治《南昌縣
　　誌》作《水經注疏》。《四庫總目提要・水經注》云：「是
　　書自明以來絕無善本。惟朱謀㙔所校盛行於世，而舛謬亦
　　復相仍。今以《永樂大典》所引各按水名逐條參校，非惟
　　字句之訛層出迭見，其中脫簡、錯簡有數十至四百餘字者。」
　　《續四庫提要》云：「《水經注》以傳寫既久，訛誤相仍，
　　經注混淆。是書（朱箋本）惟酈注尋源采隱，頗為淹貫。
　　雖不能復舊觀，然鉤稽考證之功，固未可沒也。書中校改
　　之字，與宋本合者，或署己說，或署汝澄、克家說，各未
　　免不脫明人標榜之習耳。然其有功於酈注，又親見宋本。
　　馮班稱其精審之至，楊守敬稱其開闢鼪叢，多掛荊棘，皆
　　定論也。」存本有：
　　明萬曆四十三年刻本

水經注抄　不詳。佚。見於《冷賞》。

曆原　不詳。佚。見於《冷賞》。

曆記　不詳。佚。見於《冷賞》。

曆纂　不詳。佚。見於《冷賞》。

合朔算例　不詳。佚。見於《冷賞》。

古今通曆　不詳。佚。同治《縣誌・名賢》謀㙔傳云：「晚成
　　《古今通曆》，用其法推《左傳》僖五年正月辛亥冬至，
　　昭二十年二月己丑朔冬至，以為《魯史》所用皆周正。」

今曆矩度　不詳。佚。見於《冷賞》。

甲曆　不詳。佚。見於《冷賞》。

歷代紀年考　不詳。佚。見於《冷賞》。

怪史　不詳。佚。見於《冷賞》。

廣國語　不詳。佚。見於《冷賞》。

兩漢逸事　不詳。佚。見於《冷賞》。

南齊記　不詳。佚。見於《冷賞》。

三朝甲曆　不詳。佚。見於《冷賞》。

世紀今論　不詳。佚。見於《冷賞》。

明典故藩大記　不詳。佚。見於《冷賞》。

玄象記　不詳。佚。見於《冷賞》。

玉燭記　不詳。佚。見於《冷賞》。

物緯　不詳。佚。見於《冷賞》。

閩海異物志　不詳。佚。見於《冷賞》。

小酉記　不詳。佚。見於《冷賞》。

海語　不詳。佚。見於《駢雅跋》。

物識　不詳。佚。見於《駢雅跋》。

金海　一百二十卷。類書類。佚。見於《千頃堂書目》《冷賞》。

玄覽　八卷。民國《江西通志稿》《冷賞》作「元覽」。存本
　　有：

　　明萬曆二十二年刻本

異林　十六卷。見於《四庫存目叢書》諸通志及府縣誌，《四
　　庫總目提要》作朱睦㮮著。《四庫存目叢書》序云：「江
　　國宗侯工詩者十室而五。鬱儀先生獨以著述名海內。茲又
　　整齊百家雜史所載千百年以來異常之事，作《異林》十有
　　六卷，簡要賅博，前無古人」。存本有：

明萬曆帥廷鎮刻本

四庫存目叢書本

鉛梨志 不詳。佚。見於《冷賞》。

頤記 不詳。佚。見於《冷賞》。

古今名言 不詳。佚。見於《冷賞》。

國朝善語要言 不詳。佚。見於《冷賞》。

隱子新說 不詳。佚。見於《冷賞》。

莊子約 不詳。佚。見於《冷賞》。

淮南子要解 不詳。佚。見於《冷賞》。

五苑 不詳。佚。見於《冷賞》。

南北史膾 不詳。佚。見於《冷賞》。

法苑珠林抄 不詳。佚。見於《冷賞》。唐釋道世撰有《法苑珠林》。

太乙金匱 不詳。佚。見於《冷賞》。

選擇捷要 不詳。佚。見於《冷賞》。

陰陽通宅兆 不詳。佚。見於《冷賞》。

元經 不詳。佚。見於《冷賞》。

奇門摘要 不詳。佚。見於《冷賞》。

內經要略 不詳。佚。見於《冷賞》。

內經小傳 不詳。佚。見於《冷賞》。

醫詮 不詳。佚。見於《冷賞》。

岐黃鉤玄肘後 不詳。佚。見於《冷賞》。

鴻寶秘方 不詳。佚。見於《冷賞》。

武策 不詳。佚。見於《冷賞》。

天寶藏書 《冷賞》云：「西山天寶洞，道書為『十三洞天』。

朱鬱儀嘗曰：『吾書成，其藏諸此乎？』故後人目其所撰書曰『天寶藏書』，凡一百二十種。」

注庾開府哀江南賦　不詳。佚。

校正文心雕龍　不詳。佚。清光緒七年成都瀹雅堂刊魏茂林《駢雅訓纂》卷首收謀埠〈校正文心雕龍跋〉云：「《文心雕龍》舊無善本，遂注意校讎。往來三十餘年，參考《御覽》《玉海》諸籍，并目力所及，補完改正三百餘字。（他本）未若此本之善矣。」

金石文選　不詳。佚。見於《冷賞》。

廣廣文選　不詳。佚。見於《冷賞》。

六朝殊選　不詳。佚。見於《冷賞》。

祇園語　不詳。佚。見於《冷賞》。

明文繁露　不詳。佚。見於《冷賞》。

古學府拾遺　不詳。佚。見於《冷賞》。

六朝詩類璧　不詳。佚。見於《冷賞》。

詩韻　不詳。佚。見於《冷賞》。

宋詩選〔選〕　不詳。佚。見於《冷賞》。

元詩選〔選〕　不詳。佚。見於《冷賞》。

明藻　不詳。佚。見於《冷賞》。

詩精英　不詳。佚。見於《冷賞》。

藩藻　不詳。佚。見於《冷賞》。

麟角集　不詳。佚。見於《冷賞》。

初雅　不詳。佚。見於《冷賞》。

枳園近稿　不詳。佚。見於《江城舊事》。

枳園文集　不詳。佚。見於《冷賞》。

豫章社稿　不詳。佚。見於《冷賞》。

罕言編　不詳。佚。見於《冷賞》。

○**朱謀圭**　字禹錫。寧獻王朱權七世孫。瑞昌王支，一說為石城
　　王支。

禹錫詩集　不詳。佚。

○**朱謀覲**　字孔光。寧獻王朱權七世孫。弋陽恭懿王裔。

存存齋詩稿　不詳。佚。見於《南昌府志》。

○**朱謀埭**　字君美，號懶竹。寧獻王朱權七世孫。封鎮國中尉。

君美詩集　不詳。佚。見於《南昌縣誌》。

○**朱謀㙔**　字子魚，號圖南，又號天池，寧獻王朱權七世孫。封
　　鎮國中尉。出遊三湘吳越間。變姓名曰「來鯤」。

朱謀㙔集　不詳。佚。見於《千頃堂書目》。

明宗三逸詩集　不詳。佚。見於《徐氏家藏書目》。

學詩草　不詳。佚。見於《徐氏家藏書目》。

不詩集　不詳。佚。見於《徐氏家藏書目》。

入山詩　三卷。佚。見於《徐氏家藏書目》。

○**朱謀劓**　字文翰，號藩章。寧獻王朱權七世孫，宜春王裔。封
　　鎮國中尉。

【注】按宗譜為弋陽王支。

龍光詩社草〔輯〕　一卷。佚。見於《靜志居詩話》，「南昌
　　郭外有龍光寺。萬曆乙卯二月豫章結社於斯。宗子與者有
　　謀劓，字文翰。宜春王孫，緝《龍光詩社草》。」

可齋經進文存　一卷。見於《徐氏家藏書目》。存本有：
清同治十一年舊書齋刻本

退思粗訂文稿　二卷。見於《徐氏家藏書目》。存本有：
清嘉慶刻本

斯陶社詩草　二卷。佚。見於《徐氏家藏書目》。

芳草詩　一卷。佚。見於《徐氏家藏書目》。

〇**朱謀珹**　字幼晉，號芝室，別號退翁。寧獻王朱權七世孫，弋陽王裔。封鎮國中尉。

退省稿　六卷。見於《千頃堂書目》，《徐氏家藏書目》作《退翁稿》。

〇**朱謀垛**　字藩甫，號浦泉，別號運宇。寧獻王朱權七世孫，石城王裔。封鎮國中尉。邑庠生。

朱謀垛詩集　不詳。佚。見於《江西通志》，「按明宗室在江西者多好學，茲所采外，尚有石城王孫謀垛，字藩甫，工詩，有集。今不傳。」

〇**朱謀墾**　字希之，號和宇，寧獻王朱權七世孫。石城王裔。封鎮國中尉。

落花詩　一卷。佚。見於《徐氏家藏書目》。

〇**朱謀埻**　字伯堤。寧獻王朱權七世孫。石城王裔。封鎮國中尉。

雄飛軒稿　三卷。佚。見於《徐氏家藏書目》。

〇**朱謀墻**　字符長。寧獻王朱權七世孫。石城王裔。

新詠　一卷。佚。見於《徐氏家藏書目》。

○**朱謀垏**　字符琳。寧獻王朱權七世孫。

　　西遊稿　二卷。佚。

○**朱謀㙔**　字隱之，號八桂，又號厭原山人、寒玉館主人。寧獻
　　王朱權七世孫，樂安王支。封奉國將軍。

　　春秋指疑　二卷。佚。

　　毛詩要旨　四卷。佚。

　　三韻同聲　十二卷。佚。

　　書史會要續編　一卷。〈隱公先生懿行紀略〉云：「又喜陶氏
　　　　《書史會要》有益書家，乃摭我明一代續其卷後，幷薛尚
　　　　功鐘鼎款識刻之。」《四庫總目》陶宗儀《書史會要九卷
　　　　補遺一卷續編一卷》云：「是編載古來能書人，上起三皇，
　　　　下至元代，凡八卷，末為《書法》一卷，又《補遺》一卷。
　　　　據孫作滄《螺集》所載（陶）宗儀小傳稱《書史會要》凡
　　　　九卷，此本亦以《書法》《補遺》共為一卷。而刻本乃以
　　　　《補遺》別為卷，又以朱謀㙔所作《續編》題為卷十，移
　　　　其次於《補遺》前。殆謀㙔之子統鈘重刊是書，分析移易，
　　　　遂使宗儀原書中斷為二。今仍退謀㙔所補自為一卷，題曰
　　　　『續編』，以別宗儀之書。」《書畫書錄解題》云：「是
　　　　編續陶書而作，采輯明代書家亦頗周詳。惟九成於諸家得
　　　　失直抒己見，隱之則多托於評者之言，評者為誰遂無可考，
　　　　或因事屬本朝，時代較近，有所顧忌而然也。」存本有：
　　　　明朱統鈘重刻本
　　　　四庫全書本

　　畫史會要　五卷。卷一三皇至五代，卷二北宋，卷三南宋，卷

四明，卷五畫法。存本有：

明稿本

清順治十六年朱統鋑重修本

清松南書舍抄本

四庫全書本

寒玉館正續帖〔輯〕　二十卷。〈續書史會要序〉云：「余不
佞，喜集名人墨蹟。歲乙卯，雙鉤以授鐵史，十有三年始
竣事，題曰《寒玉館帖》。」胡繼謙〈隱公先生懿行紀略〉
云：「復期嘉惠來學，搜古今名跡，替瑕陟瑜，殫心雙鉤，
勒成《寒玉館帖》正、續二帙，諸名德競為跋識。」存本
有：

明手寫本

古畫錄　四卷。存本有：

清抄本

鐘鼎考文　二十卷。存本有：

清順治十六年朱統鋑刻本

四體千文　四卷。佚。

山居詩百首　佚。〈隱公先生懿行紀略〉云：「著《山居詩百
首》，韻致不減李杜。」

刪補輟耕錄　佚。手稿本，刻而未竟。《輟耕錄》為元人陶宗
儀著作。

玉館燈抄　二卷。手稿本，刻而未竟。佚。

三韻同聲　十二卷。手稿本，刻而未竟。佚。

分韻唐詩　五十卷。手稿本，刻而未竟。佚。

深柳居　不詳。佚。見於《江城名跡》。

種園譜　不詳。佚。見於《江城名跡》。

草事行采　不詳。佚。見於《徐氏家藏書目》。

○**朱謀㲄**　號元南。寧獻王朱權七世孫。瑞昌王支。封鎮國中尉。

樸素居詩集　不詳。佚。見於《盱眙朱氏八支宗譜》。

○**朱謀堯**　字巍甫，號承玉。寧王朱權七世孫，瑞昌王支。封鎮國中尉。

享帚集　六卷。佚。

連枝集　不詳。佚。與其從弟謀境合著。見於《盱眙朱氏八支宗譜》《明詩紀事》。

○**朱謀敖**　字用莊，號林屋。寧獻王朱權七世孫。授鎮國中尉，重封奉直大夫。

六書正訛注　不詳。佚。光緒《江西通志》作《六書正訛》。

周史籀文注　不詳。佚。民國《江西通志》作《周史籀文》。

閑閑閣稿　不詳。佚。民國《江西通志》作《閑閑閣集》。

城南草　不詳。佚。見於《江西通志》。

○**朱謀晉**　字康侯，更字公退。寧獻王朱權七世孫，石城王裔，謀埠從弟。封鎮國中尉。結廬蛟溪龍沙之北，躬耕賦詩。後寓居金陵。

【注】按《盱眙朱氏八支宗譜》為樂安王裔。

羔雁集　不詳。佚。見於《千頃堂書目》。

蕪城集　不詳。佚。見於《千頃堂書目》。

淹留集　不詳。佚。見於《千頃堂書目》。

巾車集　不詳。佚。見於《千頃堂書目》。

朱謀晉初集　四卷。佚。見於《千頃堂書目》。為《羔雁集》
《蕪城集》《淹留集》《巾車集》四種合集。《徐氏家藏
書目》作朱謀晉著。

西堂詩　一卷。佚。見於《千頃堂書目》。《徐氏家藏書目》
作朱謀晉著。

廬山詩　一卷。佚。見於《千頃堂書目》。《徐氏家藏書目》
作朱謀晉著。

○**朱統鐕**　字時卿，寧獻王朱權八世孫。瑞昌王支。封奉國中尉。

詩解頤錄　不詳。佚。見於同治《南昌縣誌・文苑》。

六書微　不詳。佚。見於同治《南昌縣誌・文苑》。

古史記　四十卷。佚。見於道光《南昌縣誌・文苑》。

寧獻王事實　一卷。見於道光《南昌縣誌・文苑》《西江志》
《千頃堂書目》。

又見於《盱眙朱氏八支宗譜》，未署名。存本有：

盱眙朱氏八支宗譜本（殘）

廣同姓名錄十六卷〔增廣〕　卷數不詳。佚。《西江志・經籍》
著錄作《廣同姓名賢錄》十六卷。乾隆《南昌縣誌・文苑》
統鐕傳云：「余寅有《同姓名錄》，僅三卷，推而廣之，
得十六卷。」

牡丹志　一卷。佚。見於《千頃堂書目》。道光《南昌縣誌・
書目》等作《牡丹草》，《千頃堂書目》錄作「朱統鐕」
撰。

廣之得　十六卷佚。

○**朱統鈘**　號玉臣。寧獻王朱權八世孫。建安王支。封輔國中尉。

紀行詩　一卷。佚。見於《千頃堂書目》。

○朱統鈏　字堅白。寧獻王朱權八世孫,弋陽王裔。封輔國中尉。
　芝雲遊稿　一卷。佚。見於《徐氏家藏書目》。
　吳越遊稿　一卷。佚。見於《徐氏家藏書目》。

○朱統鍫　字夷庚。寧獻王朱權八世孫,弋陽王裔。封輔國中尉。
　畫禪齋別稿　二卷。佚。見於《徐氏家藏書目》。
　近稿　二卷。佚。見於《徐氏家藏書目》。

○朱統鎬　字景周,一字宗武。寧獻王朱權八世孫。瑞昌王裔。
　白門近草　二卷。佚。見於《徐氏家藏書目》。
　白門遊草　二卷。佚。見於《徐氏家藏書目》。

○朱統鉈　字安仁。寧獻王朱權八世孫。弋陽王裔。封輔國中尉。
　挹秀軒詩　一卷。佚。見於《徐氏家藏書目》。
　夢瀑齋稿　一卷。佚。見於《徐氏家藏書目》。

○朱統釩　寧獻王朱權八世孫。瑞昌王支。鎮國中尉。
　崇禎遺詔事實　不詳。佚。見於《南明史》。

○朱統鉎　字蔚園。寧獻王朱權八世孫。謀㙔次子。石城王支。
　封輔國中尉。
　行人集　不詳。佚。見於《南明史》。

○朱統鐵　字佛大。樂安靖莊王裔,寧獻王朱權八世孫。封鎮國
　中尉。
　適園詩集　不詳。佚。

面壁齋文集　不詳。佚。

○**朱統鈰**　一作統鉓。字章華。寧獻王朱權八世孫，瑞昌王裔。
封輔國中尉。

　玉牒〔纂修〕　不詳。佚。見於《盱眙朱氏八支宗譜》《江西
　　通志》。

　大明會典〔纂修〕　不詳。見於《盱眙朱氏八支宗譜》《江西
　　通志》。

　五經注書〔纂修〕　不詳。佚。見於《盱眙朱氏八支宗譜》《江
　　西通志》。

　我法居集　不詳。佚。《江西通志》。據熊明遇〈序〉，該集
　　收有講義、疏條、代臣工綸命及詩賦序記志狀等文字。

○**朱統錥**　字運之，號風伯，別號蓬萊。寧獻王朱權八世孫。弋
陽王支。封輔國中尉。

　試草　不詳。佚。見於《盱眙朱氏八支宗譜》。

○**朱議汴**　字天中，號卜初。寧獻王朱權九世孫，樂安莊靖王裔。
　郵河遮說　一卷。佚。見於《南明史》。
　得未閣文集　一卷。佚。

○**朱議霶**　即林時益。字確齋。寧獻王朱權九世孫，統鑇子。封
鎮國中尉。

　朱中尉詩集　五卷。一作《冠石詩集》。存本有：
　　豫章叢書（胡思敬輯）本
　確齋文集　卷數不詳。存本有：
　　林確齋文鈔一卷本

清道光刻易堂九子文鈔本

寧都三魏全集〔編〕　八十三卷。存本有：

清康熙二十九年易堂刻本

清道光二十五年紋園書屋重刻本

四庫禁毀書叢刊本

○**朱容重**　譜名議渧，字子莊，號冰壺、槎石。寧王朱權九世孫。
石城王支。封奉國中尉。

初吟草　不詳。一名《朱子莊詩》。佚。

○**朱中楣**　原名儀則，字遠山，寧王朱權十世女孫。瑞昌王支，
朱議汶女。嫁少司馬李元鼎。

隨草　二卷。存本有：

清順治刻本

隨草續編詩餘　存本有：

清刻本

亦園嗣響　一卷。佚。見於《歷代婦女著作考》。

石園隨筆　二卷。《國學圖書館現存書目》錄藏有《石園隨草》
二卷，《續編》一卷。存本有：

清順治刻本

文江唱和集　二卷。《歷代婦女著作考》卷八據《江西通志》
《然脂集》著錄云：「此為夫婦唱和之作。」佚。

石園唱和集　不詳。佚。楊家駱編《歷代婦女著作考》卷八據
《眾香詞》著錄「石園唱和集」。

鏡閣新聲　一卷。存本有：

清道光二十四年刻國朝閨閣詩抄本

清光緒二十二年南陵徐乃昌刻本

○**朱不億**　名佚，以字行。寧獻王朱權裔孫。嘗暢遊吳、閩、楚。

　二濟稿　不詳。佚。見於同治《南昌縣誌》，著者作朱失名，
　　引羅治〈二濟稿序〉云：「往余偕諸侯王子不億稱詩於豫
　　章城。不億東游吳越，南極閩楚，所遇名山大川輒有吟詠
　　之什，新歡故交輒有贈答之音。歸而握其草二稿，曰《濟
　　勝草》，謂其專以尋山名也；曰《濟川稿》，專以問水名
　　也。問序羅治，羅命其名為《二濟稿》。」

○**朱文季**　名佚，字文季。寧獻王朱權裔孫，不億弟。

　廬居稿　不詳。佚。同治《南昌縣誌》引羅治〈廬居稿序〉云：
　　「是為宗侯文季宅先太夫人憂時所稱《廬居詩稿》也。」
　　又曰：「自詩而有哭有懷有怨有慕，為季之母也者；而有
　　倡有益有答有覆，為季之友也者。是知所輯不只為居喪之
　　詩，亦有平居之唱和。」光緒《江西通志・書目》《君美
　　詩集》按云：「同時有朱文季《廬居稿》，皆寧支。失其
　　名。」

○**朱道朗**　字良月。號涵虛玄裔、破雲樵者。石城王系。為南昌
　　淨明派道士。

　青雲譜志略〔修〕　存本有：
　　清康熙二十年刻本
　　民國九年徐雲巖岩重刻本

○**朱議㴭**　生平未詳。字燕西。寧獻王朱權九世孫。

　雲嶂集　不詳。佚。僅見於《南明史》。

○朱耷（1626-1705）　名統𨨏，號彭祖，別號八大山人。朱權八
　世孫，弋陽王支，多炡孫，封輔國中尉。
　傳綮寫生冊〔繪〕　存本有：
　　　清順治十五年稿本
　個山雜畫冊〔繪〕　存本有：
　　　稿本
　雜畫冊〔繪〕　存本有：
　　　清康熙二十三年稿本
　雜畫冊〔繪〕　存本有：
　　　稿本
　雜畫冊〔繪〕　存本有：
　　　清康熙三十四年稿本
　雜畫冊〔繪〕　存本有：
　　　清康熙二十二年稿本
　雜畫冊〔繪〕　存本有：
　　　清康熙二十九年稿本
　雜畫冊〔繪〕　存本有：
　　　稿本
　雜畫冊〔繪〕　存本有：
　　　清康熙四十二年稿本
　雜畫冊〔繪〕　存本有：
　　　清康熙三十七年稿本
　墨筆雜畫冊〔繪〕　存本有：
　　　稿本
　墨筆雜畫冊〔繪〕　存本有：

　　稿本

瓜果草蟲冊〔繪〕　存本有：

　　稿本

雙鸚詩畫冊〔繪〕　存本有：

　　稿本

雙鳥圖冊〔繪〕　存本有：

　　稿本

安晚冊〔繪〕　存本有：

　　清康熙三十三年稿本

書畫冊〔繪〕　存本有：

　　稿本

書畫冊〔繪〕　存本有：

　　清康熙四十一年稿本

書畫冊〔繪〕　存本有：

　　清康熙三十二年稿本

書畫冊〔繪〕　存本有：

　　稿本

詩畫冊〔書、繪〕　存本有：

　　稿本

山水冊〔繪〕　存本有：

　　清康熙四十四年稿本

山水冊〔繪〕　存本有：

　　清康熙四十一年稿本

山水冊〔繪〕　存本有：

　　稿本

山水冊〔繪〕 存本有：
　　稿本

山水冊〔繪〕 存本有：
　　稿本

山水圖冊〔繪〕 存本有：
　　清康熙三十六年稿本

山水詩畫冊〔繪〕 存本有：
　　稿本

八大山人山水冊〔繪〕 存本有：
　　民國二十三年商務印書館影印本

山水魚鳥冊〔繪〕 存本有：
　　稿本

山水花果冊〔繪〕 存本有：
　　稿本

山水花鳥冊〔繪〕 存本有：
　　清康熙三十三年稿本

八大山人山水冊〔繪〕 存本有：
　　民國二十三年上海商務印書館玻璃版影印本

花鳥冊〔繪〕 存本有：
　　清康熙三十八年稿本

花鳥冊〔繪〕 存本有：
　　稿本

花鳥冊〔繪〕 存本有：
　　稿本

花鳥冊〔繪〕 存本有：

　　清康熙四十四年稿本

花果冊〔繪〕　存本有：

　　清康熙三十六年稿本

花果冊〔繪〕　存本有：

　　稿本

花卉冊〔繪〕　存本有：

　　稿本

花果鳥蟲冊〔繪〕　存本有：

　　清康熙三十一年稿本

花鳥山水冊〔繪〕　存本有：

　　稿本

清八大山人花鳥山水冊〔繪〕　存本有：

　　日本東京都二玄社印本

荷花冊〔繪〕　存本有：

　　稿本

梅花圖冊〔繪〕　存本有：

　　清康熙十六年稿本

個山人屋花卉冊〔繪〕　存本有：

　　稿本

竹荷魚詩畫冊〔繪〕　存本有：

　　清康熙二十八年稿本

八大山人工筆應真渡海圖一卷〔繪〕　存本有：

　　民國間影印本

題丁雲鵬十六應真圖冊〔繪〕　存本有：

　　清康熙二十八年稿本

天光雲景圖冊〔繪〕　存本有：

　　稿本

渴筆山水冊〔繪〕　存本有：

　　清康熙三十八年稿本

雜卉冊〔繪〕　存本有：

　　稿本

八大山人書畫扇集〔繪〕　存本有：

　　民國二十四年上海商務印書館影印本

八大山人石濤上人畫合冊〔繪〕　存本有：

　　民國上海有正書局影印本

雪個石濤墨妙〔繪〕　存本有：

　　民國三十七年影印本

八大山人畫撰〔繪〕　存本有：

　　民國二十九年東京聚樂社影印本

文人畫粹編——八大山人〔繪〕　存本有：

　　日本昭和六十一年中央公論社印本

八大山人畫譜〔繪〕　存本有：

　　日本昭和十五年東京聚樂社影印本

草書盧鴻詩冊〔書〕　存本有：

　　清康熙二十五年稿本

為鏡秋詩書冊〔書〕　存本有：

　　清康熙二十七年稿本

手札冊〔書〕　存本有：

　　稿本

石鼓文篆楷書冊〔書〕　存本有：

清康熙三十三年稿本

行書手札〔書〕　存本有：

稿本

行書詩冊〔書〕　存本有：

稿本

行書臨藝韞帖冊〔書〕　存本有：

清康熙四十一年稿本

行楷黃庭內景經冊〔書〕　存本有：

清康熙二十三年稿本

行楷黃庭外景經冊〔書〕　存本有：

稿本

行楷書法冊〔書〕　存本有：

清康熙三十六年稿本

行草白居易詩冊〔書〕　存本有：

清康熙三十九年稿本

致方士管手札冊〔書〕　存本有：

稿本

撫董思翁臨古冊〔書〕　存本有：

稿本

臨興福寺半截碑冊〔書〕　存本有：

清康熙三十八年稿本

臨古詩帖冊〔書〕　存本有：

清康熙四十一年稿本

臨黃道周尺牘〔書〕　存本有：

稿本

臨雁塔聖教序冊〔書〕　存本有：

　　清康熙三十二年稿本

臨石鼓文冊〔書〕　存本有：

　　清康熙三十三年稿本

臨古法帖冊〔書〕　存本有：

　　稿本

題羅牧山水冊〔書〕　存本有：

　　稿本

手札十通冊〔書〕　存本有：

　　稿本

信札冊〔書〕　存本有：

　　稿本

題丁香花圖冊〔書〕　存本有：

　　稿本

題八大人覺經冊〔書〕　存本有：

　　清康熙三十一年稿本

尺牘冊〔書〕　存本有：

　　稿本

李夢陽詩扇冊〔書〕　存本有：

　　稿本

文語冊〔書〕　存本有：

　　清康熙三十二年稿本

白居易詩冊〔書〕　存本有：

　　清康熙三十九年稿本

五言律詩扇冊〔書〕　存本有：

稿本

東坡修丹贊冊〔書〕 存本有：

清康熙四十四年稿本

八大山人書扇集〔書〕 存本有：

民國二十四年商務印書館影印本

仿古書畫合璧冊 存本有：

稿本

書畫合璧冊 存本有：

清康熙三十八年稿本

書畫合璧冊 存本有：

稿本

書畫合璧冊 存本有：

稿本

書畫冊 存本有：

稿本

書畫冊 存本有：

清康熙三十五年稿本

書畫冊 存本有：

稿本

書畫冊 存本有：

稿本

蘭亭詩畫冊 存本有：

清康熙三十八年稿本

書畫合裝冊 存本有：

清康熙三十八年稿本

書畫合璧冊　存本有：

　　稿本

書畫同源冊　存本有：

　　清康熙三十二年稿本／存

八大山人書畫真跡　存本有：

　　民國十二年杭州西泠印社影印本

八大山人書畫冊　存本有：

　　民國十五年杭州西泠印社影印本

八大山人書畫神品　存本有：

　　民國間影印本

八大山人書畫集　存本有：

　　民國十八年上海生生美術社影印本

泰山藏石樓藏畫第二集八大山人書畫專集　存本有：

　　民國十八年杭州西泠印社影印本

引據書目

《明史》，中華書局《二十四史》1953 年整理本。

《祖訓錄》，《洪武御制全書》黃山書社 1995 年刊本。

《藩獻記》，朱謀㙔撰，北京圖書館古籍珍本叢刊本。

《明實錄》，臺灣中央研究院歷史語言研究所 1963 年校印本。

《禮部志稿》，明俞汝楫編，《四庫全書》本。

《盱眙朱氏八支宗譜》，1921 年務本堂重修本。

《弇山堂別集》，明王世貞著，《四庫全書》本。

《弇山堂續稿》，明王世貞著，《四庫全書》本。

《南昌郡乘》，清張朝璘撰，1997 年北京圖書館出版社據清康熙刻本影
　　印。

《神隱志》，《四庫全書存目叢書‧子部》影印永樂六年刻本。

《西山志略》，王諮臣校注本，江西人民出版社 2002 年。

《江西出土墓誌選編》，陳伯泉著，江西教育出版社 1991 年。

《徐巨源全集》，清徐世溥著，清抄本。

《南昌文徵》，民國魏元曠撰，成文出版社民國二十四年。

《姜氏秘史》，明姜清著，江西教育出版社 2010 年《豫章叢書》本。

《湯顯祖詩文集》，明湯顯祖著，徐朔方編，上海古籍出版社 1982 年。

《萬壽宮通志》，清金桂馨，江西人民出版社 2009 年。

《明史紀事本末》，清谷應泰著，商務印書館民國二十三年《國學基本叢
　　書》本。

《明詩紀事》，清陳田編，商務印書館民國二十五年《國學基本叢書》
　　本。

《列朝詩集小傳》，清錢謙益撰，上海古籍出版社 1959 年本。

《頤庵文選》，明胡儼著，《四庫全書》本。

《斗南老人集》，明胡奎著，《四庫全書》本。

《續文獻通考》，明王圻著，《四庫全書》本。

《國朝典故》，明鄧世龍輯，明萬曆間刻本。

《資治通鑑綱目三編》，清張廷玉等奉敕撰，《四庫全書》本。

《太和正音譜》，明朱權撰，中華書局 2011 年《太和正音譜箋評》本。

《御定佩文齋書畫譜》，清孫岳頒撰，《四庫全書》本。

《江城名跡》，明陳弘緒撰，《四庫全書》本。

《王文成全書》，明王守仁撰，《四庫全書》本。

《罪惟錄》，清查繼佐撰，《四庫全書》本。

《風月錦囊》，明徐文昭編，中華書局 2000 年《風月錦囊箋校》本。

《書史會要》，明陶宗儀，浙江人民美術出版社 2019 年本。

《畫史會要》，明朱謀垔編，中國書店出版社 2018 年本。

《弇州續稿》，明王世貞。

《讀禮通考》，清徐乾學。

《續書史會要》，明朱謀垔編，《四庫全書》本。

《續畫史會要》，明朱謀垔編，《四庫全書》本。

《明謚紀彙編》，明郭良翰編，《四庫全書》本。

《明詩綜》，清朱彝尊撰，《四庫全書》本。

《居易錄》，清王士禎著，《四庫全書》本。

《六藝之一錄》，清倪濤撰，《四庫全書》本。

《欽定大清一統志》，清和珅，《四庫全書》本。

《陝西通志》，《四庫全書》本。

《廣東通志》，《四庫全書》本。

《貴州通志》，《四庫全書》本。

《南明史》，錢海岳，中華書局 2018 年本。

《千頃堂書目》，明黃虞稷，《四庫全書》本。

《盛京通志》，清劉謹之，《四庫全書》本。

《皇朝通志》，清嵇璜、劉墉等奉敕撰，《四庫全書》本。

《欽定勝朝殉節諸臣錄》，清乾隆敕修。

《江城名跡記續補三種》，清涂蘭玉、楊兆崧、楊樹梅撰，江西人民出版
　　社《江西旅遊文獻》2018 年本。

《江城舊事》，清朱鑾撰，江西人民出版社《江西旅遊文獻》2018 年本。

《谷村仰承集》，清谷村李氏家族，江西人民出版社《江西旅遊文獻》
　　2018 年本。

《寧獻王事實》，明朱統鐕撰，《盱眙朱氏八支宗譜》所收本。

《續文獻通考》，明王圻撰，《續修四庫全書》本。

《明會要》，清龍文彬著，中華書局 1956 年排印本。

《中國古籍善本書目》，線裝書局 2005 年本。

《讀書敏求記》，清錢曾撰、管庭芬校，書目文獻出版社 1984 年本。

《太上淨明宗教錄》，清朱良月、周占月鑒定，青雲譜藏版。

《悟真篇注疏》，宋張伯端著，翁葆光注，元戴起宗疏，《四庫全書》
　　本。

《嘉靖江西通志》，嘉靖四年刊本，臺灣成文出版社影印本。

《康熙江西通志》，嘉靖二十二年刊本，臺灣成文出版社影印本。

《光緒江西通志》，光緒七年刻本。

《民國江西通志》，手稿本複印本。

《乾隆南昌府志》，清乾隆五十四年刻本。

《同治南昌府志》，清同治十二年刻本。

《萬曆南昌府志》，明范淶修、章潢，書目文獻出版社 1991 年本。

《乾隆南昌縣誌》，清乾隆十六年刻本。

《乾隆南昌縣誌》，清乾隆五十九年刻本。

《道光南昌縣誌》，清道光二十九年刻本。

《民國南昌縣誌》，民國二十四年鉛印本。

《道光新建縣誌》，清道光二十九年刻本。

《同治南昌縣誌》，清陳紀麟、汪世澤修，劉于潯、曾作舟纂。

《同治新建縣誌》，清同治十年刻本，清承霈修，清杜友棠、楊兆崧纂。

《西江志》，康熙五十九年刻本。

《盱眙朱氏八支宗譜》，民國十八年修，務本堂刻本。

《御選宋金元明四朝詩》，清張豫章。

《古雪齋近稿》，明朱多熲，四庫全書總目提要。

《欽定八旗通志》，清福隆安。

《琿春副都統衙門檔案選編（上中下）》，吉林文史出版社 1991 年。

《柳邊紀略》，清楊賓。

《小腆紀傳》，清徐鼒撰（中國史學基本典籍叢刊·全 2 冊），中華書局
　　　2018 年本。

《小腆紀傳補遺》，清徐承禮（中國史學基本典籍叢刊·全 2 冊），中華
　　　書局 2018 年本。

《豫章才女詩詞評注》，魏向炎編注，江西人民出版社 1987 年。

《明實錄類纂·宗藩貴戚卷》，李瓊英、張穎超編，武漢出版社 1995 年
　　　本。

國家圖書館出版品預行編目資料

明寧獻王朱權宗族史料匯輯

姚品文、萬國強合編. – 初版. – 臺北市：臺灣學生，
2023.02
面；公分

ISBN 978-957-15-1899-2 (平裝)

1. 朱權 2. 家族史 3. 傳記

782.7   111016035

明寧獻王朱權宗族史料匯輯

合　編　者　姚品文、萬國強
出　版　者　臺灣學生書局有限公司
發　行　人　楊雲龍
發　行　所　臺灣學生書局有限公司
地　　　址　臺北市和平東路一段 75 巷 11 號
劃　撥　帳　號　00024668
電　　　話　(02)23928185
傳　　　眞　(02)23928105
E - m a i l　student.book@msa.hinet.net
網　　　址　www.studentbook.com.tw
登記證字號　行政院新聞局局版北市業字第玖捌壹號
定　　　價　新臺幣五○○元
出 版 日 期　二○二三年二月初版
I S B N　978-957-15-1899-2